Fred Küster

TRAU
DICH
STRA
TEGIE

7 Stufen in ein selbst-
bestimmtes Leben

Inhalt

Ein Wort zuvor

> *Unsere tiefgreifendste Angst ist nicht, dass wir ungenügend sind. Unsere tiefste Angst ist, über das Messbare hinaus kraftvoll zu sein. Es ist unser Licht, nicht unsere Dunkelheit, das uns erschreckt. Wir fragen uns, wer bin ich, mich brillant, großartig, talentiert, phantastisch zu nennen? Aber wer bist Du, Dich nicht so zu nennen? Du bist ein Kind Gottes. Dich selbst klein zu halten, dient nicht der Welt. Es ist nichts Erleuchtendes daran, sich so klein zu machen, dass andere um Dich herum sich nicht sicher fühlen. Wir sind alle bestimmt, zu leuchten, wie es die Kinder tun. Wir sind geboren worden, um den Glanz Gottes, der in uns ist, zu manifestieren. Und wenn wir unser eigenes Licht erscheinen lassen, geben wir unbewusst anderen Menschen die Erlaubnis, dasselbe zu tun. Wenn wir von unserer eigenen Angst befreit sind, befreit unsere Gegenwart automatisch andere.«**

Dieses Zitat der Autorin und spirituellen Lehrerin Marianne Williamson steht für mich stellvertretend für die Inhalte des vorliegenden Buches und für meine Arbeit. Es ist die Angst, die uns oft nicht so leben lässt, wie wir es könnten. Wie erkenne und entwickle ich aber meine eigene Größe? Und wie gehe ich mit meinen Ängsten um? Da es so viele Wege und Antworten wie Menschen gibt, habe ich dieses Buch geschrieben, das Ihnen Schritt für Schritt helfen soll, Ihre eigene, wahre Größe zu erkennen und als Begleiter auf Ihrem Weg zur Umsetzung dienen soll. Mit dem vorliegenden Buch will ich eine hoffnungsvolle Antwort auf die Frage geben, wie man ein freudvolles, erfülltes Leben leben kann. Wie man dazu kommt, der oder die zu sein, die man ist. Ich möchte Sie in eine andere, in Ihre innere Welt führen, die nicht nur allein mit Worten erreicht wird. Leben kann so leicht sein. Leben will Freude bereiten. Das Leben bietet uns den Rahmen, uns selbst als Schöpfer in allen Formen wiederzuerkennen. Jede und jeder Einzelne kann den Himmel auf die Erde bringen. Was würde passieren, wenn jeder für sich und alle gemeinsam dieses Ziel anstrebten?

Das vorliegende Buch soll für Sie zu einem treuen Begleiter und Helfer durch den Alltag werden. Es soll Sie dabei unterstützen, Ihren Mut und Ihr Selbstvertrauen weiter zu entwickeln und zu stärken. Ich wünsche Ihnen viele neue Erkenntnisse, Erfolg und Freude beim Lesen!

Fred Küster, im November 2012

---

* Die Antrittsrede von Nelson Mandela wurde in der ganzen Welt berühmt. Der Anti-Apartheid-Kämpfer, Friedensnobelpreisträger und erste schwarze Präsident Südafrikas (1994–1999) zitierte Marianne Williamson aus ihrem 1992 erschienenen Buch „A Return To Love: Reflections on the Principles of A Course in Miracles".

Ausgangslage

Der Mensch ist die Krone der Schöpfung. Das ist allgemein anerkannt und wird selten hinterfragt. Doch schauen wir unser Leben und unseren Alltag einmal genauer an, dann bietet sich uns ein völlig anderes Bild: Viele Menschen sind arm, krank, einsam, frustriert und unglücklich. Manche können nachts vor Kummer und Sorgen nicht schlafen, andere werden vor lauter Schuld- oder Minderwertigkeitsgefühlen depressiv. Die allgemeine Beschleunigung in unserer Zeit führt dazu, dass Syndrome wie Burnout, Erschöpfungszustände und auch psychosomatische Erkrankungen zunehmen. Das hat oft wenig mit unseren finanziellen Möglichkeiten zu tun. Häufig sind gerade die Menschen, die materiell gut versorgt sind und keinen äußeren Mangel leiden, nicht glücklich, sondern verzweifeln an ihrem Wohlstand. Da muss bei unserer „Krönung" irgendetwas schiefgelaufen sein.

Das Wunder der Natur

Gehen wir dagegen hinaus in die Natur und betrachten die Schöpfung, spüren wir sehr schnell, dass hier alles in Ordnung und in vollkommener Harmonie ist. Wir beobachten den Kreislauf der Jahreszeiten; wir sehen dem Spiel der Elemente zu, das für Leben und Wachstum auf unserem Planeten verantwortlich ist; wir beobachten die Tier- und Pflanzenwelt: Da ist alles ideal aufeinander abgestimmt und entwickelt sich im vorgegebenen Rhythmus. Da drängt sich uns die Frage auf: Sind wir vielleicht gar nicht die Krone der Schöpfung? Vielleicht sind wir einfach nur ein Teil davon, nicht mehr und nicht weniger wichtig als alles andere. Und der Umstand, dass wir uns als etwas Bedeutenderes und Wertvolleres sehen, hat uns eventuell sogar von der Schöpfung entfernt und abgeschnitten. Für viele sind unsere herausragenden technologischen und zivilisatorischen Errungenschaften ein Beweis dafür, dass wir etwas Besonderes sind; wir müssten nur noch besser und perfekter an uns arbeiten, um „das Steuer herumzureißen". Aber sind Wolkenkratzer, die inzwischen die Wolken sogar überragen, Skifahren in der Wüste oder eine weltumspannende Informationspolitik es wirklich wert, dass wir Kriege führen, ums Überleben kämpfen und unsere Seele Schaden nimmt? In meinen Beratungen höre ich immer häufiger Sätze wie: „Ich komme mir vor wie in einem Hamsterrad." – „Ich bin in einem Teufelskreis gefangen." – „Aus Gewohnheit bin ich wieder in die gleiche

Falle getappt." – „Das Leben wird immer schneller." – „Ich werde gelebt." – „Ich werde zunehmend fremdbestimmt." Viele Menschen fühlen sich wie in ihrem eigenen Gefängnis gefangen und wissen nicht, wie sie sich selbst daraus befreien können.

Zurück zum Wunder Mensch

Was ist schief gelaufen in unserer Entwicklung? Anstatt zu erblühen wie die Natur es vorgesehen hat, wird unsere Situation zunehmend chaotischer. Mit immer größerer Hochachtung schauen wir heute auf die Überlieferung uralter Texte von Kulturen, die inzwischen fast vollständig ausgestorben sind oder ausgerottet wurden, weil sie dem „Fortschritt" im Wege standen. Einige der Weisen, die noch im Besitz überlieferter Informationen sind, berichten, dass wir den Kontakt zur Natur und den Respekt vor der Schöpfung verloren hätten. Einen kleinen Einblick in das Gefühl des Verbundenseins mit der unendlichen Schöpferkraft bekommen wir, wenn wir bei der Geburt eines Kindes dabei sind. Wir nehmen Anteil am Wunder des Lebens und bekommen eine leise Ahnung davon, wie wundervoll wir alle sind. Wir sind Wesen, die mit unendlichen Möglichkeiten auf die Welt kommen und mit einzigartigen Fähigkeiten ausgestattet sind. Ich bin sehr dankbar dafür, dass ich das bei der Geburt meiner eigenen Kinder zweimal erleben durfte.

Schade nur, dass wir nie gelernt haben, wie wir die uns innewohnenden Fähigkeiten entwickeln und die vielfältigen Möglichkeiten nutzen, die uns mitgegeben wurden. Für alle möglichen Dinge haben wir Bedienungsanleitungen, doch im Leben sind wir auf uns allein gestellt. Für mich geht es in der heutigen Zeit darum, dass wir uns wieder in die Mitte des Universums stellen und lernen, uns in perfekter Balance in die Welt um uns herum einzufügen. Davon handelt dieses Buch.

Wie kommt es zur Verwicklung?

Bevor ich Ihnen zeige, wie Sie das Schritt für Schritt bewerkstelligen können, möchte ich den Erfahrungsprozess beschreiben, den wir mehr oder weniger alle in unserer Kindheit erleben, in unterschiedlicher Ausprägung, nacheinander oder auch gleichzeitig.

1. Die Erfahrung von Trennung
Aus dem Meer des Unbewussten, mit den Erfahrungen unserer Vorleben, den Erfahrungen im Mutterleib und den teilweise bereits bedrohlichen Geburtserfahrungen werden wir geboren. Mit der Durchtrennung der Nabelschnur ist die Trennung unwiderruflich und endgültig vollzogen – wir werden zum Individuum. Wir verlieren in diesem Moment aber auch unsere Verbindung zu unseren alten Erinnerungen, um frei in diesem Leben unsere Erfahrungen machen zu können. Wir haben die Verbundenheit mit dem Universum, dem Alles-was-ist, verloren.

2. Die Erfahrung von Misstrauen

Sehr früh schon machen wir die Erfahrung, dass wir auf dieser Welt abhängig sind. Unsere Bedürfnisse werden nicht mehr sofort erfüllt, wie wir es noch vom Mutterleib her gewohnt waren. Wenn uns kalt oder zu warm ist, wenn wir hungrig sind oder wir die „Hosen voll haben", müssen wir schreien und haben sonst keine Möglichkeit, uns auszudrücken. Wir entwickeln ein natürliches Misstrauen gegen neue Situationen und Menschen – wir „fremdeln". Wir lernen, mit Vorsicht in die Welt zu blicken und die Welt als gefährlich wahrzunehmen. Unser Urvertrauen geht stetig verloren.

3. Die Erfahrung von Kontrolle

Über Versuch und Irrtum lernen wir bereits als ganz kleine Kinder, welche unserer Gefühle belohnt und für welche Gefühle wir bestraft werden. Da viele unserer Gefühle – vor allem die sogenannten „schlechten" oder negativen Gefühle wie Wut, Trauer, Schuld oder Angst – nicht erlaubt sind und durch Liebesentzug bestraft werden, lernen wir, sie zu kontrollieren. Wir kultivieren also die „guten" Gefühle – etwa Freude, Mut oder Glück – und sperren die „schlechten" weg. Andere jedoch merken, dass sie gerade dadurch Aufmerksamkeit bekommen, dass sie ihre negativen Gefühle ausleben, und setzen diese dann bewusst ein.

Durch die bewusste Kontrolle unserer Gefühle verlieren wir jedoch unsere „echten", ursprünglichen Gefühle und damit auch unser Selbstvertrauen. Denn wir verschließen dadurch die Tür zu unserer Intuition. Diese leise innere Stimme kann somit nur noch sehr schwer oder gar nicht mehr wahrgenommen werden.

4. Die Erfahrung von Mangel

Spätestens im Kindergarten lernen wir, dass die Bäume nicht in den Himmel wachsen und dass nicht genug für alle da ist. In den Nachrichten sehen wir hungerleidende Kinder; uns wird mitgeteilt, dass wir in einer Umgebung aufwachsen, in der man gut auf seine Sachen aufpassen muss, da es nicht selbstverständlich ist, dass wir reich sind und in Fülle leben können. Wir lernen, uns zu vergleichen und freuen uns, wenn wir besser oder erfolgreicher sind als die anderen. Dafür haben wir uns aber auch mächtig angestrengt. Wir lernen, dass das Leben uns nichts schenkt. Die uns ursprünglich innewohnende Fülle und Vollkommenheit geht uns nach und nach verloren.

5. Die Erfahrung von Zweifel

Da wir unsere Verbindung zur Intuition verloren haben und das Vertrauen ins Leben auch nur noch sehr spärlich vorhanden ist, wissen viele von uns nicht mehr, was sie wirklich wollen. Da wir inzwischen auch wissen, dass wir sowieso nicht alles haben können, verabschieden sich viele von uns immer mehr von ihren Träumen und Visionen. Bei wichtigen Entscheidungen unseres Lebens orientieren wir uns stattdessen lieber an unseren Eltern, an anderen Vorbildern oder den äußeren Umständen. Die Entscheidungen werden hauptsächlich aus dem Kopf heraus getroffen, im Herzen bleibt jedoch oft ein Gefühl des Zweifels zurück. Werden wir nach unseren wahren Bedürfnissen gefragt, taucht vielleicht noch ein trauriges Gefühl auf, häufig dagegen ein Unverständnis, wie man überhaupt so eine Frage stellen kann. Unsere „wahren Bedürfnisse" sind uns abhandengekommen.

6. Die Erfahrung von Angst

Mit der Zeit haben wir viele Entscheidungen getroffen, einige davon auf Zweifeln gegründet. Wir haben manchen Erfolg erzielt, uns ein beschauliches Leben aufgebaut, sind Beziehungen eingegangen und haben uns eingerichtet. Und plötzlich bekommen wir Angst. Denn jetzt machen wir häufig die Erfahrung, dass uns all das, was wir uns meist mühsam aufgebaut haben, jederzeit auch wieder genommen werden kann und letztendlich auch – am Ende unseres Lebens – genommen wird. Wir beziehen zu diesem Zeitpunkt Liebe und Anerkennung fast ausschließlich von außen und haben gleichzeitig immerzu Angst, dass sie nicht von Dauer sind. Deshalb strengen wir uns noch mehr an, um uns Liebe zu verdienen. Unseren Zugang zur bedingungslosen Selbstliebe haben wir schon lange verloren.

7. Die Erfahrung von Schuld

Neben der Scham, die oft bereits früh in unserer Kindheit einsetzt und viel mit unserem Umgang mit Tabuthemen zu tun hat, ist die Schuld eine Erfahrung, die uns sehr lange begleitet. Wir bewegen uns durch die Welt und machen unsere Erfahrungen; dazu gehört, dass wir Fehler machen oder sogar scheitern. Das ist normal. Häufig jedoch suchen wir dann Schuldige, werden von anderen als Sündenbock hingestellt oder geben uns gar selbst die Schuld an Vorfällen oder Ereignissen, die anderen überhaupt nicht aufgefallen sind oder die sie längst vergessen haben. Wir fühlen uns nicht mehr frei und selbstbestimmt, sondern abhängig von Menschen oder Umständen, von unserem Geld oder unserem Job.

Einstieg ins Hamsterrad

Nach und nach haben wir also unser ureigenes „Selbst" verloren. Ein anderer Teil in uns hat sich jedoch zur vollen Kraft entwickelt: unser Ego. Wenigstens können wir jetzt sagen, „Ich bin wer!" – Unser Ego, das bisher immer das gemacht hat, was von uns verlangt wurde, um nach außen hin „gut dazustehen", hat inzwischen die Kontrolle übernommen. Es wird daher alles tun, um uns in diesem Zustand zu halten (siehe nebenstehende Abbildung). Wir haben uns daran gewöhnt. Und da es fast allen anderen Menschen ähnlich geht, kommt uns dieser Zustand auch so „normal" vor. Normal ist für uns ein eindeutiger Hinweis darauf, dass es „richtig" ist.

Was ist schon normal?

Sie möchten „normal" sein? Dann klappen Sie dieses Buch am besten sofort wieder zu. Es geht darin nämlich unter anderem auch darum, unsere „Normalität" zu überprüfen, unsere eigenen Normen neu zu definieren und anschließend danach zu leben.

Der Mensch im
Hamsterrad.

Wir sind also in unserem Hamsterrad gefangen und merken oft gar nicht mehr,
wie sehr wir uns im Kreis drehen. Manche merken vielleicht sogar, dass irgendetwas nicht stimmt; dass sie sich gar nicht
mehr richtig freuen können, dass sie nur
noch hetzen und ihr Leben nicht mehr genießen. Sie würden gerne aus dem Teufelskreis ausbrechen, aber wie? Und was würden dann die anderen sagen?

Was ist das Ego?

Der Begriff „ego" kommt aus dem Lateini-
schen und bedeutet „Ich". Es ist das Zentrum der Persönlichkeit als Gegenspieler
zum sogenannten Höheren Selbst, das mit
der Göttlichkeit verbunden ist. Das Ego ist
der Verstand, der alles weiß. Negativ ausgedrückt ist es so etwas wie eine Kontroll-
instanz – die Schaltzentrale, die versucht,
den Menschen zu beherrschen. Das Ego

identifiziert sich sehr leicht mit unseren Gedanken und Gefühlen und will in diesem Leben so viel wie möglich erreichen, um vor anderen Menschen „gut dazustehen". Das Ego vergleicht und bewertet ständig und ist damit hauptverantwortlich für die Gefühle und Zustände, die in der nebenstehenden Abbildung genannt werden. Da das Ego seine Lebensberechtigung aus diesem Verhalten zieht, will es uns Menschen so lange wie möglich in dem Kreislauf halten. Das Ego hat keinen Zugang zur Intuition, zum Urvertrauen und zum höheren Bewusstsein.

Sich wieder ent-wickeln – aus dem Hamsterrad aussteigen

Die Frage ist: Sind Sie bereit, selbst auszusteigen oder warten Sie darauf, bis Sie aus dem Rad herausgeschleudert werden? Oder bis es sich so schnell dreht, dass Sie sich beim Aussteigen verletzen? Ausstiegsgründe sind oft schwere Erkrankungen, Unfälle, Kündigungen, Todesfälle oder Trennungen. Häufig sind es diese Lebenssituationen, die von uns fordern, anzuhalten und uns neu zu besinnen. Sie zwingen uns dazu, eine langsamere Gangart zu wählen, uns zu verändern und neu zu entscheiden, um anschließend ein zufriedeneres Leben zu führen. Doch wie beim Beispiel des Hamsterrades ist es gut, zunächst einmal die Geschwindigkeit zu reduzieren und sich eine Auszeit zu gönnen. Nicht umsonst sind die Pilgerwege im Moment sehr überlaufen. Es ist wichtig, sich auf irgendeine Weise Zeit und Raum zu geben, um wieder in Kontakt mit sich selbst zu kommen.

Wer bin ich?

Immer hat der Prozess der Rückkehr zu sich selbst mit derselben Frage begonnen: Wer bin Ich? Diese „Ur-Frage" beschäftigt Philosophen seit Jahrhunderten. Sie läutet den Weg der Erkenntnis, den inneren Weg, die Heimkehr des verlorenen Sohnes ein. Das bedeutet die Ent-wicklung dessen, was wir vorher ver-wickelt haben. Übrigens war diese Ur-Frage auch die Inschrift über dem Eingang des Orakels von Delphi. Heute boomen die Besuche bei Orakeln und Wahrsagern wie nie zuvor. Auch mein Weg hat mich zunächst dorthin geführt, da der Zugang zu meiner inneren Wahrheit ebenso blockiert war. Um unser Leben selbstbestimmt und frei führen zu können, ist es aber wichtig, dass wir uns diese Antworten selbst geben können. Die Zeit ist reif, uns von allem zu befreien, was unserer Entwicklung im Weg steht.

Mein Weg

Haben Sie sich auch schon einmal folgende Fragen gestellt:

- Was ist der Sinn meines Lebens?
- Soll das denn alles gewesen sein?
- Warum bin ich nicht glücklich, obwohl ich doch alles habe?
- Wer bin ich?

Seit ich denken kann, beschäftigen mich diese Fragen. Und wie bei vielen Menschen hat es doch fast 30 Jahre gedauert, bis ich mich aufmachte, darauf Antworten zu bekommen. Ich habe auf meinem Weg viele unterschiedliche Menschen kennengelernt, die mir ihre Methoden und Techniken zum Glück und zum Erfolg gezeigt haben. Manches davon war brauchbar, vieles konnte ich nicht nachvollziehen. In der Vielfalt der Bücher, Philosophien und Seminarangebote zur persönlichen Entwicklung ist es leicht möglich, sich zu verlieren. Täglich kommen neue Methoden hinzu, die das Heil versprechen.

Ich bin froh, dass ich zunächst mit der **psychologischen Astrologie** in Berührung kam und über mein Geburtshoroskop erfuhr, wie vielschichtig und komplex ich als menschliches Wesen war. Die Beschäftigung mit der psychologischen Sichtweise der Astrologie hat mir gezeigt, dass wir alle einzigartig sind. Menschen mit ganz unterschiedlichen Anlagen und Fähigkeiten, mit unterschiedlichen Aufgaben und Charakterzügen. In der Auseinandersetzung und Beschäftigung mit meiner eigenen Biografie habe ich gleichzeitig erkannt, dass wir alle eingebettet sind in universelle Zyklen, die – ähnlich wie in der Natur – dafür sorgen, dass sich unser Leben entwickelt.

Die Suche nach dem Sinn hat mich zur **Huna-Philosophie** geführt, die in einer einfachen und durchweg positiven Betrachtung die Grundprinzipien des Lebens beschreibt, nach denen wir uns richten sollten, um ein glückliches, erfülltes und zufriedenes Leben zu führen. So habe ich verstanden, dass es darum geht, die grundlegenden Gesetzmäßigkeiten des Lebens zu verinnerlichen, meine persönlichen Fähigkeiten, Stärken und Schwächen zu kennen und mich im Fluss des Lebens treiben zu lassen, im Vertrauen darauf, dass alles, was mir begegnet, einen Sinn hat und ich meinen freien Willen soweit entwickeln und einsetzen kann, wie es für mich vorgesehen ist.

Als ganzheitliches Werkzeug zur Umsetzung bot mir dabei das **Neurolinguistische Programmieren (NLP)** mit seinen unterschiedlichen Übungen und Ritualen zur persönlichen Entwicklung am meisten Möglichkeiten an. Der lösungsorientierte Ansatz ist für die heutige Zeit passend, und durch die reichhaltige Auswahl an

Übungen ist für jede Persönlichkeit etwas dabei. Neurolinguistisches Programmieren verbindet die logischen Ebenen der Persönlichkeit miteinander, wie Umwelt, Verhalten, Fähigkeiten, Glaubenssätze, Werte und Sinn. So kann Entwicklung stattfinden, wenn ich offen und bereit dafür bin.

Die TrauDich-Strategie

Aufgrund meiner langjährigen Erfahrung im Umgang mit Menschen habe ich aus den drei oben genannten ganzheitlichen Erkenntnissystemen NLP, Huna und psychologische Astrologie die TrauDich-Strategie entwickelt, die jedem Menschen helfen soll, Schritt für Schritt zu einem selbstbestimmten Leben zu gelangen. Das Einzigartige daran ist, dass die Schwerpunkte der drei einzelnen Philosophien als Lebensentwürfe in der TrauDich-Strategie zusammengeführt werden: Die individuelle Persönlichkeit aus der psychologischen Astrologie wird mit den universell gültigen Lebensgesetzen aus der Huna-Lehre verknüpft; parallel dazu werden praktische Übungen und Beispiele aus dem spirituellen NLP eingebunden. Auf diese Weise kann die Veränderungsarbeit gleich aktiv umgesetzt werden. So hat jeder Leser die Möglichkeit, an seinen persönlichen Bedürfnissen orientiert genau denjenigen Entwicklungsschritt einzuleiten, der für ihn in diesem Moment ansteht. TrauDich steht dabei für drei Aspekte: das Vertrauen in die eigene Kraft, das Vertrauen in sich selbst oder die eigene Intuition (Selbstvertrauen) und das Vertrauen ins Leben.

Der eigenen Kraft vertrauen

Viele Menschen trauen sich nicht. Das bedeutet, ihnen fehlt der Mut zur Veränderung. Der Mut, Dinge anzupacken oder anzusprechen. Vielen fehlt auch der Mut, aus der Masse herauszutreten, sich hinzustellen und ihre eigene Meinung zu äußern. Es erfordert Mut, die eigenen Grenzen zu erfahren und zu erweitern. Die TrauDich-Strategie führt Sie schrittweise an und über Ihre Grenzen hinaus, damit Sie neue Sichtweisen entwickeln und Ihre Welt neu entdecken können.

Sich selbst vertrauen

Das Selbstvertrauen oder der Selbstwert vieler Menschen, der eng mit dem Selbstvertrauen verbunden ist, ist erschüttert. Mit „TrauDich" ist in diesem Zusammenhang „Trau Dir", „Vertraue Dir" oder „Trau Dir selbst über den Weg" gemeint. Voraussetzung dafür ist, wieder mit sich selbst in Kontakt zu kommen, bei sich selbst zu sein. Bei Tieren ist es der Instinkt, der sie innerlich führt. Bei uns Menschen ist es die Intuition, die uns dabei helfen kann, unser Selbstvertrauen wieder herzustellen. Die TrauDich-Strategie hilft Ihnen, wieder stärker mit Ihrer Intuition in Verbindung zu treten und so Ihr Selbstwertgefühl und Ihr Selbstvertrauen zu stärken.

Dem Leben vertrauen

Erst durch ein besseres Selbstvertrauen können wir die Erkenntnis zulassen, dass es etwas Größeres gibt, das uns trägt und das für uns sorgt: das Leben selbst. Vertrauen ins Leben zu bekommen, sich dem Leben hingeben zu können, ist solch ein großartiges Gefühl, dass wir, wenn wir es einmal gekostet haben, immer wieder erleben möchten. Die TrauDich-Strategie zeigt Ihnen, wie Sie sich selbst wieder spüren können, sich mitten ins Leben hineinstellen und das Leben mehr und mehr für sich sorgen lassen.

In sieben Stufen zu uns selbst

Die TrauDich-Strategie führt uns Schritt für Schritt zu uns selbst zurück. Dabei werden nacheinander folgende Stufen genommen (siehe Abbildung auf Seite 20).

Stufe 1: TrauDich …
bewusster zu denken!

In der westlichen Welt ist der Verstand sehr stark entwickelt. Unser Ego brüstet sich mit den Errungenschaften unseres Denkens. Nicht zu Unrecht, denn Gedanken sind schöpferisch. Wir haben mit unserem Verstand schließlich viel erreicht und sollen ihn zu unserem Vorteil gebrauchen. Es ist jedoch notwendig, wieder Herr oder Frau über unser Denken zu werden. Wichtig ist daher, zunächst unsere Gedanken bewusst wahrzunehmen und alle pessimistischen, negativen und destruktiven Gedankenmuster nach und nach zu verändern. So befreien wir im ersten Schritt unser Denken hin zu Zuversicht, Hoffnung und Optimismus.

Stufe 2: TrauDich …
intensiver zu fühlen!

Im zweiten Schritt geht es darum, unser Misstrauen zu überwinden und unsere Intuition zu befreien. Jeder Mensch kann den Zugang zu seiner Intuition erlernen. Das bedeutet, dass wir uns trauen, die Kontrolle über unsere Gefühle aufzugeben. Dabei geht es nicht um das Ausagieren jeglicher Gefühle, die aufkommen.

Es geht vielmehr um die Schulung unserer Wahrnehmung: Was passiert in mir? Was fühle ich? Bin ich traurig, wütend, erfreut, gelassen? Erst wenn ich meine Gefühle bewusst zulasse und wahrnehme, kann ich ausdrücken, was ich brauche und anschließend danach handeln. Mit der Zeit kommen wir so immer stärker in Berührung mit der eigenen inneren Stimme oder Intuition, die uns jederzeit aufzeigt, was für uns stimmig ist und was nicht.

Stufe 3: TrauDich …
die Fülle anzunehmen!

Wir sehen den Mangel und sollen uns in der Fülle fühlen. Wie soll das denn gehen? Im dritten Schritt lernen wir, den Mangel zu überwinden und damit Zugang zu allen Möglichkeiten zu bekommen. Denn wir haben immer die Wahl, wie wir auf die Welt und unsere Umgebung schauen: Können Sie die Sonne sehen, die sich vielleicht momentan nur hinter einer Wolke versteckt? Wir sind es so gewohnt, das zu sehen, was fehlt, dass uns dieses Umdenken oft sehr schwer fällt. Wo bin ich noch nicht gut genug? Was muss ich noch verbessern? Wenn wir jedoch unsere Wirklichkeit immer nur aus unserer Bedürftigkeit heraus kreieren, wird das Ergebnis immer auch nur dürftig sein. Wenn wir Mangel säen, werden wir Mangel ernten. Säen wir aber, wie es in der Natur geschieht, die uns ihr Füllhorn fast das ganze Jahr über zeigt, dann bekommen wir eine Ahnung davon, welche Fülle in uns steckt – wenn wir uns trauen.

Stufe 4: TrauDich …
zu entscheiden!

In Verbindung mit unserem Verstand und unserer Intuition, zuversichtlich und wissend um die Fülle um uns herum, können wir immer mehr unsere eigenen Bedürfnisse wahrnehmen, unsere Lebensziele darauf aufbauen und unser Leben danach ausrichten. Indem wir im vierten Schritt unsere Selbstzweifel überwinden, können wir unsere wahren Bedürfnisse erkennen. Wenn wir uns selbst die Erlaubnis geben, an der Fülle teilhaben zu dürfen, dann treffen wir unsere Entscheidungen aus vollem Herzen. Zweifel haben hier keinen Platz mehr. Dementsprechend erwächst unser Selbstwert aus uns selbst; wir werden immer unabhängiger von den Entscheidungen anderer. Wir müssen nicht mehr andere fragen, was für uns gut ist, weil wir es jetzt selbst spüren und wissen.

Stufe 5: TrauDich …
zu lieben!

Was sich so schön anhört, ist für viele zunächst gar nicht so einfach. Denn die Liebe beginnt bei der einhundertprozentigen Selbstliebe. Die Angst vor sich selbst zu überwinden und die Liebe zu sich selbst zu befreien – das ist ein weiterer Schritt auf dem Weg zu einem befreiten Leben. Wir akzeptieren uns so, wie wir sind und wie wir uns und unsere Umgebung bisher selbst erschaffen haben. Wir übernehmen die volle Verantwortung für unser Leben und geben allen Widerstand auf, der uns noch an alten Verhaltensmustern, Gewohnheiten und Menschen hält, die uns nicht mehr gut tun. Wir entscheiden uns dafür, gut für uns zu sorgen.

Stufe 6: TrauDich …
zu vergeben!

Je weiter wir mit unserer Liebe zu uns selbst schreiten, desto schneller kommen wir in Kontakt mit den Situationen in unserem Leben, die noch mit Schuld oder mit Resten von Scham behaftet sind. Hier dürfen wir uns ent-schuldigen. Meistens fällt es uns leichter, anderen Menschen ihre Schuld zu vergeben als uns selbst. Es geht in diesem vorletzten Schritt jedoch auch um eine absolute Selbst-Vergebung. Schuld und Scham sollen überwunden werden, sodass wir ab jetzt selbstbestimmt und eigenverantwortlich leben können.

Gut zu wissen

Vor allem Menschen, die an Karma, Sünde und daran glauben, dass sie Vergebung nicht verdient haben, möchte ich ermutigen, diesen Schritt der Vergebung zu gehen. Jede und jeder kann durch den Prozess von Gnade, Reue und Vergebung wieder Vertrauen ins Leben und in die Schöpfung zurückgewinnen.

Stufe 7: TrauDich ...
Du selbst zu sein!

Vollständig frei sein, wie soll das denn gehen? Indem wir uns verbinden mit unserer unendlichen Schöpferkraft und frei von Schuld, Ängsten und Zweifeln, frei von Mangel und destruktiven Gedanken leben. Indem wir uns so akzeptieren, wie wir sind und uns nicht mehr mit anderen vergleichen. Indem wir anderen Menschen mit den Talenten dienen, die wir haben und voll aus unserer Kraft und in unserer Freude leben. So können wir zusammen mit anderen eine neue Welt kreieren, achtsam die Bedürfnisse aller Beteiligten respektierend. Wir können mutig neue Wege gehen, frei von Stolz und unserem Ego-Streben. Im letzten Schritt werden wir zu dem Menschen, der wir sind, voller Vertrauen auf uns selbst und ins Leben.

Gut zu wissen

....

Mit jedem Schritt, den wir uns trauen, unsere Grenzen zu überwinden und aus unseren alten Mustern aussteigen, bringen wir uns selbst zum Erblühen.

....

Jeder Einzelne zählt

Ich möchte Sie ermutigen, diesen Weg aus einem angstvollen in ein freudvolles Leben zu gehen, auch wenn Sie in der heutigen Zeit oft hören: „Was kann ein Einzelner denn schon ausrichten?" Dazu fällt mir eine Geschichte ein, die eindrücklich beschreibt, wie bereits ein kleiner Funke ausreicht, um eine Veränderung des Bewusstseins auszulösen. Was, wenn genau Sie dieser Funke sind?

Eine Geschichte

....

Die Geschichte vom hundertsten Affen Die Japanische Affenart *Macaca fuscata* wird seit über 30 Jahren in der Wildnis beobachtet. 1952 haben Wissenschaftler diesen Affen auf der Insel Koshima Süßkartoffeln in den Sand gelegt. Die Affen liebten den Geschmack der rohen Süßkartoffeln, aber sie fanden die Erde und den Sand, der daran klebte, unangenehm. Imo – ein 18 Monate altes Weibchen – fand heraus, dass sie das Problem lösen konnte, indem sie die Kartoffeln im nahegelegenen Fluss reinigte. Sie zeigte diesen Trick ihrer Mutter. Imos Spielgefährten lernten diese neue Methode ebenfalls kennen und zeigten sie wiederum ihren Müttern.
Die Wissenschaftler konnten beobachten, wie diese kulturelle Innovation zunehmend von anderen Affen übernommen wurde. Zwischen

1952 und 1958 lernten alle jungen Affen, die sandigen Süßkartoffeln zu waschen, um sie schmackhafter zu machen. Doch nur die Erwachsenen, die ihre Kinder nachahmten, lernten diesen sozialen Fortschritt kennen. Die anderen Erwachsenen aßen weiterhin dreckige Kartoffeln. Dann geschah etwas Überraschendes. Im Herbst 1958 wuschen bereits eine bestimmte Anzahl Affen die Kartoffeln – wie viele es exakt waren, ist unbekannt. Nehmen wir an, dass es eines Tages bei Sonnenaufgang 99 Affen auf der Koshima-Insel gab, die ihre Süßkartoffeln wuschen. Und nehmen wir ferner an, dass im Verlauf dieses Morgens der 100. Affe lernte, seine Kartoffeln zu waschen.

Da geschah es! Am selben Abend begannen praktisch alle in der Sippe, ihre Süßkartoffeln vor dem Verzehr zu waschen. Die hinzugekommene Energie des 100. Affen hatte irgendwie einen ideologischen Durchbruch erzeugt. Doch das Überraschendste für die Wissenschaftler war, dass die „Mode", Süßkartoffeln zu waschen, sogar über das Meer sprang. Affenkolonien auf anderen Inseln und die Affenpopulation von Takasakiyama auf dem Festland begannen ebenfalls, ihre Süßkartoffeln zu waschen.

Aus: „The Hundredth Monkey Effect" von Ken Keyes, Jr.

19

Geschichten wie diese gibt es viele. Wie sonst ist es beispielsweise zu erklären, dass ein Wissenschaftler eine bahnbrechende, neue Entdeckung macht und ein anderer, oft tausende von Kilometer entfernt, an einem ähnlichen Projekt forscht und fast gleichzeitig dieselbe Entdeckung macht? Die Information wurde geboren und ist im „Feld aller Möglichkeiten" somit erdübergreifend abrufbar. Diese Erkenntnis veranlasste Rupert Sheldrake, seine Theorie der „morphogenetischen Felder" zu entwickeln (siehe Seite 122).

Manchmal reicht eine einzelne Idee, manchmal – wie beim Beispiel der Affen – ist eine sogenannte kritische Masse nötig, damit der Funke überspringt. Wir wissen nie genau, ob wir nicht der eine sind, der ausreicht, um eine Veränderung zu erzielen. Wir leben in einer Zeit des sich stark verändernden Bewusstseins. Vielleicht braucht es daher auch viel weniger Menschen als wir annehmen, um wirklichen Frieden auf diese Welt zu bringen. Wäre das nicht ein wundervoller Gedanke? Dazu soll dieses Buch seinen Beitrag leisten.

In sieben Stufen zu uns selbst.

Wie Sie dieses Buch am besten lesen

Das vorliegende Buch ist ein Lese- und Arbeitsbuch zur persönlichen Weiterentwicklung und Veränderung. Die Kapitel sind einheitlich aufgebaut:

🔺 Übergeordnetes TrauDich-Thema
🔺 Kurzer Teil zur Theorie
🔺 Universelles Lebensgesetz aus der Huna-Philosophie (Huna-Prinzip)
🔺 Sichtweisen der vier Charaktere aus der psychologischen Astrologie
🔺 Geschichten und Zitate zur Veranschaulichung
🔺 Persönliche Standortbestimmung
🔺 Fragen und Erfahrungsberichte
🔺 Gefahren und Hindernisse auf dem Weg und wie man sie beseitigt
🔺 Praktische Übungen aus dem NLP-Baukasten
🔺 Reflektion und Zusammenfassung

Jedes Kapitel ist als Thema in sich abgeschlossen. In der Literaturliste im Anhang finden Sie weiterführende Literatur zu den einzelnen Themen.

Gut zu wissen

Sie können das Buch entweder von Anfang bis Ende durchlesen oder bereits während des Lesens mit den jeweils zum Thema beschriebenen Übungen beginnen – ganz so, wie es für Sie passt. Wichtig ist jedoch: Überspringen Sie beim ersten Lesen bitte nicht einzelne Kapitel, denn sie bauen alle aufeinander auf. Haben Sie das Buch einmal ganz durchgelesen, können Sie sich anschließend das Kapitel vornehmen, das Sie im Moment am meisten beschäftigt oder eine entsprechende Übung dazu durchführen.

Die vier Charaktere

Vier Personen begleiten Sie durch das Buch. Sie stellen die vier Elemente aus der psychologischen Astrologie dar (siehe Seite 34 f.). Dabei steht Hartmut für das Element Feuer, Karla für das Element Erde, Yvonne für das Element Luft und Sebastian für das Element Wasser. Die vier präsentieren ihre Sichtweisen und Meinungen als Anhaltspunkte. Damit können Sie Ihre persönliche Lebenssituation leichter reflektieren und eigene Fragen stellen, auf die Sie nach und nach immer mehr eigene Antworten bekommen.

» *Dein Auge kann die Welt trüb oder hell dir machen. Wie du sie ansiehst, wird sie weinen oder lachen.* «

Friedrich Rückert (1788–1866),
deutscher Dichter

Ein wenig Theorie

Die TrauDich-Strategie stellt eine
Verbindung von psychologischer
Astrologie, Huna und Neurolingu-
istischem Programmieren (NLP)
dar. Damit Sie wissen, worauf Sie
sich beim Lesen dieses Buches einlassen, möchte ich die theoreti-
schen Grundlagen dieser Modelle
hier kurz beschreiben.

Was ist Neurolinguistisches Programmieren?

Neurolinguistisches Programmieren, kurz NLP, beschreibt als Modell, wie Menschen lernen, Erfahrungen sammeln und verarbeiten. Dabei spielt die unterschiedliche Wahrnehmung durch unsere Sinne eine grundlegende Rolle. Die individuelle Mischung unserer visuellen (Sehen), auditiven (Hören), kinästhetischen (Tasten und Fühlen), olfaktorischen (Riechen) und gustatorischen (Schmecken) Sinneskanäle bestimmt, wie wir unsere Erfahrungen speichern und abrufen. Gleichzeitig bestimmt unsere Sprache – Gedanken und Worte – unsere Handlungen. Darüber hinaus reagieren unsere Mitmenschen auch auf unsere nonverbale Kommunikation.

NLP wird häufig als eine Art „Werkzeugkasten für Kommunikation" bezeichnet. Es ist jedoch viel mehr. Durch die Vielzahl an Techniken, Übungen und Methoden hat NLP für jede Persönlichkeit etwas zu bieten, um neue Lebensperspektiven zu ermöglichen.

Der Wortstamm „Programmieren" beschäftigt sich mit unserem Verhalten, unseren Gewohnheiten und unseren teilweise auch unbewusst ablaufenden Mustern oder Programmen. NLP hilft uns, unsere innerlich ablaufenden Programme zu erkennen und zu überprüfen, ob sie noch zeitgemäß sind. Sind sie das nicht mehr, können neue Verhaltensweisen eingeübt und nachhaltig eingesetzt werden.

NLP ist inzwischen in vielen Ebenen und Bereichen der Gesellschaft anzutreffen, in denen Veränderung das Ziel ist. Aktuell wird dieses Wissen immer mehr in Unternehmens- und Organisationsprozesse integriert. Auch in den Bereichen Werbung und Sport wird NLP immer häufiger eingesetzt.

NLP und Manipulation

Beim Thema NLP ist es unbedingt erforderlich, auch über das Thema „Manipulation" zu reden. Für viele ist NLP ein Werkzeug, dem mit Vorsicht zu begegnen ist – zu Recht, denn häufig wird seine Wirksamkeit missbraucht. NLP kann beispielsweise dazu benutzt werden, um Ihnen ein neues Produkt schmackhaft zu machen oder Sie politisch zu beeinflussen. In Seminaren für Verkäufer, Versicherungsvertreter und Banker ist NLP ein wichtiger Bestandteil. Auch gibt es kaum mehr einen Mitarbeiter im Personalbereich, der nicht die Grundlagen des NLP beherrscht. Und nicht zuletzt bieten viele Sekten ihren Mitgliedern eine Art „Gehirnwäsche" an, die häufig mit NLP-Methoden angereichert sind. Diese Beispiele zeigen, wie gefährlich NLP sein kann. Sie beweisen gleichzeitig, wie wirksam es funktioniert, sonst würde es nicht inzwischen in so vielen Lebensbereichen eine wichtige Rolle spielen.

Gut zu wissen

....

Bitte schauen Sie sich diejenigen genau an, die NLP anwenden und seien Sie kritisch. So wie Sie ein scharfes Messer nicht aus Ihrer Küche verbannen, nur weil es scharf ist, sondern es vielmehr mit Umsicht benutzen, um seine Vorteile zu genießen. In meinen Ausbildungen ist es mir sehr wichtig zu klären, aus welcher Absicht heraus jemand NLP lernen und anwenden möchte. Nur wenn die Gründe für mich ethisch und moralisch vertretbar sind, gebe ich mein Wissen weiter.

....

25

Warum spirituelles NLP?

Meiner Meinung nach kann eine persönliche Entwicklung – und darauf möchte ich mich in diesem Buch konzentrieren – nicht ohne die Integration von Körper, Geist und Seele stattfinden. Das bringt für mich automatisch eine spirituelle Sichtweise der Dinge mit sich. Meiner Arbeit liegt ein positives Menschenbild zugrunde. Es geht davon aus, dass jeder Mensch in seiner Grundanlage gut und vollkommen ist, wenn er auf diese Welt kommt. Durch die Umwelt und die Umgebung, in die er hineingeboren wird, entwickeln sich Verhaltensweisen, die diesem Menschen nicht immer guttun, sondern die einfach aus der Not heraus erlernt wurden. Sie hatten zu einem bestimmten Zeitpunkt im Leben ihren Sinn und ihre Richtigkeit; im Erwachsenenalter sind sie aber manchmal nicht mehr zeitgemäß und hemmen die eigene Entwicklung anstatt sie zu fördern. Dann ist es sinnvoll, sie zu überprüfen und gegebenenfalls zu verändern. Jede Veränderung, die in der Arbeit mit NLP erreicht werden soll, fördert den Prozess, nach und nach für das eigene Leben selbst die Verantwortung zu übernehmen. Auch die Liebe zu sich und zu allen Menschen, aber auch zu Tieren und zur Natur wird gefördert und das Bewusstsein auf eine neue Ebene erhöht. Die NLP-Arbeit soll immer eine Win-win-Situation für alle Beteiligten darstellen, das heißt zum Nutzen aller geschehen.

> Orientiert sich die Arbeit an der eigenen Persönlichkeit an den drei Bezugspunkten ‚Liebe', ‚Bewusstsein' und ‚Eigenverantwortung', werden letztlich immer positive Resultate für die gesamte Schöpfung erzielt. Das zeigen die jahrtausendealten Erfahrungen in den großen spirituellen Traditionen überall auf der Welt. Kein Mensch ist meines Wissens bisher zu einem spirituellen Lehrer geworden, ohne die drei genannten Prinzipien in seiner Entwicklung zu berücksichtigen.«

Nach Walter Lübeck (geb. 1960), spiritueller Lehrer,
aus: Handbuch des spirituellen NLP, Seite 15f.

Wie wurde NLP entwickelt?

In den 70er-Jahren des letzten Jahrhunderts stellten sich die Begründer des NLP, der angehende Psychotherapeut Richard Bandler und der Sprachwissenschaftler John Grinder, folgende Frage: „Was macht den Unterschied aus?" Die beiden US-Amerikaner beobachteten, dass Menschen, die ein Trauma, eine Sucht oder ein auffälliges Verhaltensmuster verändern wollten, bei unterschiedlichen Therapien und Therapeuten ganz unterschiedlich lange benötigten, um das Muster zu verändern oder sich ganz davon zu befreien. Bei vielen war das Muster noch nach 100 Sitzungen kaum verändert; bei einigen dagegen war es nach einer Stunde weg. Es musste also einen Unterschied geben! So war das „Modelling" geboren: von den Besten zu lernen und deren Strategien zu übertragen. Das Konzept wird bis heute im NLP angewandt. Bandler und Grinder wählten für ihre Studie drei Vorbilder aus:

Virginia Satir: Sie war die Begründerin der Familientherapie, die damals bereits „systemisch" arbeitete. Es genügte ihr beispielsweise nicht, mit einem verhaltensauffälligen Kind allein zu arbeiten; sie bezog die ganze Familie mit ein. Daraus entwickelten sich alle weiteren systemischen Ansätze, wie Bert Hellingers

Familienstellen oder systemische Organisations- und Teamaufstellungen im betrieblichen Kontext.

Fritz Perls: Er begründete die Gestalttherapie und gehört zu den Gründern der modernen Psychotherapie. Er setzte beispielsweise die Angst auf einen Stuhl und stellte ihr Fragen. Es gelang ihm sehr schnell, mit inneren Teilpersönlichkeiten in Verbindung zu kommen und mit diesen zu arbeiten, beispielsweise mit dem kreativen Teil, dem inneren Kritiker, dem Träumer oder unserem inneren Kind – heute eine der Grundlagen im NLP.

Milton Erickson: Bei ihm bemerkten Bandler und Grinder sehr schnell, dass er mit der Sprache anders umging als andere Therapeuten. Erickson begründete die Hypnosetherapie; seine Sprachmuster sind heute wesentliche Bestandteile der Trance- und Visualisierungsreisen im NLP-Baukasten.

Obwohl alle drei Therapeuten unterschiedlich arbeiteten, waren doch einige Bestandteile ihrer Arbeit ähnlich. Bandler und Grinder stellten fest, dass vor allem die Grundannahmen ihrer Arbeit fast identisch waren.

Die Grundannahmen des NLP

Die Grundannahmen oder Grundprinzipien des NLP stellen meiner Meinung nach bis heute die Basis einer professionellen, ethisch und moralisch vertretbaren Ausbildung und Anwendung des NLP dar.

Für mich sind es Regeln, die – würden wir sie alle anwenden – unser Leben reicher, friedlicher und gesünder machen würden. Auch die Huna-Philosophie, die ich nachfolgend kurz erläutern werde, geht von

„Grundprinzipien des Lebens" aus. Aus diesem Grund passen NLP und Huna für mich sehr gut zusammen. Die wichtigsten Grundprinzipien stelle ich hier kurz vor.

Man kann nicht *nicht* kommunizieren

Der Satz kommt Ihnen vielleicht bekannt vor. Er stammt von dem Psychotherapeuten Paul Watzlawick und stellt fest dass, auch wenn wir nichts sagen, trotzdem immer nonverbale Botschaften bei unserem Gegenüber ankommen. Unsere Mimik und Gestik, unsere Haltung, unser Auftreten und unsere Ausstrahlung werden von unserem Gegenüber wahrgenommen. Ob wir es wollen oder nicht, ob es uns bewusst ist oder nicht: Auf der Ebene unserer fünf Sinne gehen ständig Informationen hin und her. Nicht umsonst sagt beispielsweise der Volksmund: „Den kann ich nicht riechen".

Die Landkarte ist nicht die Landschaft

Jeder Mensch macht im Laufe seines Lebens unterschiedliche Erfahrungen. Diese Erfahrungen prägen seine individuelle „Landkarte". Trifft ein Mensch auf einen anderen mit ähnlichen Erfahrungen (ähnlicher Landkarte), klappt die Verständigung meistens ganz gut. Trifft er jedoch auf einen Menschen mit komplett anderen Erfahrungen, wird es schwieriger, ihn zu verstehen. Berichte ich etwa einem Südseeinsulaner vom Schnee, wird er sich schwer tun, sich das vorzustellen, denn in seiner persönlichen Erfahrung gibt es dafür keinen Bezug. Das liegt daran, dass Menschen nicht auf die Wirklichkeit selbst (Landschaft) reagieren, sondern auf ihre Vorstellung von der Wirklichkeit

(Landkarte). Kommunikation gelingt dann, wenn man versucht, die Landkarte des anderen verstehen zu lernen.

Jedes Problem trägt die Lösung bereits in sich

Diese Grundannahme wirft einen optimistischen und hoffnungsvollen Blick auf das Problem: Wenn ich ein Problem habe, dann gibt es dafür auch eine Lösung. Für mich als Coach ist diese Grundannahme extrem wichtig, da ich weiß, dass meine Klienten die Lösung für ihre Probleme bereits mitbringen. Vielleicht kommen sie gerade nicht darauf, und bei diesem Prozess darf ich sie unterstützen. Jeder Mensch weiß jedoch in seinem tiefsten Inneren selbst, was für ihn gut ist.

Hinter jedem Verhalten steht eine positive Absicht

Bei der Arbeit mit NLP ist es immer ganz wichtig herauszufinden, wofür das Problem, das Symptom oder das unerwünschte Verhalten steht. Wenn es nicht für irgendetwas gut wäre, würde der- oder diejenige es auch nicht haben.

Beispiel: Eine Frau kommt in die Beratung und klagt darüber, dass sie immer häufiger Migräne habe. Auf meine Frage, was denn die positive Absicht ihrer Migräne sei, schaut sie mich zunächst verständnislos an. Was solle denn daran positiv sein? Auf die Frage nach Situationen, in denen sie Migräne bekomme, erzählt sie, es würde immer dann auftreten, wenn sie körperlich sehr erschöpft sei. Sie habe vier Kinder, aber wenn sie einen Anfall habe, lege sie sich sogar am Nachmittag hin, verdunkle das Schlafzimmer und gönne sich Ruhe. In dieser Zeit kümmern sich die Kinder um sich selbst oder sogar um die

Mutter. Die positive Absicht ist hier also vielfältig: Sie reicht von Ruhe und Erholung der Mutter über „auch mal schwach sein können" und Hilfe annehmen bis hin zur Erziehung der Kinder zu mehr Eigenverantwortung und Mithilfe im Haushalt. Die Migräne ist im Moment die einzige Möglichkeit für ihr Unterbewusstsein, ihr diese Pause zu verschaffen. Wird die positive Absicht hinter der Migräne bewusst gemacht, kann sie in die Lösung des Problems mit eingebaut werden.

Es gibt immer mindestens drei Möglichkeiten

Flexibilität gewinnt. Warum denn? Wenn ich ein Problem habe, will ich eine Lösung und alles ist okay, oder etwa nicht? Bei der Suche nach *einer* Lösung entsteht aber schnell der Druck, dass sie auch wirklich funktionieren muss. Deshalb sind zwei Lösungsmöglichkeiten zumindest besser als eine. Doch was passiert bei zwei Alternativen? Man muss sich entscheiden – eine Fähigkeit, die uns nicht immer leicht fällt. Deshalb ist es sinnvoll, nach mindestens drei Lösungen Ausschau zu halten, denn erst hier beginnt die freie Wahl. Dann beginnt für manche Menschen zwar häufig die „Qual der Wahl", doch wer verschiedene Alternativen und Verhaltensweisen aufweisen kann, wird in unterschiedlichen Lebenssituationen wesentlich leichter zurechtkommen als derjenige mit nur einer einzigen Strategie.

Wer als Werkzeug nur einen Hammer hat, sieht in jedem Problem einen Nagel.«

Paul Watzlawick (1921–2007), österreichischer Psychotherapeut und Autor

Körper, Geist und Seele betrachten

Der Mensch ist ein Wesen, das aus Körper, Geist und Seele besteht. Für mich sind dies die drei Ebenen Bauch, Verstand und Herz. Wir sind keine getrennten Wesen; vielmehr macht uns erst die Verbindung dieser drei Teilaspekte glücklich und zufrieden. Eine Veränderung auf einer Ebene bewirkt automatisch eine Veränderung auf den anderen Ebenen. Deshalb ist die Integration der drei Ebenen eine Grundlage in der Arbeit mit NLP.

Eigenverantwortlich handeln

In der Arbeit mit NLP landet man automatisch in der Eigenverantwortung, ganz nach dem Motto: weg von der Fremdbestimmung hin zur Selbstbestimmung. Es wird dabei immer schwieriger, sich selbst als Opfer zu fühlen. Täter-, Opfer- und Retter-Rollen werden aufgedeckt und die Verantwortung dorthin verlagert, wo sie hingehört. Dann ist es auch nicht mehr möglich, die Schuldigen „draußen" zu suchen. Es wird vielmehr nach dem eigenen Anteil an einer Situation geforscht und dieser verändert.

Authentisch leben – die eigenen Bedürfnisse kennen

Authentizität ist heute ein geflügeltes Wort. Aber was bedeutet sie wirklich? Erst

28

wenn ich weiß, wer ich bin und was mir guttut, wenn ich mir erlaube, Dinge auszuprobieren und meine Erfahrungen zu machen, erst dann lerne ich meine Bedürfnisse immer besser kennen und richte mein Leben nach meinen wichtigsten Werten aus. Ziel der Arbeit mit NLP ist es, stimmig – das heißt aus dem Bauch heraus und in Übereinstimmung mit der eigenen Intuition im Herzen – präsent zu sein. So kann ich in jedem Moment des Lebens entscheiden, was jetzt gerade gut für mich ist.

Scheitern macht gescheit
Manche Menschen fangen nichts Neues an oder wagen nichts, weil sie eventuell scheitern könnten. Scheitern gehört jedoch zum Leben dazu. Und was bedeutet „scheitern"? Nichts anderes als: Man hat eine Erfahrung gemacht und kann sich anschließend neu orientieren. Oft hilft das Versagen auf einer Ebene einem erst dazu, sich neu zu entscheiden oder es einfach noch einmal zu versuchen, eventuell mit einer anderen Strategie. Es gibt viele Beispiele berühmter Menschen, die erst nach mehrmaligem Scheitern erfolgreich wurden. Lesen Sie zum Beispiel die Biografie von Walt Disney und Sie werden entdecken, wie viele Anläufe er zu Zeiten der Wirtschaftkrise im letzten Jahrhundert benötigte, um seinen Traum von Mickey Mouse zu verwirklichen.

Gut zu wissen

Ob das Ergebnis unserer Handlung als Erfolg oder als Versagen gewertet wird, hängt häufig davon ab, in welchem Zusammenhang wir es betrachten. Mehr dazu finden Sie im Kapitel 5 unter dem Stichwort „Reframing" (siehe Seite 162).

Was ist Huna?

Huna ist eine alte hawaiianische Lebensphilosophie, die erst vor etwa 100 Jahren in unserer westlichen Zivilisation bekannt wurde. Huna bedeutet übersetzt „Geheimnis" und wurde in alten Zeiten von den Kahunas, den Hütern des verborgenen Wissens, weitergegeben. Der amerikanische Sprachforscher Max Freedom Long hat diese Kenntnisse Anfang des letzten Jahrhunderts erforscht, veröffentlicht und für uns westliche Menschen zugänglich gemacht. Er fand heraus, dass es dabei um die verborgene Seite unserer Wirklichkeit geht. Die Grundlage der Huna-Lehre ist das Wissen um die „drei Selbste des Menschen": Das untere Selbst – in der Psychologie das Unterbewusstsein, das mittlere Selbst – unser wacher Verstand, und das hohe Selbst – unsere Verbindung zum großen Ganzen, zu unserer Seele, Intuition oder Herzebene. Die Ausgeglichenheit und die harmonische Zusammenarbeit dieser drei Ebenen sind von größter Wichtigkeit für Zufriedenheit und Glück und stehen auch heute noch bei den Hawaiianern an erster Stelle.

Durch die Überlieferung alter Huna-Rituale haben wir heute die Möglichkeit, uns von vielen negativen Gefühlen wie Schuld, Scham, Wut oder Angst zu befreien. So können Sie Ihr Leben eigenverantwortlich in eine neue Richtung lenken und Ihren seelischen Frieden finden.

Gut zu wissen

Im vorliegenden Buch sind die Grundprinzipien der Huna-Philosophie nach Serge Kahili King integriert, einem hawaiianischen Autor und spirituellen Lehrer. Mit ihrer Hilfe können Menschen ihr Leben und Handeln leichter bewältigen. Durch Erklärungen jeweils zu Beginn des Kapitels und durch Übungen, die zum Teil traditionelle Rituale beinhalten, werden die folgenden sieben Prinzipien eingebunden.

1. Huna-Prinzip: Ike – Die Welt ist das, wofür Du sie hältst.
2. Huna-Prinzip: Makia – Energie folgt der Aufmerksamkeit.
3. Huna-Prinzip: Kala – Es gibt keine Grenzen.
4. Huna-Prinzip: Manawa – Jetzt ist der Augenblick der Macht.
5. Huna-Prinzip: Aloha – Lieben heißt, glücklich sein mit …
6. Huna-Prinzip: Mana – Alle Macht kommt von innen.
7. Huna-Prinzip: Pono – Wirksamkeit ist das Maß der Wahrheit.

Was ist psychologische Astrologie?

Die Frage kann man erst beantworten, wenn man weiß, was Astrologie ist. Die klassische, westliche Astrologie ist eine uralte Lehre, die sich vor etwa 5000 Jahren in Babylonien aus der Naturbeobachtung entwickelt hat. Die babylonischen Weisen und Seher ließen riesige Türme in den Himmel bauen, um die Sterne genauer beobachten zu können. Über die Bewegung der Gestirne fanden Sie heraus, dass es eine Wechselwirkung zwischen den Zusammenhängen am Himmel und auf der Erde gab, die sogenannte Synchronizität. Sie zeichneten über Hunderte von Jahren die Stellungen der Gestirne auf und entdeckten so, dass unser Leben auf der Erde in Zyklen verläuft: Häufig findet nach sieben oder zwölf Jahren ein Wechsel statt, aber auch nach längeren Zyklen bis hin zum platonischen Jahr, das alle 25 720 Jahre neu beginnt. Erstaunlicherweise haben sich in ganz unterschiedlichen Regionen der Erde vor Tausenden von Jahren ganz ähnliche Systeme entwickelt, die sich auf der Natur- und Sternenbeobachtung begründeten. Ob in China, Tibet, Mexiko, Südamerika oder Indien, überall wurde dazu ein Kreis gebildet mit Zeichen und Symbolen, die diese Zyklen berechneten und dabei jeweils auch das Schicksal des Menschen einbanden.

Trennung von Astronomie und Astrologie

In unserem Kulturkreis wurden Astrologie (die „Sterndeuterkunst") und Astronomie (die „Wissenschaft von den Gestirnen") jahrhundertlang gemeinsam studiert. Erst die Zeit der Aufklärung verursachte eine Trennung. Seitdem beschäftigt sich die Astronomie rein wissenschaftlich mit den Sternbildern und physikalischen Gegebenheiten, wobei auch hier die Zyklen, die sich mit der Rotation der Erde und den universalen Kräften beschäftigen, zunehmend an Bedeutung gewinnen. Die Astrologie wurde dagegen in das Reich der Mythologie, Religion oder auch der Wahrsagerei verbannt und fristete viele Jahrhunderte ein eher belächeltes Schattendasein. Erst im letzten Jahrhundert hat sie sich weitgehend erneuert und weiterentwickelt.

Mit dem Beginn der Psychologie vor etwa einhundert Jahren haben sich vor allem der Psychoanalytiker C.G. Jung und seine Kollegen wieder an den Wert der klassischen Astrologie erinnert. Das war die Geburtsstunde der psychologischen Astrologie. Seit dieser Zeit findet neben Fragen zur Zeitquantität – „Wie viel Zeit habe ich noch?" – auch die Zeitqualität wieder mehr Beachtung, das heißt Fragen wie „In welcher Zeit leben wir gerade?" oder „Wofür ist die aktuelle Zeit gut?" Mit der Einführung des Mondkalenders bekommen wir langsam wieder einen Zugang zu diesen essenziellen Fragen.

Klassische versus psychologische Astrologie

Ebenso wie bei der klassischen Astrologie ist auch bei der psychologischen Astrologie das Geburtshoroskop wichtig. Es ist die Basis für beide Systeme, die damit wichtige Ansätze aus verschiedenen Blickwinkeln beleuchten. Das Geburtshoroskop bildet unseren Start auf dieser Erde ab: Den ersten Atemzug, den wir nehmen und mit dem wir unser Leben auf der Erde beginnen. Dieses Horoskop stellt unsere Veranlagung dar, ähnlich wie in der Wissenschaft unsere Gene. Es gibt Antworten auf die Fragen: „Was kann ich entwickeln?" und „Was sind meine Stärken und Schwächen?" Die klassische Astrologie war vor allem in den letzten Jahrhunderten gefragt, weil die Menschen zur damaligen Zeit noch wesentlich mehr von ihrer Umwelt und Umgebung geprägt wurden, in die sie hineingeboren wurden. In der psychologischen Betrachtungsweise wird hauptsächlich nach innen geschaut, auf die Talente und Fähigkeiten, die entwickelt werden sollen. Es wird weniger Wert auf eine genaue Zukunftsaussage gelegt, sondern vielmehr auf die Möglichkeiten, die es jetzt im Moment gibt. Ganz wichtig ist in beiden Fällen, die Symbolsprache durch einen geschulten psychologischen Astrologen übersetzen zu lassen.

 Die moderne Astrologie nähert sich mehr und mehr der Psychologie und klopft bereits vernehmlich an die Pforten der Universitäten.«

C.G. Jung (1875–1961),
schweizerischer Psychoanalytiker

Vorteile der psychologischen Astrologie

Verbindet man Psychologie und Astrologie, hat man damit die Möglichkeit, umfassendere Aussagen über einen Menschen zu machen.

Der psychologische Aspekt ermöglicht Aussagen über die Persönlichkeit, Anlagen, Prägungen und Verhaltensmuster.

Beispiele: Die Interpretation eines Kinderhoroskops kann Eltern helfen, sich auf die Bedürfnisse ihres Kindes einzustellen und es in den ihm veranlagten Fähigkeiten zu unterstützen, ohne ihre eigene Sichtweise auf das Kind zu projizieren. Sie lernen außerdem zu verstehen, warum ein Kind in derselben Situation ganz anders handelt als ein anderes. Zudem können, auch bei Erwachsenen, Alternativen zu einem bestimmten Verhalten aufgezeigt werden, das eventuell als problematisch oder belastend empfunden wird. So kann ein Mensch mit Betonung des Feuerelementes lernen, seine Wut – anstatt wild um sich zu schlagen – in eine sportliche Betätigung zu lenken oder anderweitig als konstruktive Energie zu nutzen.

Der astrologische Aspekt ermöglicht Aussagen über zeitliche Abläufe, Zyklen, Rhythmen und den richtigen Zeitpunkt von Handlungen oder bestimmten Entwicklungen.

Beispiel: Bevor wir aus dem Haus gehen, sehen wir uns den Wetterbericht an oder schauen auf das Thermometer. Regnet es, nehmen wir einen Schirm mit, ist es kalt und frostig, ziehen wir uns warm an. So ähnlich ist es auch mit der Zeitqualität in der Astrologie. Es gibt Tage, an denen man besser nicht das wichtigste Bewerbungsgespräch des Lebens führen sollte, und es gibt günstige Augenblicke für alle möglichen Alltagssituationen. Diese Betrachtungsweise, die unseren Vorfahren zum Beispiel für die Ernte sehr wichtig war, wird heutzutage zunehmend wieder ins Bewusstsein gebracht und von vielen Menschen berücksichtigt.

Gut zu wissen

Jeder Mensch hat seinen ganz persönlichen Rhythmus. Ein Morgenmuffel tut sich schwer, in aller Früh gut gelaunt beim Frühstück zu sitzen; ein Frühaufsteher ist wahrscheinlich spät abends schwer zum Ausgehen zu motivieren. Eine Nachteule kann nachts wunderbar arbeiten, ein Morgentyp ist wahrscheinlich in aller Früh kreativer. Das ist der psychologische Anteil. Trotzdem kann ein Bewerbungsgespräch auch bei optimaler Voraussetzung und intensiver Vorbereitung daneben gehen – weil der Zeitpunkt falsch gewählt war. Dasselbe Gespräch zum richtigen Zeitpunkt wäre erfolgreich gewesen. Hier kommt der astrologische Aspekt ins Spiel. Bringt man Psychologie und Astrologie zusammen, kann für jeden Charakter der richtige Zeitpunkt ermittelt werden – ein Gewinn für die persönliche Lebensgestaltung.

Vier Elemente färben unser Temperament

Die Elemente Feuer, Erde, Wasser und Luft halten unseren Planeten zusammen und lassen uns überleben. Dabei besteht jeder Mensch, genauso wie alles in der Natur, aus diesen vier Elementen – jedoch jedes Individuum in seiner ganz

persönlichen Mischung. Grundlage einer Horoskopinterpretation ist die bei jedem Menschen einmalige Mischung der Elemente zum Zeitpunkt seiner Geburt. Bereits Hippokrates (460–370 v. Chr.) war der Ansicht, dass der Mensch je nach

Persönlichkeit eine Mischung aus unterschiedlichen Temperamenten ist, wie er in seiner Arbeit „Die Natur des Menschen" entwickelte. Der griechische Arzt Galenus von Pergamon ordnete um 145 n. Chr. den vier Flüssigkeiten des Körpers („humores") je ein Temperament zu. Je nach Vorherrschaft einer dieser vier Körperflüssigkeiten bildete sich das damit verbundene Temperament bei diesem Menschen besonders hervor:

- **Gelbe Gallenflüssigkeit (Cholé):** Der Choleriker ist reizbar und erregbar; er entspricht dem Element Feuer.
- **Schleim (Phlegma):** Der Phlegmatiker ist passiv und schwerfällig; er entspricht dem Element Erde.
- **Schwarze Gallenflüssigkeit (Melas Cholé):** Der Melancholiker ist traurig und nachdenklich; er entspricht dem Element Wasser.
- **Blut (Sanguis):** Der Sanguiniker ist heiter und aktiv; er entspricht dem Element Luft.

Die vier Charaktere im Buch

Die vier Charaktere im vorliegenden Buch sollen die vier Elemente mit ihren jeweiligen Eigenschaften darstellen. Alle Eigenschaften bergen Chancen, aber auch Risiken in sich, und können je nach Ausprägung auch als Stärken beziehungsweise Schwächen interpretiert werden.

Gut zu wissen

Zur besseren Unterscheidung der vier Elemente werden die vier Charaktere in deutlich überzeichneter Form dargestellt. So treten die Unterschiede in der Persönlichkeit besser zu Tage. Jeder Mensch trägt jedoch alle vier Elemente in sich – in seiner ganz persönlichen Mischung.

Harmut steht für das Element Feuer. Sein Lebens-Motto: „Ich will …!"
Chance: Steht gerne im Mittelpunkt, handelt zielorientiert, ist abenteuerlustig, risikofreudig, leidenschaftlich, mutig, begeisterungsfähig, machtvoll, kann andere führen und anspornen, ist immer in Bewegung, lebendig, hitzig, aktiv, willensstark, der zündende Funke, impulsgebend, ungeduldig, stolz, motiviert, überzeugend, liebt den Wettbewerb.
Risiko: Gefahr des Burnout, kann schlecht um Hilfe bitten, hat hohe Ansprüche an sich und andere, ist ungeduldig, aufbrausend, cholerisch, rennt manchmal gegen die Wand, macht nur Halt, wenn er muss.

Karla steht für das Element Erde. Ihr Lebens-Motto: „Ich plane …"
Chance: Zuverlässig, gewissenhaft, gerecht, treu, loyal, ehrlich, ordnungsliebend, strukturiert, belastbar, qualitätsbewusst, sicherheitsorientiert, beständig, verantwortungsbewusst, geduldig,

ausdauernd, seriös, natürlich, der Fels in der Brandung.
Risiko: Penibel, kleinkariert, unflexibel, phlegmatisch, besserwisserisch, kritisierend, starr, unnachgiebig, häufig pessimistisch, griesgrämig, mürrisch, ernsthaft, darf keine Fehler machen, übertriebene Perfektion als Hindernis.

Yvonne steht für das Element Luft.
Ihr Lebens-Motto: „Ich entdecke …"
Chance: Sehr Flexibel, kreativ, spontan, ein Improvisationstalent, kommunikativ, eine gute Freundin, fröhlich, humorvoll, neugierig, kontaktfreudig, offen, gelassen, optimistisch, multitalentiert, schnell, gutgelaunt.
Risiko: Chaotisch, oberflächlich, sprunghaft, bringt wenig zu Ende, verzettelt sich

schnell, ist überall und nirgends, nervös, unzuverlässig.

Sebastian steht für das
Element Wasser.
Sein Lebens-Motto: „Ich fühle …"
Chance: Mitfühlend, intuitiv, tolerant, friedlich, vertrauensvoll, liebevoll, respektvoll, familiär, freigiebig, visionär, phantasievoll, teamfähig, verbindend, denkt an andere, spürt Stimmungen, liebt Geborgenheit, fragt nach Sinn.
Risiko: Melancholisch, mitleidend, depressiv, sensibel, kann schlecht „Nein" sagen, leicht ausnutzbar, mobbinganfällig, launisch, stimmungsabhängig, verträumt, langsam, opfert sich schnell auf, kann schlecht annehmen, traut sich wenig zu.

35

Lerneffekt

· ·

Erster Tag: Ich gehe eine Straße entlang, am Gehsteig. Plötzlich tut sich vor mir ein Loch im Boden auf. Ich stürze hinein. Ich bin verloren. Ich weiß, ich muss sterben. Kläglich rufe ich um Hilfe. Dann, nach endlos langer Zeit, kommt mir jemand zu Hilfe, hilft mir heraus aus dem Loch.

Zweiter Tag: Ich gehe die gleiche Straße entlang, am Gehsteig. Vor mir tut sich unerwartet wieder das Loch im Boden auf. Ich stürze hinein. Ich habe Angst. Aber ich rapple mich auf, und ich erkenne, dass es eine Möglichkeit gibt, wie ich mich selbst befreien kann. Das ist mühsam, aber es gelingt mir schließlich doch.

Dritter Tag: Ich gehe die gleiche Straße entlang, am Gehsteig, und da ist wieder das gleiche Loch. Ich falle wieder hinein – aus gleicher Gewohnheit. Ich ärgere mich über mich selbst, klettere auf dem mir nun schon bekannten Weg heraus und gehe weiter.

Vierter Tag: Ich gehe wieder die gleiche Straße entlang, am gleichen Gehsteig, sehe das Loch vor mir – und wechsle die Straßenseite.

Fünfter Tag: Ich nehme eine andere Straße.

Nossrat Peseschkian (1932–2012),
deutscher Neurologe und Psychotherapeut

· ·

Ankommen der vier Charaktere

Hartmut, Karla, Yvonne und Sebastian – die vier Personen, die die vier astrologischen Grundelemente charakterisieren, begleiten Sie durch das Buch. Sie treffen sich beim „TrauDich-Seminar", auf dem sie die TrauDich-Strategie kennenlernen. Sie kommen aus vollkommen unterschiedlichen Lebenssituationen und teilen Ihnen ihre individuellen Sichtweisen und Meinungen mit. Lassen Sie sich von ihnen dazu inspirieren, Ihre persönliche Lebenssituation zu reflektieren.

Hartmut

Hartmut sitzt am Steuer seines roten Cabriolets, auf dem Weg zum „TrauDich-Seminar". Wenn ihm das vor zwei Jahren jemand gesagt hätte, hätte er schallend gelacht. Er ist ein Mensch, der weiß, was er will. Aber dieses Seminar, will er da wirklich hin? Die Ärzte in der Klinik haben ihm mehr als deutlich zu verstehen gegeben, dass es für ihn „fünf vor zwölf" ist: „Wenn Sie jetzt in Ihrem Leben nichts verändern, werden wir uns in kürzester Zeit wiedersehen!"

In Hartmuts Welt ist nichts mehr, wie es war. Zuletzt hat ihn auch noch seine Gesundheit im Stich gelassen. Gut, er weiß, dass sein Blutdruck zu hoch ist und das Pfeifen im rechten Ohr beunruhigt ihn, wenn er ehrlich ist, schon länger. Doch als er zuletzt für gar nichts mehr Freude empfinden konnte und ein Burnout diagnostiziert wurde, ist selbst ihm klar geworden, dass er dringend etwas Grundlegendes verändern muss.

Die Funken der Begeisterung, die früher aus seinen Augen blitzten, sind längst erloschen. Das macht ihm Angst. Schon lange ist seine Ehe kaputt; seinen Sohn, der mittlerweile 14 Jahre alt ist, sieht er alle zwei Wochen am Wochenende, jedoch auch das in letzter Zeit eher sporadisch, weil er viel auf Geschäftsreise ist und auch der Sohn eigene Termine hat. „Immerhin kommt er nach mir", denkt er mit einem gewissen Stolz. „Doch bin ich auch ein gutes Vorbild für ihn?" Bei diesem Gedanken zieht sich sein Magen spürbar zusammen. Bisher war er sich seiner selbst immer so sicher gewesen. Jetzt muss er sich das erste Mal selbst in Frage stellen. Ein dunkler, bedrohlicher Schatten liegt über ihm und lässt ihn den Scherbenhaufen seines Lebens umso deutlicher sehen. Diese Gefühle sind neu für ihn. „Welche Strategie könnte mir helfen, mich davon zu befreien?", überlegt Hartmut nachdenklich.

Seine größte Sorge gilt im Moment seinem Job. „Als Vertriebschef kann ich es mir eigentlich nicht leisten, drei Monate außer Gefecht zu sein", sagt er zu sich selbst. Seine Vertriebsmannschaft konnte zwar bisher seinen Ausfall einigermaßen kompensieren, doch die Umsatzzahlen waren schon unter normalen Umständen kaum zu erreichen. Würde nach dieser langen Zeit nicht schon ein anderer auf seinem Stuhl sitzen? „Egal, diese Woche Auszeit nehme ich mir noch, und dann bin ich wieder ganz der Alte.", denkt Hartmut. Mit 45 wird es höchste Zeit, sein Leben wieder in den Griff zu bekommen, und dieses Seminar, das ihm sein Hausarzt wärmstens empfohlen hat, scheint bestens dafür geeignet zu sein. Zeit genug, um sich über neue Ziele und Prioritäten klar zu werden und wieder in die Erfolgsspur zu kommen.

Sein Hausarzt erzählte ihm zwar auch etwas von Ruhe und Entspannung, doch dafür hat er schließlich seinen Sport: Je dreimal Fitnessstudio und dreimal Laufen in der Woche – das hält in Form und ist sein Ausgleich. Bei einer Größe von 1,90 Meter hält er noch immer sein Idealgewicht und das soll auch so bleiben.
Sollte er sich nicht schon vorher ein paar Ziele für das Seminar überlegen? Das fällt ihm nicht schwer:

- Wie kann ich besser mit Stress umgehen?
- Wie lerne ich es, mich besser zu kontrollieren, wenn ich wütend bin?
- Wie kann ich mich entspannen?
- Wie richte ich meine Lebensziele neu aus?
- Wie kann ich mir ein neues Privatleben aufbauen?

Karla

Karla sitzt im InterRegio, schaut aus dem Fenster und fragt sich, was ihr diese Woche wohl bringen wird. Vielleicht hätte sie doch lieber den ICE nehmen sollen, denn die sechsstündige Fahrt kommt ihr jetzt doch etwas lang vor. Bedenkt man jedoch das Preis-Leistungs-Verhältnis, ist dies die sicherste und kostengünstigste Möglichkeit. Sie denkt an ihren Mann, der mit den drei Söhnen und dem gemeinsamen Auto zeitgleich an die Nordsee zum Surfen unterwegs ist. Gut, dass sie für diese Woche versorgt sind.
Ihre gute alte Freundin Claudia hat ihr von diesem Seminar erzählt und es ihr empfohlen. Wenn sie doch nur ein bisschen von Claudia hätte – einfach mal spontan sein und das tun, worauf man im Moment Lust hat. Dennoch, sie hat es geschafft;

nun ist es auch für Karla soweit: Sie hat etwas gespart, damit sie sich diese Woche leisten kann. Sie ist ganz aufgeregt bei dem Gedanken, denn Karla will mit 52 Jahren wieder beruflich einsteigen und darauf will sie sich gründlich vorbereiten. Als sie jung war, hat sie BWL studiert, danach kamen sehr schnell die drei Söhne. Da blieb nicht viel Zeit für Ihre Bedürfnisse übrig, sodass sie in den letzten Jahren zwar die Buchhaltung ihres Mannes übernahm, sonst jedoch keine Erfahrungen auf dem Gebiet sammeln konnte. Ihr Mann hatte sich vor 15 Jahren selbstständig gemacht, sein lang ersehnter Traum. Sie ist dabei seine große Stütze. „Schön, was wir uns gemeinsam erschaffen haben.", denkt Karla. Dabei fühlt sie sich manchmal überfordert, denn sie will ihre

Aufgaben und Arbeiten möglichst perfekt erledigen. „Wenn es möglich ist, in dieser Woche etwas mehr Gelassenheit zu lernen, dann wäre das für mich ein großer Erfolg.", überlegt sie. Vielleicht mal wieder mehr Zeit für sich zu haben. Am Morgen wieder regelmäßig walken zu gehen. Das wäre gut, vor allem für die Gesundheit. „Und vielleicht kann ich so auch meine Familie wieder mehr aktivieren, etwas gemeinsam zu machen."
Karla macht sich oft Sorgen um alle möglichen und unmöglichen Dinge. Sie ist gewohnt, Verantwortung zu übernehmen. Schon kommt ihr der Gedanke, ob sie wohl alles richtig eingepackt hat? In der Einladung stand, wetterfeste und bequeme Kleidung. Wahrscheinlich ist sie in ihrem Kostüm etwas overdressed. Aber lieber einen zu seriösen als einen zu chaotischen Eindruck machen. Was sollen denn sonst die anderen von ihr denken? Für die Entspannung hat sie ja ihren neuen Wellness-Anzug dabei, den ihr die Kinder zu Weihnachten geschenkt haben. Endlich

eine Gelegenheit, ihn zu tragen. „Ein bisschen Angst habe ich ja schon.", denkt Karla. „Ich bin gespannt, wie die Gruppe sein wird. Hoffentlich sind es Menschen, mit denen ich gut arbeiten kann." Karla weiß, dass sie etwas Zeit braucht, um sich auf neue Menschen einzulassen; sie fühlt sich in Gruppen leicht unter Druck gesetzt.
Karla holt aus ihrer Tasche die Liste mit den Zielen, die sie sich schon vor einigen Wochen ganz in Ruhe überlegt hat. Sie will gut vorbereitet in das Seminar gehen.

- Wie schaffe ich es, dass ich mir nicht mehr so viele Sorgen mache?
- Wie kann ich meinen beruflichen Neueinstieg besser organisieren?
- Wie kann ich meine Kinder noch besser in ihr erwachsenes Leben begleiten?
- Wie kann ich für meinen Mann eine geeignete Hilfe finden, die mir den Freiraum gibt, für mich etwas Neues aufzubauen?
- Wie kann ich etwas gelassener werden, ohne Dinge zu vernachlässigen?

Yvonne

Yvonne ist glücklich. Hat sie heute Morgen doch noch in letzter Sekunde eine Mitfahrgelegenheit bekommen, sodass es sogar wahrscheinlich ist, dass sie das Seminar pünktlich erreichen wird. Das ist nicht immer so, denn ihre Spontanität lässt ihr selten die Gelegenheit, sich auf Dinge gut vorzubereiten. Sie überlegt: „Wie heißt das Seminar nochmal, zu dem ich gerade auf dem Weg bin?" Letzte Woche kam ein Anruf ihrer besten Freundin Kiki, die leider krank geworden war und als sie gefragt wurde, ob sie kurzfristig einspringen könnte, hat sie spontan zugesagt. Das kam

ihr wie gerufen, denn ihr Leben braucht eine Veränderung.
Mit ihren 34 Jahren ist Yvonne eine richtige Lebenskünstlerin. Sie ist immer gut drauf, hat viel Spaß, ist grundsätzlich optimistisch und gut gelaunt. Sie liebt Veränderungen und braucht ihre Freiheit. Yvonne ist höchst kreativ und zu ihrem Leidwesen sehr ungeduldig, so sehr, dass sie bereits acht Ausbildungen begonnen und keine davon zu Ende gebracht hat. Es wird ihr eben sehr schnell langweilig; außerdem hat sie eine schnelle Auffassungsgabe und begreift viele Dinge schneller als

andere. Sie ist eben ein Multitalent und für fast alles einsetzbar. Im Moment hat sie fünf Jobs gleichzeitig, kommt finanziell jedoch nur schwer über die Runden. Eine ihrer großen Stärken ist die Kommunikation. Sie hat viele Freunde und kennt immer jemanden, der ihr weiterhelfen kann. Die aktuelle Kommunikation mit dem Fahrer verläuft jedoch nicht ganz nach ihrem Geschmack – hat er ihr doch gerade unmissverständlich klar gemacht, dass er sich auf die Straße konzentrieren muss und nicht auf ihre vielen Fragen antworten kann.

Dann träumt sie eben ein wenig vor sich hin, vielleicht von ihrem Traumprinzen, der hoffentlich bald auftauchen wird. Keiner der bisherigen Anwärter war ihr gut genug; für keinen würde es sich lohnen, ihre luftigen Kreise zu verlassen, um auf dem Boden einer festen Partnerschaft zu landen. Sie hat noch viel vor, will sich möglichst alles offen halten und ist deshalb nicht die entscheidungsfreudigste. Da kommt Yvonne der letzte Skiausflug in den Sinn. Das war genial, nicht zu vergessen das Après-Ski ... Yvonne flirtet gern und weiß, wie sie die Augen der Männer auf sich zieht. Mit ihren kurzen roten

Haaren wirkt sie noch jugendlicher als sie ohnehin schon ist. Die Wirkung auf die Frauen in ihrer Umgebung ist dabei meistens nicht so prickelnd. Vor allem im Job hat sie das schon mehrmals zu spüren bekommen.

Jetzt denkt sie an das Seminar, das am Abend losgeht. „Worauf lass' ich mich da wieder ein? Und das noch eine ganze Woche lang! Doch ich werde diese Woche durchziehen. Bestimmt bekomme ich viele neue Impulse und Anregungen, mal schauen, welche ich davon umsetzen kann." Da fällt ihr ein: Die Liste mit ihren Zielen für das Seminar, die sie gestern Abend während des Spielfilms noch schnell gemacht hatte, liegt auf der Kommode im Flur. Die hat sie doch glatt vergessen!

Sie nimmt sich kurz Zeit und notiert, was ihr davon noch einfällt:
- Woher weiß ich, was zu mir passt?
- Wie kann ich mich schneller entscheiden?
- Wie schaffe ich es, bei einer Entscheidung zu bleiben?
- Was mache ich mit meinen vielen Ideen?
- Wie bekomme ich meinen Kopf ruhig?

Sebastian

Sebastian hat die Nase gestrichen voll. Er will die Spielchen in seinem bisherigen Leben nicht mehr mitmachen. Machtspiele, Intrigen, wer ist der Beste? Er kann es nicht mehr hören. 38 Jahre sind genug – er ist bereit, neu zu beginnen. Er hat sich das Auto seiner Eltern geliehen und ist auf dem Weg zum „TrauDich-Seminar". Der Titel des Seminars hat ihn spontan angesprochen: „Wenn ich mir doch

endlich mehr zutrauen würde." Nach all den Selbsthilfebüchern, die er gelesen hat, ist er nun bereit, etwas dafür zu tun. Seine Familie ist im Moment für ihn der einzige Halt. Als Jüngster und Nachzügler von vier Kindern hatte er in seiner Kindheit viele Freiheiten, er musste sich damals nichts erkämpfen. Da er sich gerne um andere kümmert, die nicht so beschützt aufgewachsen sind, war es für ihn

schnell klar, dass er einen sozialen Beruf ergreifen würde. Heute arbeitet er als Pfleger in einer psychiatrischen Klinik. Dort wird er seit Jahren ausgenutzt, schiebt Sonderschicht über Sonderschicht und kann das Leid der Insassen nicht mehr ertragen. Privat hat er sich vor kurzem nach neun gemeinsamen Jahren von seinem Freund getrennt. Er konnte und wollte sich die Respektlosigkeit, mit der ihn sein Freund immer öfter behandelte, nicht mehr gefallen lassen.

Sebastian macht seit zwei Jahren eine Verhaltenstherapie. Seine Therapeutin hat ihm nahegelegt, er solle unbedingt etwas für sich selbst tun. Ein Seminar, das sein Selbstbewusstsein stärke. Deshalb hat er sich für das „TrauDich-Seminar" angemeldet, wohl wissend, dass er sich dort seinen Ängsten würde stellen müssen. „Wenn ich doch endlich meine Ängste verlieren würde, endlich mein Leben selbst in die Hand nehmen könnte. Wie viele Kurse habe ich schon mitgemacht; ich bin jedoch immer in meinem alten Verhalten stecken geblieben ...", denkt Sebastian.

Er weiß, dass es auch um seine Männlichkeit geht. Dabei hat er sich doch erst ein markantes Tattoo zugelegt und trägt seit geraumer Zeit einen Bart, der ihn äußerlich männlicher erscheinen lässt – aber eben nur äußerlich. In seinem Inneren hat sich dadurch nicht viel geändert. Er überlegt, welcher Mann er denn eigentlich ist

beziehungsweise sein will. Er kann sich an kein Vorbild erinnern, zu dem er aufschauen könnte. Sein Vater hat viel gearbeitet und war selten zu Hause. Seine Mutter hatte zu Hause das Sagen. Hat er sich deshalb bisher eher starke Männer als Partner gesucht?

All diese Gedanken gehen Sebastian durch den Kopf, während er sich überlegt, was er von dem Seminar erwartet. „Ich will weder in der Beziehung noch in der Arbeit weiter ausgenutzt und respektlos behandelt werden. Wie ich das schaffe, weiß ich jedoch noch nicht. Ich hoffe, dass ich mit diesem Seminar einen Schritt weiter komme."

Seinen Ausgleich findet Sebastian bei seinen Freunden, die ihn verstehen, und im Yoga, das er seit zehn Jahren regelmäßig einmal die Woche in einer kleinen Gruppe praktiziert. Er ist es gewohnt, dass er in den Gruppen und bei den Themen, die ihn interessieren, meist einer der wenigen Männer ist.

Sebastian macht kurz Rast und schaut über seine Liste mit Zielen:

- Was kann ich tun, damit ich mich in meiner eigenen Haut wohler fühle?
- Wie entwickle ich mehr Selbstvertrauen und Selbstbewusstsein?
- Wie kann ich mich besser abgrenzen, sodass mir nicht alles so zu Herzen geht?
- Wer bin ich?
- Was ist der Sinn meines Lebens?

Kommen auch Sie an

Hartmut, Karla, Yvonne und Sebastian sind im „TrauDich-Seminar" angekommen und haben jeweils für sich formuliert, welche Themen sie bearbeiten und auf welche Fragen sie eine Antwort bekommen möchten. Nun sind Sie an der Reihe: Nehmen Sie sich ein wenig Zeit für sich. Vielleicht haben Sie Lust, sich ein schönes Tagebuch als Begleiter zu besorgen. Vielleicht möchten Sie etwas notieren, etwas zeichnen – oder einfach dem Gelesenen nur nachspüren.

Gut zu wissen

Das Symbol mit dem Bleistift wird Sie durch das Buch begleiten. Es möchte Sie immer wieder dazu auffordern, sich Zeit für sich selbst zu nehmen, um nachzudenken und zu reflektieren. Vielleicht helfen Ihnen die folgenden Impulse dabei:
- Wo stehen Sie im Moment?
- Welche Fragen möchten Sie für sich beantwortet bekommen?
- In welchen Lebensbereichen sind Sie zufrieden?
- In welchem Lebensbereich sind Sie eher unzufrieden?
- Was sind die Ziele und Wünsche, die Sie mit dem Buch verbinden?

> *Und ich möchte Dich so gut ich kann bitten, Geduld zu haben gegen alles Ungelöste in Deinem Herzen und zu versuchen die Fragen selbst lieb zu haben, wie verschlossene Stuben und wie Bücher, die in einer fremden Sprache geschrieben sind. Forsche jetzt nicht nach den Antworten, die Dir nicht gegeben werden können, weil Du sie nicht leben könntest. Und es handelt sich darum alles zu leben. Lebe jetzt die Fragen. Vielleicht lebst Du dann allmählich, eines Tages, ohne es zu merken in die Antwort hinein.«*

Rainer Maria Rilke (1875–1926), deutschsprachiger Lyriker

*Kein Ding ist gut oder schlecht,
erst das Denken macht es dazu.«*

William Shakespeare (1564–1616),
englischer Dramatiker

1

TrauDich ...
bewusster zu denken!

Das erste Kapitel beschäftigt sich zunächst mit unserem Verstand, das
heißt mit unserer linken Gehirnhälfte, die vor allem für Logik, Ana-
lyse, Ordnung und Struktur zuständig ist – kurz gesagt mit unserer
„Intelligenz". Durch die Entwicklung
unserer Intelligenz, vor allem in den
letzten beiden Jahrhunderten, haben wir gesellschaftlich große Fortschritte gemacht. Viele Erfindungen
haben dazu geführt, dass wir in unserem täglichen Leben enorme Er-
leichterungen erfahren. Es stellt sich
jedoch die Frage: „Warum sind wir
dabei nicht glücklicher und zufriedener geworden?"

Den Verstand bewusst einsetzen

Wir haben vergessen, dass der Verstand nur einen Teil unserer Persönlichkeit ausmacht. Viele Menschen identifizieren sich ausschließlich mit ihrem Verstand und damit mit den Gedanken, die sie jeden Tag denken. Gerade heute wird unserem Verstand eine sehr große Bedeutung beigemessen. Es geht daher im ersten Kapitel darum, mit unserem Verstand und unseren Gedanken umgehen zu lernen. Ziel ist es, uns unserer Gedanken bewusst zu werden, sie zu beobachten und zu hinterfragen. So bekommen wir unseren Verstand mehr und mehr „in den Griff", anstatt von ihm dominiert zu werden.

Ike

....

Die Welt ist das, wofür Du sie hältst.   *1. Huna-Prinzip*

....

Bewusst denken – wie geht das?

Der erste Schritt besteht darin, dass wir lernen, unsere Gedanken zu beobachten, anstatt uns mit ihnen zu identifizieren. Eine gute Übung ist sich vorzustellen, dass Gedanken wie Wolken an unserem Himmel sind, die vorüberziehen. Und so wie es unterschiedliche Wolken gibt, gibt es unterschiedliche Gedanken: Gedanken, die mich aufheitern oder mir Freude schenken ebenso wie Gedanken, die mir Sorgen bereiten oder Angst machen. Sobald ich mir bewusst mache, dass die Gedanken kommen und gehen, kann ich freier und gelöster mit ihnen umgehen. Sie sind ein Teil von mir – ich bin jedoch nicht meine Gedanken.

Die Gedanken reinigen

In dem Maße, wie Sie Ihre Gedanken immer besser beobachten lernen, werden Sie feststellen, dass es damit auch möglich wird, die Gedanken sehr schnell zu verändern. Was uns dabei unterstützt, wenn wir einen Gedanken denken, sind unsere Gefühle. Sie werden feststellen, dass jeder Gedanke, den Sie denken, mit einem bestimmten Gefühl verbunden ist. Denken Sie an etwas, taucht fast gleichzeitig ein entsprechendes Gefühl dabei auf – je nachdem, an was Sie gerade denken, ein angenehmes oder weniger angenehmes Gefühl. Sie können nicht denken, ohne zu fühlen. Oder anders ausgedrückt: So wie Sie denken, so fühlen Sie.

Stellen Sie sich einfach folgende Frage: „Bringt mir der Gedanke mehr Stress, Angst oder Verzweiflung in mein Leben oder werde ich durch ihn ausgeglichener, friedvoller und zuversichtlicher?" Treten bei dem Gedanken negative Gefühle auf, kann der Gedanke so verändert werden, dass dabei positive Gefühle entstehen. Wichtig ist es, sich der Qualität der Gedanken bewusst zu werden – erst dann kann man damit arbeiten. Mehr dazu erfahren Sie in den Kapiteln 2 und 5.

49

Gut zu wissen

. . . .

Der eher negativ geprägte Begriff der „Gehirnwäsche" bekommt vor diesem Hintergrund eine ganz neue Bedeutung. Ich benutze auch gerne den Begriff „Gedankenhygiene": Wir können unseren Verstand beeinflussen und dafür sorgen, dass er die Gedanken denkt, die uns guttun. Es ist nur zwingend notwendig, dass wir unsere Gedanken selbst reinigen und diesen wichtigen Prozess nicht anderen überlassen. Daher: Glauben Sie nichts, was Sie nicht an sich selbst erprobt und erfahren haben.

. . . .

Persönliche Standortbestimmung

Lassen Sie sich in die Welt Ihrer Gedanken entführen. Was denkt es in Ihnen und woran glauben Sie? Die Antworten der vier Charaktere können Ihnen ein paar erste Impulse dazu geben.

Was denken Sie über das Leben und die Welt?

Hartmut: Keine Ahnung! Darüber habe ich mir noch nicht viele Gedanken gemacht. Ich versuche zu überleben. Nur die Stärkeren kommen weiter, die Schwachen bleiben auf der Strecke. Das Leben ist ein Kampf und die Welt ist schlecht, wir brauchen nur mal Nachrichten anzuschauen.

Karla: Mein Leben spielt sich hauptsächlich innerhalb meiner Familie ab, deshalb bin ich sehr dankbar dafür, dass wir uns haben. Man muss das Leben so nehmen, wie es kommt. Über die Welt mache ich mir Sorgen, wenn ich schaue, wie es überall zugeht. Ich hoffe, dass die unzähligen Krisen, die in vielen gesellschaftlichen Bereichen gerade gleichzeitig stattfinden, friedlich ausgehen.

Yvonne: Ich glaube, dass die Welt und das Leben grundsätzlich wunderschön sind. Wenn ich auf Reisen bin, auf unterschiedliche Menschen und Kulturen treffe, finde ich die Vielfalt faszinierend und anziehend. Irgendwie ist aber vieles ungerecht verteilt, es gibt viel Kummer und Leid, das mich erschreckt. Dann denke ich, dass ich eine hoffnungslose Träumerin bin.

Sebastian: Ich denke, dass ich ein Teil des Ganzen bin und dass ich dafür verantwortlich bin, wie die Welt heute aussieht. Ich will meinen Teil dazu beitragen; oft habe ich jedoch keine Kraft dazu und fühle mich von der Last des Lebens wie erdrückt. Das macht mich oft traurig. Mein Leben ist immer wieder Veränderungen unterworfen, auf die ich mich einstellen muss.

Was meinen Sie dazu?

Was denken Sie über sich und Ihre Fähigkeiten?

Hartmut: Ich habe schon viel erreicht und auch viel verloren. Ich habe außen eine harte Schale und innen einen weichen Kern. Ich kann Erfolge feiern und auch mit Niederlagen umgehen. Ich bin ein Stehaufmännchen. Ich schaffe es immer wieder, mir neue Ziele zu setzen, die ich dann hartnäckig verfolge und meistens auch erreiche.

Karla: Ich mache mir nicht so viele Gedanken über mich; ich bin eher bei meiner Familie und mache mir Gedanken, wie es da weitergeht. Ich kann gut planen und organisieren. Ich kann auch einfache Dinge genießen und damit zufrieden sein. Ich bin sehr gerne mit anderen Menschen zusammen.

Yvonne: Ich denke ungern über mich nach, denn dann sehe ich meine Unzulänglichkeiten, wie viel ich schon begonnen und nicht beendet habe. Dann geht es mir meistens nicht gut, denn ich denke, dass ich nicht viel kann. Ich probiere jedoch gerne Neues aus und bin immer wieder erstaunt, was mir alles gelingt. Richtige Fähigkeiten könnte ich im Moment nicht nennen.

Sebastian: Ich denke ständig über mich nach. Ich versuche mich zu verbessern, mich persönlich zu entwickeln. Ich will aus Fehlern lernen, damit ich meine Fähigkeiten und meine Potenziale immer mehr entfalte. Ich habe immer noch viele Ängste und stehe mir damit selbst im Weg. Ich habe das Gefühl, dass ich dadurch eher unsicherer geworden bin. Ich will endlich der sein, der ich bin.

Was meinen Sie dazu?

Wie gehen Sie mit Problemen um?

Hartmut: Ich habe gelernt, meinen Verstand zu gebrauchen und einzusetzen, um Probleme zu lösen. Ich kann gut reflektieren, mich kritisch betrachten. Ich habe einen starken Verstand, dem ich vertraue. Ich finde für jedes Problem die Lösung, man muss nur wollen. Probleme sind Herausforderungen, die mich wachsen lassen.

Karla: Gute Frage. Ich habe meistens einen klaren Verstand, der sehr schnell analysiert und feststellt, was zu tun ist. Auf meinen Verstand kann ich mich meistens verlassen. Er beherrscht meine Gefühle, wenn ich mir zu viele Sorgen mache. Probleme sind da, um gelöst zu werden. Ich übernehme die Verantwortung und arbeite so lange daran, bis das Problem gelöst ist.

Yvonne: Mein Verstand könnte stärker sein. Ich denke, dass er mich nicht gut unterstützt, vor allem, wenn es um wichtige Dinge geht – da entscheide ich meistens aus dem Bauch heraus. Ich weiß oft nicht, was für mich richtig ist. Darin könnte mich mein Verstand ruhig besser unterstützen. Bei Problemen gilt für mich: „Augen zu und durch!"

Sebastian: Mein Verstand ist mein größter Richter. Er bewertet ständig, was ich tue oder nicht tue und lässt mich nicht in Ruhe. Eigentlich weiß ich, in welchen Bereichen ich mich verändern sollte. Mein Denken und mein Verstand lähmen mich jedoch meistens. Probleme bereiten mir Bauchweh, da ich mich sehr schnell schuldig fühle und mich schäme, dass ich nicht so schnell handeln und entscheiden kann wie andere.

Was meinen Sie dazu?

Welche Sätze haben Sie über Erfolg, Gesundheit, Glück, Zufriedenheit gehört, als Sie klein waren?

Hartmut: Gar keine. Ich habe gesehen, dass man sich Erfolg hart erarbeiten muss. Glück und Zufriedenheit fliegen einem nicht so zu, dafür muss man etwas tun. Das muss ich mir verdienen. Gesundheit ist das wichtigste Gut in unserem Leben.

Karla: Du bist Deines eigenen Glückes Schmied. Schau, dass aus Dir etwas wird. Lieber den Spatz in der Hand als die Taube auf dem Dach. Glück und Erfolg machen nicht zufrieden. Sei mit dem zufrieden, was Du hast. Gesundheit ist dafür die

Basis, deshalb achte ich auf eine bewusste Ernährung und regelmäßige Bewegung.

Yvonne: Ich habe gesehen, dass der Preis für diese Dinge sehr hoch sein kann. Deshalb haben mich diese Dinge nie gereizt. Durch den frühen Tod einer guten Freundin habe ich erfahren, dass alles sehr schnell zu Ende sein kann. Deshalb lebe ich jeden Augenblick und schaffe mir so viele Glücksmomente wie möglich.

Sebastian: Ich habe früh gelernt, wie man zu sein hat, damit man erfolgreich und glücklich wird: Heiraten und eine Familie gründen, Karriere machen und so weiter. Das hat mir früh gezeigt, dass ich anders bin. Lange habe ich gedacht, dass ich nur dann einen Anspruch auf diese Werte habe, wenn ich anders wäre. Das war eine Falle, aus der ich langsam herausklettere

und mein eigenes Glück, meine eigene Art von Erfolg und Zufriedenheit kreiere, denn nur so kann ich auch gesund bleiben.

Was meinen Sie dazu?

In welchen Situationen gelingt es Ihnen am besten, Ihre Gedanken abzuschalten?

Hartmut: Wenn ich laufen gehe. Dann gehen mir zuerst viele Gedanken durch den Kopf, aber irgendwann schaltet er sich ab. Jegliche Art von Meditation regt mich dagegen eher auf.

Karla: Ich gehe seit Jahren regelmäßig ins Yoga, das tut mir sehr gut. Über die Körperübungen komme ich vom Kopf in den Körper. Bei der Abschlussmeditation spüre ich meine Körpermitte, meine Gedanken sind dann nicht mehr so wichtig.

Yvonne: Wenn ich mit meinen Tieren zusammen bin. Da bin ich sofort in einer anderen Welt. Wenn ich mit meiner Katze schmuse oder mit meiner Lieblingsstute ausreite, dann kann ich alles um mich herum vergessen. Oder wenn mir so viele Ideen durch den Kopf schießen, bis eine Grenze erreicht ist und völlige Leere herrscht.

Sebastian: Wenn ich ganz bei mir bin und in der Umgebung von guten Freunden, die mich verstehen. Ich kann mich auch in guten Filmen verlieren, bei guter Musik, beim Tanzen. Wenn ich meinen Träumen nachhänge und ich mir etwas Schönes für mich gönne.

Was meinen Sie dazu?

Wie bewusst sind Sie sich Ihrer Gedanken?

(Auf einer Skala von 1 bis 10:
  1 = überwiegend unbewusst,
10 = überwiegend bewusst)

Was meinen Sie dazu?

Hartmut: 1 2 3 4 5 6 7 8 9 **10**
Karla: 1 2 3 4 5 6 7 **8 9** 10
Yvonne: 1 2 3 4 **5** 6 7 8 9 10
Sebastian: 1 2 3 4 5 **6 7** 8 9 10

Das Gesetz von Ursache und Wirkung

Nichts ereignet sich zufällig, auch wenn wir das manchmal gerne so sehen würden. Alles folgt der Gesetzmäßigkeit des universellen Prinzips, dass jede Wirkung eine Ursache hat und umgekehrt. Jede Handlung und jeder Gedanke haben Konsequenzen, für die wir die Verantwortung tragen.

Zur Info

....

Das Gesetz der Resonanz: Positive Gedanken ziehen positive Menschen und Ereignisse an – und umgekehrt.

....

In diesem Zusammenhang benutze ich gerne die Metapher vom Samenkorn, das sich nur gut entwickelt, wenn wir es in fruchtbare Erde aussäen und anschließend ausreichend Wasser, Licht und Sonne dazugeben, damit es gedeihen kann. Angelehnt an das bekannte Sprichwort „Was Du säst, das wirst Du ernten!" sollten wir uns in gleicher Weise um unsere Gedanken kümmern. Achten Sie auf die Umgebung, in der Sie leben und auf die Menschen, mit denen Sie sich umgeben. Solange Sie die meiste Zeit in einem für Sie negativen Umfeld verbringen, benötigen Sie viel Energie, um sich zu schützen und sich abzugrenzen; dort können Sie nicht „gedeihen", das heißt sich nicht frei entfalten. Ihre Gefühle stehen für das Wasser, das Sie nähren soll. Mit welchen Gefühlen nähren Sie sich hauptsächlich? Mit Gefühlen der Angst und Sorge oder mit Gefühlen der Freude und Liebe? Achten Sie strikt darauf, welche Gefühle Ihre Gedanken auslösen.

Licht und Sonne sind die Begeisterung, mit der wir unsere Gedanken ausdrücken und die Freude, die wir spüren, wenn sich unser Herz öffnet.

Die Menschen haben keine Ahnung, wie man denken kann; wenn man sie neu denken lehren könnte, würden sie auch anders leben.«

Robert Musil (1880–1942),
österreichischer Erzähler,
Dramatiker und Essayist

Die Schöpferkraft unserer Gedanken

Schon in der Schöpfungsgeschichte der Bibel steht geschrieben: „Am Anfang war das Wort!" Allein das Wort genügte, um die Erde und das Universum entstehen zu lassen. Hinter unseren Worten liegen unsere Gedanken, mit denen wir das kreieren, was wir Tag für Tag in unserer Wirklichkeit vorfinden. Jeder Gedanke erzeugt ein Gefühl und löst damit wiederum einen bestimmten Impuls aus, der letztendlich dazu führt, dass unsere Wirklichkeit so entsteht, wie sie ist. Die gute Nachricht: Wir haben immer die Wahl, *was* und *wie* wir denken. Hier einige Beispiele:

Der erste Schultag

Eine Mutter denkt: „Wie schön. Jetzt hat meine wundervolle begabte Tochter die Möglichkeit, neue Erfahrungen zu sammeln. Ich freue mich und bin schon gespannt darauf, was sie alles lernen wird." Eine andere Mutter denkt an Ihre eigene Schulzeit zurück und sagt innerlich zu sich: „Oje, jetzt geht ihre Kindheit langsam zu Ende. Jetzt fängt der Ernst des Lebens an." – Können Sie sich vorstellen, mit welch unterschiedlichen Gefühlen die beiden Mütter auf ihre Töchter zugehen und welche Ausstrahlung von ihnen ausgeht?

Der ansonsten aufmerksame Chef geht in der Früh grußlos an seinen Mitarbeitern vorbei.

Ein Mitarbeiter denkt: „Er hat sicher gerade viel zu tun, er ist ganz in Gedanken. Eine Führungskraft hat es auch nicht einfach! Das nächste Mal frage ich ihn, wie es ihm geht." Ein anderer Mitarbeiter denkt: „Ich bin für ihn Luft. Wahrscheinlich ist meine Leistung nicht mehr so gut wie früher, sonst hätte er mich sicher beachtet." – Welcher Mitarbeiter wird sich wohler fühlen und seine weiteren Aufgaben mit Freude erfüllen?

> *Ob Du denkst, Du kannst es, oder ob Du denkst, Du kannst es nicht – Du wirst in beiden Fällen recht behalten.«*

Henry Ford (1863-1947), erfolgreicher
amerikanischer Unternehmer

Sie haben im Urlaub zwei Kilo zugenommen

Denken Sie: „Ich hätte mich doch zwischendurch wiegen sollen. Nächstes Mal nehme ich die Waage mit, damit das nicht mehr passiert. Jetzt darf ich wieder zwei Wochen nichts essen! Das vermiest mir die Laune und die Erholung ist gleich wieder dahin." Oder denken Sie: „Schön, dass ich mir zwei Wochen lang keine Gedanken über mein Gewicht gemacht und den Urlaub in vollen Zügen genossen habe. So erholt schafft es mein Körper schnell, wieder in Balance zu kommen und das Gewicht zu finden, das mir guttut." – Welcher Gedanke ist wohl friedvoller?

Sie stehen mit Ihrem Auto im Stau

Denken Sie: „Jetzt habe ich Zeit und Ruhe, meine Lieblings-CD zu hören und mich in Geduld zu üben." Oder regen Sie sich auf und denken: „Hätte ich doch lieber die andere Strecke genommen! Immer diese vielen Baustellen! Wieso passiert das immer mir?" – Welcher Gedanke macht Ihnen mehr Stress?

Bitte spüren Sie nach, wie unterschiedlich diese Sätze wirken. Wir sind in jedem Moment verantwortlich für das, was wir denken – aber vor allem auch für das, was „es in uns denkt". Spüren Sie die unterschiedliche Energie in den Sätzen und welche Gefühle dabei jeweils in Ihnen hochkommen. Sehen Sie die Freiheit der Wahl, die Sie in jedem Moment haben, wenn Sie sie sich nur bewusst machen.

Steigen Sie aus Ihren gewohnten Verhaltensweisen und Ihren automatisierten Reaktionen aus. Erlauben Sie sich eine ganz neue Sicht auf Dinge und Situationen, die Sie erleben. Sie werden sich selbst und andere damit überraschen.

 Alles was du in deinem Leben erreichst oder nicht erreichst, ist das direkte Resultat deiner Gedanken.«

James Allen (1864–1912),
englischer Autor

Unsere ersten Gedanken – Grundmuster des Lebens

Entwicklungspsychologisch wissen wir heute, dass bei jedem Menschen in den ersten sechs Lebensjahren die Grundauffassung der Welt angelegt wird, mit der er erwachsen wird und die er als Wahrheit annimmt. Dabei spielt seine Herkunftsfamilie sowie die Gesellschaft und die Kultur, in der er lebt, eine zentrale Rolle. Wir orientieren uns an unseren Eltern oder an der Erziehungsperson, die uns maßgeblich erzählt, „wie die Welt funktioniert". Die Rolle können alternativ zu Mutter und Vater auch unsere Großeltern, unsere Lehrer oder andere Vorbilder übernehmen, mit denen wir hauptsächlich in unserer Jugend zusammen sind.

 Das Glück Deines Lebens hängt von der Beschaffenheit Deiner Gedanken ab.«

Marc Aurel (121–180),
römischer Kaiser und Philosoph

Glaubenssätze – was sie sind und wie sie entstehen

Als Kinder lernen wir sehr schnell, in welchen Situationen wir Aufmerksamkeit bekommen, wann wir gelobt und geliebt werden und in welchen Situationen wir getadelt, beschimpft oder sogar ausgegrenzt werden. Jungs hören dabei häufiger Sätze wie: „Ein Indianer kennt keinen Schmerz." oder „Toll, dass Du das allein geschafft hast!" Später wird dieser Mann eventuell Schwierigkeiten haben, über seine Gefühle zu reden oder um Hilfe zu bitten. Genauso kann es sein, dass ein Mädchen immer wieder dafür gelobt wird, wie vorbildlich sie sich um ihre Geschwister kümmert und wie fleißig sie im Haushalt mithilft. Sie hört dann etwa den Satz: „Bescheidenheit ist eine Zier." oder „Wer nur an sich denkt, bleibt allein." Als Erwachsene wundert sie

sich vielleicht irgendwann, dass sie ihre eigenen Bedürfnisse gar nicht kennt und sich lieber um andere kümmert als um sich selbst.

Als Kind können wir diese Sätze noch nicht hinterfragen; sie sind für uns einfach wahr – wir glauben sie. Daher werden sie auch Glaubenssätze genannt. Wir verknüpfen die Einhaltung dieser Glaubenssätze damit, dass wir geliebt werden und fürchten im Gegenzug, dass wir nicht mehr liebenswert sind, sobald wir uns nicht mehr daran halten.

Es ergeben sich unsere ersten Verhaltensmuster und Strategien, die für viele Menschen auch noch im Erwachsenenalter Gültigkeit haben – unsere inneren Antreiber (siehe Seite 60).

Glaubenssätze im NLP

Unter Glaubenssätzen versteht man im NLP sogenannte „Generalisierungen", allgemeine Aussagen, die wir über die Welt und über uns selbst machen. Es sind Sätze, die wir in unserem Leben verinnerlicht haben. Dazu gehören Regeln, Ver- und Gebote, Sprichwörter, Lebensweisen, Rollenbilder und Mythen. Verantwortlich für ihre Entstehung sind die Systeme, in denen wir hauptsächlich leben. Außerdem bilden sich innerhalb gleichgesinnter Personengruppen schnell Meinungen und Einstellungen, die miteinander geteilt werden. So haben Unternehmer andere Glaubenssätze als Arbeiter, reiche Menschen andere als arme und gesunde Menschen wiederum ganz andere als kranke.

Es gibt sowohl positive als auch negative Glaubenssätze. Die positiven („Was ich anpacke, gelingt mir.") unterstützen uns in unserem Tun, die negativen („Ich bin ein Versager.") blockieren und hindern uns. Glaubenssätze geben Dingen und Ereignissen eine ganz bestimmte und feste Bedeutung, die immer durch Erfahrungen aus der Vergangenheit belegt werden kann. Daher gehen Glaubenssätze auch immer mit einem Gefühl von absoluter Bestimmtheit und Gewissheit einher. Sie sind für uns „wahr"; wir glauben sie, ohne dass wir darüber nachdenken.

Häufig kommen uns Glaubenssätze auch als Vorurteile entgegen, wenn es etwa heißt „Frauen/Männer sind ...", oder als

Verknüpfungen von Ursache und Wirkung, zum Beispiel indem wir sagen: „Wenn es regnet/Wenn ich fünf Kilo abgenommen haben, dann …".
Weit verbreitete Überzeugungen sind:
- ♙ Mädchen müssen brav und lieb sein.
- ♙ Jungen weinen nicht.
- ♙ Ich bin nicht gut genug.
- ♙ Ich bin zu dick/zu dünn.

- ♙ Ich gehöre nicht dazu.
- ♙ Erfolg muss ich mir hart erarbeiten.
- ♙ Das Leben ist anstrengend.
- ♙ Ich habe nicht genügend Zeit.
- ♙ Die Welt ist kein sicherer Ort.
- ♙ Mit mir stimmt etwas nicht.
- ♙ Die Leute urteilen über mich.
- ♙ Man kann keinem vertrauen.
- ♙ Das Leben ist nicht fair.

Mit Glaubenssätzen arbeiten

In der Arbeit mit Glaubenssätzen geht es darum zu überprüfen, woher unsere Meinungen und Einstellungen kommen und ob sie noch mit unserer aktuellen Persönlichkeit und Lebenssituation übereinstimmen. Dabei geht es nicht in erster Linie darum, Glaubenssätze abzuschaffen, sondern darum, Alternativen zu schaffen. Auf diese Weise wird der Absolutheitsanspruch vor allem von negativen Sätzen entmachtet – man schafft dadurch die Freiheit der Wahl und vergrößert seinen persönlichen Spielraum. Der ursprüngliche Satz gehört zu unserem Leben dazu und darf bleiben, denn oft hat er in der Vergangenheit gute Dienste geleistet. Die Frage lautet also: „Mit welchen Meinungen, Einstellungen, Regeln, Geboten und Glaubenssätzen will ich mein Leben gestalten?" Wählen wir sie selbstbestimmt, werden wir dadurch frei.

Beispiel: Mit dem Gedanken „Erfolg muss ich mir hart erarbeiten" haben Sie gelernt, sich anzustrengen und Dinge auch dann anzupacken, wenn sie schwierig sind. Sie sind es dadurch gewohnt, sich grundsätzlich anzustrengen, auch in Situationen, die eventuell gar keine Anstrengung erfordern. Mit einem neuen Gedanken wie zum Beispiel „Erfolg fällt mir leicht" können Sie auch ohne Anstrengung Dinge anpacken, die Ihnen leicht und locker von der Hand gehen. Somit haben Sie die Wahl, ob Sie sich anstrengen möchten oder nicht. Beide Male können Sie erfolgreich sein. Der Erfolg ist nicht mehr an Ihre Anstrengung gekoppelt.
Glaubenssätze wirken in uns wie Wahrnehmungsfilter. Wir richten unsere Sinneskanäle verstärkt auf die Erfahrungen in unserem Leben aus, die den Glaubenssatz zu bestätigen scheinen. Alle gegensätzlichen Wahrnehmungen werden ausgeblendet. Deshalb erweitern wir automatisch auch unsere Fähigkeit der Wahrnehmung, sobald wir uns mit unseren Glaubenssätzen beschäftigen. Sobald wir die unbewussten Gedanken entlarven, die unserem Glück, unserem Erfolg, unserer Gesundheit oder unserer Zufriedenheit im Weg stehen, können wir unsere Sinne in die Richtung lenken, die wir anstreben. Aber wie geht das konkret? Wie können negative Glaubenssätze positiv verändert werden? Eine der schnellsten und einfachsten Übungen dazu finden Sie auf Seite 59.

Gut zu wissen

Üben Sie täglich Folgendes: Konzentrieren Sie sich immer auf das, was da ist und nicht auf das, was *nicht* da ist! Versuchen Sie nach dem Motto: „Ist das Glas halbvoll oder halbleer?" das Glas immer halbvoll zu sehen. Sobald Sie darin etwas Übung haben, können Sie Ihre Gedanken immer leichter in die von Ihnen gewünschte Richtung lenken.

Schauen wir uns einmal genauer an, wie Wahrnehmungsfilter entstehen und unsere Art der Betrachtung der Dinge verzerren. Dazu eine kleine Geschichte.

Seien Sie sich bewusst, dass Ihre Wahrnehmung immer selektiv ist (siehe auch Seite 136). Die Landkarte ist eben nicht die Landschaft.

Eine Geschichte

Die Blinden und der Elefant Es waren einmal fünf Gelehrte. Sie alle waren sehr weise, aber blind. Diese Gelehrten wurden nun von ihrem König auf eine Reise geschickt, denn der König wollte wissen, was ein Elefant ist. Also machten sich die Blinden auf nach Indien. Dort führte man sie zu einem Elefanten. Die fünf Weisen standen nun um das Tier herum und versuchten, sich, einer wie der andere, durch Ertasten ein Bild von dem Elefanten zu machen. Als sie zurück zu ihrem König kamen, sollten sie ihm über den Elefanten berichten.

Der erste Weise hatte am Kopf des Tieres gestanden und den Rüssel des Elefanten betastet, darum sprach er: „Ein Elefant ist wie ein langer Arm." Der zweite hatte das Ohr des Elefanten befühlt und er sprach: „Nein, ein Elefant ist viel eher wie ein großer Fächer." Der dritte Gelehrte aber sprach: „Nein, nein, ein Elefant ist wie eine dicke Säule." Er hatte seinen Platz am Bein des Elefanten eingenommen. Der vierte Weise sagte: „Ich denke, ein Elefant ist wie eine kleine, biegsame Gerte mit ein paar Haaren am Ende", denn er hatte den Schwanz des Elefanten ertastet. Der fünfte Gelehrte schließlich berichtete seinem König: „Also ich erkläre, ein Elefant ist wie eine große Masse, mit ausladenden Rundungen und einigen Borsten darauf." Dieser Alte hatte den Rumpf des Tieres berührt.

Nach diesen widersprüchlichen Äußerungen fürchteten die Gelehrten den Zorn des Königs, denn sie konnten sich nicht einigen, was dieser Elefant nun wirklich sei. Aber der König lächelte weise: „Hört auf, euch zu streiten. Ich weiß nun, was ein Elefant ist: Ein Elefant ist ein Tier mit einem Rüssel, der wie ein langer Arm ist, mit Ohren, die wie Fächer sind, mit Beinen, die wie starke Säulen sind, mit einem Schwanz, der

Einen hinderlichen Glaubenssatz verändern

(Die folgende Übung ist eine häufig angewendete Grundübung aus dem NLP.
Ich habe sie ergänzt und etwas abgewandelt.)

Ziel:

Einen blockierenden Glaubenssatz entmachten und einen neuen, positiven entstehen lassen.

So geht's

1. Schritt: Schreiben Sie Ihren störenden Glaubenssatz auf und erinnern Sie sich an eine Situation, in der Sie diesen glauben.
Beispiel: „Mir hört keiner zu!"

2. Schritt: Sprechen Sie Ihren Glaubenssatz laut aus und spüren Sie mit geschlossenen Augen nach, ob er für Sie stimmt (subjektive Wirklichkeit).

3. Schritt: Suchen Sie in Ihrem reichhaltigen Leben nach einer Situation, in der das Gegenteil der Fall war, in diesem Fall eine Situation, in der Sie gehört wurden. Das kann vor kurzem gewesen oder auch schon länger her sein. Bitte schließen Sie wieder die Augen und stellen Sie sich die Situation vor, als ob sie jetzt passieren würde. Nehmen Sie auch hier die subjektive Wirklichkeit wahr und spüren Sie ihr nach. Nehmen Sie Ihr Körpergefühl intensiv wahr.

4. Schritt: Finden Sie zwei weitere positive Gegenbeispiele und verfahren Sie wie unter Schritt 3 beschrieben.

5. Schritt: Nehmen Sie das letzte, positive Gegenbeispiel gedanklich und körperlich wahr, gehen Sie anschließend in die zweite und dann in die erste positive Situation. Genießen Sie das Gefühl, dass Sie drei Situationen gefunden haben, in denen es anders war als ursprünglich angenommen. Spüren Sie dieses Körpergefühl ganz intensiv und halten Sie es.

6. Schritt: Aus diesem guten Gefühl heraus lassen Sie sich innerlich einen neuen Glaubenssatz „schenken", den Sie nun notieren.

7. Schritt: Stellen Sie sich eine Situation in der Zukunft vor, in der Sie den neuen Glaubenssatz gut gebrauchen können und spüren Sie, wie Sie bereits mit dem neuen Glaubenssatz agieren oder reagieren.

 Wer nicht von Grund auf umdenken kann, wird nie etwas am Bestehenden ändern.«

Anwar el-Sadat (1918–1981),
ägyptischer Staatspräsident und Friedensnobelpreisträger

einer kleinen, beweglichen Gerte mit ein paar Haaren daran gleicht und mit einem Rumpf, der wie eine große Masse mit Rundungen und oben drauf ein paar Borsten ist." Da senkten die Gelehrten beschämt ihren Kopf. Sie erkannten, dass jeder von ihnen nur einen Teil des Elefanten ertastet hatte.

Nach einem orientalischen Märchen

Die inneren Antreiber

Wie bereits erwähnt führen die Glaubenssätze, die wir als Kind zu hören bekommen haben, zu bestimmten Verhaltensmustern und Strategien. In der Psychologie werden diese Strategien „Antreiber" genannt, weil sie uns herausfordern und antreiben, uns zu bemühen. Jedoch leben wir diese inneren Antreiber häufig als Grundmuster ein Leben lang weiter, ohne uns jemals darüber weitere Gedanken zu machen. Sie sind in unser Unterbewusstsein eingezogen. Dort machen sie uns jedoch irgendwann in unserem Leben nicht mehr nur Freude, sondern werden – sozusagen als nie angezweifelte „Träger der absoluten Wahrheit" – häufig zu einem Hindernis, da sie uns davon abhalten, frei und selbstbestimmt zu handeln.

Zur Info

Antreiber und Glaubenssätze werden häufig in einem Zusammenhang genannt. Dabei sind die Antreiber diejenigen Verhaltensmuster oder Strategien, die der Mensch entwickelt, um bei anderen akzeptiert zu werden. Jeder Antreiber manifestiert sich durch verschiedene Glaubenssätze. Über die Sätze, die man glaubt, kann man herausfinden, was einen selbst antreibt.

Der amerikanische Psychologe und Transaktionsanalytiker Taibi Kahler hat 1977 die inneren Antreiber erstmals formuliert. Er beschreibt dabei fünf grundsätzliche Antreiber, die in jedem von uns zumeist unbewusst in unterschiedlicher Ausprägung ihr Unwesen treiben. Die erste Aufgabe liegt darin, sich diese Antreiber bewusst zu machen, um herauszufinden, auf welchen Antreiber man am schnellsten reagiert und welcher einen eventuell „kalt lässt".

Um Missverständnissen vorzubeugen: Es geht nicht darum, diese Antreiber zu „verteufeln" und vollständig aus unserem Verhalten auszumerzen. Im Grunde genommen hatten oder haben diese Antreiber immer auch eine positive Wirkung: Wer sich anstrengt, kann viel erreichen. Wer gute Arbeit leistet, wird erfolgreich sein und erhält Anerkennung. Wer stark ist, gibt nicht so leicht auf und kann auch schwierige Situationen meistern. Es ist jedoch wichtig zu erkennen, wann wir anfangen, uns durch dieses Verhalten zu verbiegen, uns zu übernehmen oder dauerhaft über unsere Kräfte hinaus zu agieren – denn dann erschöpfen wir uns und es geht uns auf Dauer nicht mehr gut. Es geht also vielmehr darum, von unseren

Antreibern nicht länger unbewusst angetrieben und gehetzt zu werden, sondern sie bewusst ins eigene Leben zu integrieren, um in jeder Situation selbst zu entscheiden, wie wir reagieren und uns verhalten möchten. Auf diese Weise haben wir jederzeit die Möglichkeit, neue Verhaltensweisen auszuprobieren und diejenige auszuwählen, die im jeweiligen Moment zu uns passt.

61

>> *Ein ungeübtes Gehirn ist schädlicher für die Gesundheit als ein ungeübter Körper.«*

George Bernard Shaw (1856–1950),
irischer Dramatiker

Man unterscheidet die folgenden fünf Grundantreiber:

1. „Sei perfekt!"

Vorteil: Wer von diesem Antreiber beherrscht wird, kann gut Verantwortung übernehmen, ist eher diszipliniert und hat Ausdauer. Im beruflichen Bereich werden durch die hohen, eigenen Ansprüche oft eine sehr gute Qualität und ein überdurchschnittliches Ergebnis erreicht. Menschen mit diesem Antreiber sind gewissenhaft und zuverlässig. Sicherheit geht ihnen über alles.

Nachteil: Leider werden die oben genannten Qualitäten auch im privaten Umfeld eingesetzt; das bedeutet beispielsweise, dass der Urlaub hundertprozentig organisiert oder die Kinder perfekt erzogen werden müssen. Sei-perfekt-Menschen machen sich selbst und anderen einen enormen Druck. Fehler zu machen ist nicht erlaubt, deshalb betreten sie eher altbekannte Wege und scheuen das Risiko.

Interne Glaubenssätze: „Ich muss noch besser werden!" – „Ich bin (noch) nicht gut genug!"

2. „Beeil Dich!"

Vorteil: Dieser Mensch kann in der Regel Dinge schnell erledigen, sieht das Notwendige und handelt spontan. Improvisation ist hier das Zauberwort. Eine große Kreativität, Neugier und Flexibilität zeichnen ihn aus. Er ist in letzter Minute, sozusagen auf den letzten Drücker, zur Bestleistung fähig und lernt schon früh, mit Stress und Hektik umzugehen.

Nachteil: Er ist ständig unterwegs, kommt nie zur Ruhe und hat mehrere Dinge gleichzeitig in Bearbeitung. Die Konzentration auf eine Sache und das geduldige An-einer-Arbeit-Dranbleiben fällt ihm extrem schwer. Er kann deshalb auch schnell Stress verbreiten, ist eher unorganisiert und chaotisch.

Interner Glaubenssatz: „Ich darf keine Zeit verlieren!"

3. „Streng Dich an!"

Vorteil: Menschen mit diesem Antreiber sind für Zeiten gerüstet, in denen es schwer wird. Sie kämpfen sich durch die widrigsten Umstände und geben niemals auf. Sie sind ausdauernd und zäh.

Nachteil: Ähnlich wie beim Perfekten glaubt der Mensch mit diesem Antreiber, er müsse sich immer anstrengen. Er meldet sich automatisch bei den anstrengendsten Aufgaben und erlaubt sich auch im Privaten keinen Müßiggang. Er übernimmt häufig die Aufgaben, für die sich keiner findet und erlaubt sich keine Leichtigkeit. Er kämpft auch noch, wenn die Schlacht bereits verloren ist.

Interner Glaubenssatz: „Ich muss es schaffen!"

4. „Mach es allen recht!"

Vorteil: Diese Menschen haben die Fähigkeit zur Empathie und zu großem Mitgefühl für andere. Ihre Aufmerksamkeit ist auf die Bedürfnisse der anderen gerichtet und kann dadurch für Harmonie im Außen sorgen, das heißt in ihrem sozialen Umfeld oder in der Arbeit. Sie sind gute Teamplayer und sehr rücksichtsvoll.

Nachteil: Sie vernachlässigen sich selbst und kennen die eigenen Bedürfnisse nicht. Sie kommen immer zuletzt dran und werden sehr häufig ausgenutzt. Der Respekt vor ihnen geht leicht verloren. Unstimmigkeiten kehren sie gerne unter den Teppich oder gehen ihnen aus dem Weg.

Interner Glaubenssatz: „Ich muss dafür sorgen, dass es den anderen gut geht!"

5. „Sei stark!"

Vorteil: Diese Person kann gut andere Menschen führen und übernimmt gerne Verantwortung. Sie ist willensstark und zielorientiert und kann Leistung erbringen. Sie setzt ihre eigene Energie gewinnbringend ein und kann gut mit Wettbewerb umgehen, da sie sehr mutig ist.

Nachteil: Hilfe annehmen ist für diese Menschen verboten. Sie überfordern sich und andere. Gefühle sind gefährlich, deshalb werden sie eher unterdrückt. Sie gehen über ihre Kräfte, fordern sich zu stark heraus. Auch setzen sie ihre Ellenbogen ein, um andere zu verdrängen und haben kein Gefühl für Schwächere.

Interner Glaubenssatz: „Ich darf keine Schwäche zeigen!"

Mit unserem Glauben Berge versetzen

Wie kommt es, dass eine Person verzweifelt und aufgibt, wenn man ihr sagt, dass sie nicht das erreichen kann, was sie sich wünscht, eine andere Person durch diese Aussage dagegen zu Höchstleistungen befähigt wird? Es liegt daran, dass der eine glaubt, was man ihm sagt, der andere nicht. Die erste Person empfindet ein Gefühl von „es ist wahr" und wird dadurch sofort negativ beeinflusst. Die zweite Person dagegen spürt, dass die Aussage nicht stimmt und entwickelt eine Energie im Sinne von „Dem zeig ich's!" Bei Menschen, denen wir eine gewisse Autorität zusprechen – etwa bei Ärzten, Lehrern oder Vorgesetzten – sind solche wertenden Aussagen daher sehr mächtig und ihre Wirkung nicht zu unterschätzen, da wir ihnen vertrauen oder häufig sogar von ihnen und ihrem Fachwissen abhängig sind.

Die inneren Antreiber entdecken

Ziel

Entlarven Sie Ihre Inneren Antreiber. Entscheiden Sie anschließend, welche davon Sie weiterhin als Stärken leben wollen und von welchen Sie sich zu distanzieren erlauben.

So geht's

Bewerten Sie bitte die folgenden Aussagen mit Hilfe der Bewertungsskala (0–4), so wie Sie sich im Moment selbst sehen. Schreiben Sie den entsprechenden Zahlenwert jeweils in das dafür vorgesehene Kästchen, auch neben die Sätze, die den vier Charakteren zugeordnet sind. Denken Sie dabei sowohl an berufliche als auch an private Situationen.

Die Aussage trifft auf mich wie folgt zu:
voll = 4 | gut = 3 | teilweise = 2 | kaum = 1 | überhaupt nicht = 0

Hartmut: Mein Haupt-Antreiber ist „Sei stark!" Mit folgenden Sätzen kann ich mich identifizieren:

- Ich bin ein Einzelkämpfer.
- Ich habe meine Gefühle immer unter Kontrolle.
- Ich treffe meine Entscheidungen alle selbst.
- Es ist mir unangenehm, wenn mir andere zu nahe kommen.
- Ich erledige meine Aufgaben selbstständig und frage andere nicht um Hilfe.
- Ich kann mich gut beherrschen.
- „Nur nichts anmerken lassen!" lautet meine Devise.

Karla: Mein Haupt-Antreiber ist „Sei perfekt!" Mit folgenden Sätzen kann ich mich identifizieren:

- Ich erwarte von anderen absolute Zuverlässigkeit.
- Schlamperei gibt es bei mir nicht.
- Ich diskutiere nur bei Themen mit, bei denen ich mich fundiert auskenne.
- Mir rutscht so schnell kein falsches Wort über die Lippen.

ÜBUNG

☐ Ich bin häufig mit mir selbst unzufrieden und finde mich nicht gut genug.
☐ Andere können sich immer auf mich verlassen.
☐ Auf ein Lob meines Vorgesetzten lege ich keinen Wert.

Yvonne: Mein Haupt-Antreiber ist „Beeil Dich!" Mit folgenden Sätzen kann ich mich identifizieren:

☐ Ich habe oft das Gefühl, dass mir die Zeit davonrennt.
☐ Ich lasse mich schnell für etwas Neues begeistern.
☐ Zum Ausruhen fehlt mir schlichtweg die Zeit.
☐ Mit meinen spontanen Ideen überfordere ich Freunde oder Kollegen.
☐ Ich fange oft schon den nächsten Satz an, bevor ich den davor beendet habe.
☐ Die anderen sind mir oft zu langsam.
☐ Ich brauche die Abwechslung, sowohl im Beruf als auch im Privatleben.

Sebastian: Mein Haupt-Antreiber ist „Mach es allen recht!" Mit folgenden Sätzen kann ich mich identifizieren:

☐ Ich stelle meine eigenen Wünsche gerne in den Hintergrund.
☐ Ich versuche bei einer Diskussion die Wogen zu glätten.
☐ Ich bin ein geduldiger Mensch.
☐ Ich habe keine großen Wünsche und Bedürfnisse.
☐ Es ist mir sehr unangenehm, jemandem eine Bitte abzuschlagen.
☐ Ich respektiere alle Menschen, die mich umgeben.
☐ Für meine Freunde nehme ich mir gerne Zeit, wenn sie Probleme haben.

Welcher Antreiber ist bei Ihnen am stärksten? Welchen Antreiber kennen Sie am besten? Vielleicht ist es auch „Streng Dich an!" Folgende Sätze könnten diesen Antreiber identifizieren:

- Wer sich nicht anstrengt, wird auch keinen Erfolg haben.
- Harte Arbeit wird belohnt.
- Ich erlaube mir keine Pausen.
- Ohne Fleiß kein Preis.
- Mein Chef beurteilt mich als einen fleißigen, einsatzbereiten Mitarbeiter.
- Ich liebe neue, schwierige Herausforderungen.
- Glück kriegt man nicht geschenkt, man muss es sich hart erarbeiten.

Auswertung und Ergebnis

Zählen Sie die Punkte für jeden Antreiber zusammen und übertragen Sie die Punktzahl in die folgende Skala:

Antreiber	0	4	8	12	16	20	24	28
„Sei stark!"								
„Sei perfekt!"								
„Beeil Dich!"								
„Mach es allen recht!"								
„Streng Dich an!"								

Der Antreiber mit den meisten Punkten ist Ihr Hauptantreiber. Haben Sie bei einem Antreiber mehr als 15 Punkte eingetragen, hat er einen ziemlich hohen Stellenwert in Ihrem Leben. Es kann sein, dass Sie sich dadurch ständig selbst erschöpfen und diese Situation als belastend empfinden. Dann ist es sinnvoll, diesen Antreiber genauer zu betrachten und ihn sukzessive in einen sogenannten Erlauber umzuwandeln.

ÜBUNG

65

Antreiber in Erlauber umwandeln

Bitte beachten Sie, dass es nicht darum geht, Ihre Antreiber abzuschaffen, denn sie hatten durchaus eine wichtige Funktion in Ihrem Leben. Für viele unserer Aufgaben im Alltag sind sie verlässliche Partner geworden. Es geht vielmehr darum zu bemerken, wann ein Antreiber Sie zu sehr einschränkt, um dann die Wahlfreiheit zu bekommen, sich doch etwas anderes, wenn nicht sogar das genaue Gegenteil zu erlauben. Ziel ist, es, aus einem einengenden „Antreiber" einen befreienden „Erlauber" zu kreieren. So schaffen Sie sich Alternativen und erweitern Ihren persönlichen Spielraum; die ursprüngliche Macht der Antreiber weicht einem Gefühl der Selbstbestimmung. Eine einfache Möglichkeit hierzu sind positive Erlaubersätze, sogenannte Affirmationen, aus denen mit der Zeit neue Glaubenssätze werden. Mögliche, hilfreiche Erlaubersätze für die bestehenden Antreiber sind:

1. Erlaubersätze für „Sei stark!"
- „Ich darf offen sein für Zuwendung."
- „Ich darf mir Hilfe holen und sie annehmen."
- „Gefühle zeigen ist erlaubt und ein Zeichen von Stärke."

2. Erlaubersätze für „Sei perfekt!"
- „Ich darf Fehler machen und aus ihnen lernen."
- „Manchmal genügen auch 90 Prozent."
- „Gut ist besser als perfekt!"

3. Erlaubersätze für „Beeil dich!"
- „Ich darf mir Zeit lassen."
- „Manches darf auch länger dauern."
- „Ich darf auch mal eine Pause machen."

4. Erlaubersätze für „Mach es allen recht!"
- „Ich darf meine Bedürfnisse und Standpunkte ernst nehmen."
- „Ich bin okay, auch wenn jemand unzufrieden mit mir ist."
- „Ich darf es auch mir recht machen."

5. Erlaubersätze für „Streng dich an!"
- „Ich darf es mir auch einmal einfach und gemütlich machen."
- „Weniger ist mehr."
- „Ich darf mein Leben genießen."

ÜBUNG

Sobald wir einen Gedanken *glauben*, löst er Gefühle in uns aus und setzt damit etwas in Bewegung. Glauben wir ihn nicht, löst er auch keine Gefühle in uns aus – und bewirkt daher auch nichts. Das gilt für negative Gedanken gleichermaßen wie für positive. Das beste Beispiel stellen Versuche mit Placebos dar: Scheinmedikamente wirken – weil der Arzt sie uns verschrieben hat und wir daher an ihre Wirkung glauben.

Aber warum wirken dann bei vielen Menschen positive Glaubenssätze nicht, obwohl sie immer wieder bewusst denken: „Ich bin ein liebenswerter Mensch." oder

„Ich kann alles erreichen, wenn ich nur will."? Weil sie innerlich nicht wirklich daran glauben und es daher auch nicht *fühlen*! Ihre Selbstzweifel machen ihnen einen Strich durch die Rechnung. Erst wenn sie das, woran sie denken, auch innerlich für „wahr" und möglich halten, wenn sie daran glauben – erst dann werden in ihrem Inneren starke Gefühle auftauchen und sie in die Richtung begleiten, in die sie gehen wollen. Genau aus diesem Grund sind die Gefühle so wichtig, die wir empfinden, wenn wir einen Gedanken denken. Die Zusammenhänge werden im nächsten Kapitel noch eingehender aufgezeigt.

67

Hindernisse und Gefahren bei der Umsetzung

Positive Formulierungen sind besser als negative – das hört man immer wieder. Was so einfach und logisch klingt, ist aber häufig sehr schwer umzusetzen. Wenn wir genau hinsehen, denken, reden und handeln wir ununterbrochen „negativ". Warum ist das so?

1. Negative Sprachmuster
Negative Sprachmuster sind in unserer Gesellschaft so alltäglich, dass ich oft ungläubige Blicke ernte, wenn ich in meinen Seminaren frage, was bei den folgenden Aussagen negativ sein soll:
- „Kein Problem!"
- „Hab keine Angst!"
- „Ich will nicht mehr Rauchen!"

Auch Sie werden jetzt vielleicht denken: „Aber das sagen doch alle!" Damit sind wir schon beim Hauptproblem angelangt. Solche negativen Formulierungen sind uns in Fleisch und Blut übergegangen, weil wir

sie seit unserer Kindheit hören. Sie sind für uns „normal". Daran etwas zu ändern bedeutet gleichzeitig, den Mut zu haben, aus der Masse herauszutreten. Nicht umsonst hat der Psychologe und Seminarleiter Robert Betz einem seiner Vorträge folgenden Titel gegeben: „Willst Du normal sein oder glücklich?" Außerdem werden wir tagtäglich durch die Medien mit negativen Meldungen und Schlagzeilen bombardiert, sodass leicht der Eindruck entsteht, es gäbe mehr schlechte als gute Nachrichten. Das ist aber wie immer eine Sache der Wahrnehmung.

Vorteile von Positivformulierungen
Folgendes passiert, wenn Sie Verneinungen durch Positivaussagen ersetzen:
- Ihre Kommunikation wird klarer und lösungsorientierter.
- Die Perspektive wird vom Problem auf die Lösung gelenkt, vom Mangel auf die Ressourcen. Anstatt beispielsweise Ihrem Mitarbeiter zu sagen, was er alles

nicht mehr tun soll, sagen Sie ihm einfach, wie Sie sich sein zukünftiges Verhalten vorstellen. So kann Ihr Gegenüber leichter und schneller beurteilen, ob er das, was Sie von ihm wollen, auch leisten kann.

- ⚑ Sie üben automatisch bewusstes, achtsames Denken.
- ⚑ Nicht nur Ihr Gegenüber fühlt sich unbewusst besser, auch Sie selbst. Ihr Selbstvertrauen und Ihr Selbstbewusstsein wachsen stetig.
- ⚑ Sie sind damit ein Vorbild für andere.

Sobald Sie bewusst darauf achten, wie Sie sich ausdrücken, wird es Ihnen immer schneller und häufiger auffallen, wenn Sie negativ formulieren möchten. Ihr Verstand lernt mit der Zeit, einen Gedanken positiv zu verändern, bevor Sie etwas sagen. Üben Sie das Umformulieren mit der Übung auf Seite 70. Und noch etwas: Sie werden merken, dass positive Formulierungen ansteckend wirken. Häufig reicht schon eine Person aus, um eine durch Jammern „vergiftete" Atmosphäre zu reinigen und positiv zu verändern.

Zur Info
....

Das Unbewusste kennt kein Nein Wenn Sie einem kleinen Kind helfen möchten, indem Sie ihm sagen: „Fall nicht hin!" oder „Verschütte die Milch nicht!", können Sie darauf warten, dass genau das passiert, was Sie eigentlich verhindern wollten. Wenn ich Sie auffordere, kurz die Augen zu schließen und sich auf gar keinen Fall eine saftige, gelbe Zitrone vorzustellen – „Bitte denken Sie auf gar keinen Fall daran!" – Sie werden es kaum schaffen, *nicht* das Bild der Zitrone zu visualisieren. Manche werden vielleicht sogar schon den Geschmack der Zitrone auf der Zunge haben. Woran das liegt? Unser Unterbewusstsein versteht die Worte „nicht" und „kein" gar nicht!
....

2. Ganzheitlich positiv denken – die innere Ausrichtung zählt!

Wenn ich nur meine Gedanken positiv ausrichte, meine Gefühle dazu jedoch nicht folgen, bringt positives Denken eher das Gegenteil, nämlich Frustration. Das ist dann wie eine Art innere Vergewaltigung, weil wir nicht kongruent sind – Denken und Fühlen sind keine Einheit. Außerdem führt „Positives Denken" dazu, dass wir keine „negativen" Gefühle mehr zulassen und sich die ursprüngliche Kontrolle der Gefühle noch verstärkt, anstatt sich zu reduzieren. Ich darf keine Angst, keine Zweifel, keine Trauer mehr spüren, denn das ist ja nicht positiv. Gerade bei labilen Menschen oder Menschen mit psychischen Problemen kann deshalb das „Positive Denken" auch negative Auswirkungen wie Täuschung und Selbstbetrug haben. Im Gegensatz dazu steht der Inhalt dieses Kapitels: TrauDich ... bewusster zu denken! Indem wir bewusst denken, werden wir zum bewussten Beobachter unserer

Gedanken. Wir wählen konstruktiv aus – je nach Lebenssituation und Erfahrung. Schwierige oder negative Gefühle werden dadurch nicht verdrängt, sondern lediglich bewusst erfahren, ohne durchweg als positiv bewertet werden zu müssen. Eine Spielart des konstruktiven, positiven Denkens stellt das sogenannte „Reframing" dar (siehe Seite 162). Es hilft einem, die Perspektive zu wechseln.

Erfahrungen und Fragen aus der Praxis

Karla: Ich kenne die Arbeit mit Glaubenssätzen und denke in vielen Situationen sehr bewusst, doch ab und zu kommen alte negative Gedanken, die ich schon lange bearbeitet zu haben glaubte, wieder in mein Bewusstsein. Das ärgert mich, da ich dann der Meinung bin, dass ich es nie schaffen werde, meine alten destruktiven Gedankenmuster zu verändern. Was mache ich falsch? Und was mache ich, wenn mich so ein alter Glaubenssatz mal wieder plagt?

Antwort: Richte Dir ein Museum für alte Glaubenssätze ein!
In vielen NLP-Büchern und Übungen wird gezeigt, wie man Glaubenssätze löscht beziehungsweise unser Unterbewusstsein umprogrammiert. Häufig wird dabei davon gesprochen, die alte Platte zu löschen, ähnlich wie in einem Computer. Ich persönlich gehe einen anderen Weg, weil ich es selbst aus meiner Erfahrung her kenne, dass unsere alten Glaubenssätze meistens recht unberechenbar an unsere Türe klopfen und sich melden. Wenn wir dann erwarten, dass wir sie doch eigentlich schon gelöscht haben und mit ihrem Auftauchen verbinden, dass wir scheinbar noch nicht gut genug an uns gearbeitet haben, fühlen wir uns oft schlecht. Das sind unsere alten Programme. Wenn wir jedoch davon ausgehen, dass alles, was passiert, sinnvoll ist, dann ist es in dieser Situation eben auch sinnvoll, den alten Gedanken bewusst wahrzunehmen. Ich verwende die Metapher eines Museums: Stell' Dir vor, wie Du diesen Gedanken anschaust, ihn kurz würdigst für die Zeit in Deinem Leben, in der er eine wichtige Rolle gespielt hat, und ihn dann wieder zurück in Dein Museum stellst. Immer, wenn er sich zeigt, will er kurz „abgestaubt" werden. Das nimmt Dir den Druck, diesen Gedanken gar nicht haben zu dürfen.

Hartmut: Wie kann ich meine Gedanken noch besser beherrschen? Ich habe oft den Eindruck, dass die Gedanken in meinem Kopf ein Eigenleben haben. Ich kann sie nicht abstellen.

Antwort: Werde zum Beobachter Deiner Gedanken!
Der erste Schritt besteht darin, Deine Gedanken einfach ziehen zu lassen. Beim Meditieren ist das eine erste Übung. Dabei entwickelt sich Dein Bewusstsein als Beobachter Deiner Gedanken. So bemerkst Du, dass es außer Deinem Verstand noch eine zweite Ebene gibt. Der spirituelle Lehrer Eckhard Tolle beschreibt dies wunderbar in seinem Buch „JETZT".

Negative Sprachmuster in positive umwandeln

Ziel

Negative Sprachmuster erkennen und lernen, sie schnell zu verändern.

So geht's

Bitte wandeln Sie die folgenden, negativ formulierten Sätze und Begriffe in positive Formulierungen um:

1. Das Glas ist schon halb leer.

2. Kein Problem!

3. Das schaffe ich sowieso nicht.

4. Ich will nicht mehr rauchen!

5. Sei doch nicht so umständlich.

6. Ich will nicht mehr so leiden.

7. Achtung, nicht stolpern!

8. Gib nicht so schnell auf.

9. Ich darf auf gar keinen Fall wieder so blauäugig sein.

10. Hab keine Angst!

11. Du gibst Dir einfach keine Mühe.

12. Schade, dass Sie nicht noch mehr verkauft haben.

13. Dafür bin ich nicht zuständig.

14. Ich will nicht immer so nachgiebig sein.

15. Ich bin immer der Letzte.

16. Tut mir leid, dass ich nicht am Platz war.

Vorschläge für eine jeweils positive Formulierung finden Sie auf Seite 218.

ÜBUNG

70

Sebastian: Was mache ich, wenn ich überwiegend mit Menschen zusammen bin, die ständig negativ denken, die nur jammern und Schuldige für ihre Lebenssituation suchen?

Antwort: Lerne, Dich zu dissoziieren! Das ist ein Begriff aus dem NLP. Es bedeutet, innerlich Abstand zu nehmen. Dazu gibt es eine Übung auf Seite 72.

> *Die Intuition ist ein göttliches Geschenk, der denkende Verstand ein treuer Diener. Es ist paradox, dass wir heutzutage angefangen haben, den Diener zu verehren und die göttliche Gabe zu entweihen.«*

Albert Einstein (1879–1955),
Physiker und Nobelpreisträger

Zusammenfassung

Es geht nicht darum, den Verstand zu verteufeln, sondern ihm wieder den Platz zuzuweisen, der für ihn vorgesehen ist. Er ist *ein* wichtiger Teil unserer Persönlichkeit, aber nicht der Wichtigste. Je mehr wir unser bewusstes Denken, unser „Bewusst-Sein", entwickeln, desto zielgerichteter können wir unseren Verstand einsetzen – oder ihn in manchen Situationen ganz bewusst außer Acht lassen. Dann dient uns unser Verstand und nicht umgekehrt

- Was habe ich gelernt?
- Was will ich ab sofort bei mir verändern?
- Wie gehe ich dabei vor?

Hartmut: Ich muss nicht immer stark sein, ich darf mir auch mal Hilfe holen. Ich darf alles etwas leichter nehmen. Ich will mein Leben mehr genießen, nicht immer nur von einem Ziel zum anderen hetzen. Ich denke oft negativ über andere und fühle mich getrieben. Ich werde meine Gedanken bewusster positiv formulieren und generell mit mir selbst besser umgehen. Von meinen Mitarbeitern fordere ich oft, was sie *nicht* mehr tun sollen, anstatt ihnen zu sagen, wie und was sie tun sollen. Das werde ich ändern.

Karla: Meine Gedanken kreisen häufig um Sorgen über zukünftige Ereignisse. Ich will möglichst alles unter Kontrolle halten und mag es gar nicht, wenn Fehler passieren. Ich möchte positiver in die Welt blicken und es mir nicht immer so schwer machen – ich meine natürlich, ich will es mir leichter machen! Ich will versuchen, mehr das zu sehen, was ich habe und nicht das, was ich *nicht* habe oder was nicht funktioniert.

Yvonne: Meine Gedanken kreisen in meinem Kopf wie ein Karussell, sodass ich oft nicht weiß, wo mir der Kopf steht. Ich will mich von meinen Gedanken nicht mehr so getrieben fühlen. Ich werde meinen Verstand zum Diener machen, indem ich ihn einfach mal abschalte.

Mit Nähe und Distanz spielen

(Die folgende Übung ist eine häufig angewendete Grundübung aus dem NLP.
Ich habe sie ergänzt und etwas abgewandelt.)

ÜBUNG

Ziel

Menschen auf Abstand halten, die negative Energien ausstrahlen.

So geht's

1. Schritt: Stellen Sie sich die Person vor, an die Sie im Moment denken und stellen Sie dabei fest, welche Gefühle sie in Ihnen auslöst. Wenn es Ihnen leichter fällt, können Sie dazu Ihre Augen schließen.

2. Schritt: Wie nah vor Ihnen befindet sich diese Person? Spielen Sie nun mit Nähe und Distanz, indem Sie die Person wie auf Schienen weiter weg bewegen, kleiner machen, dann wieder näher herholen, sie größer machen. Nehmen Sie bitte wahr, wie sich dadurch Ihr Körpergefühl verändert.

3. Schritt: Stellen Sie sich jetzt bitte vor, wie Sie in einem bequemen Sessel sitzen. Sie sehen in etwa zwei Metern Entfernung vor Ihnen einen Fernseher. Platzieren Sie jetzt die andere Person zunächst neben den Fernseher.

4. Schritt: Lassen Sie die Person in das Fernsehbild hineinrutschen und spielen Sie anschließend mit der vorhandenen Fernbedienung: Verändern Sie die Farben, den Kontrast Hell-Dunkel, wechsln Sie den Hintergrund, verändern Sie den Ton. Nehmen Sie bitte wahr, wie sich dabei Ihr Körpergefühl verändert.

5. Schritt: Sie können jetzt den Fernseher so weit weg stellen wie Sie möchten und ihn schließlich abschalten.

Hinweis. Falls Sie nach der Übung immer noch negative Gefühle haben, wiederholen Sie sie einfach. Sie werden bald merken, welche „Einstellungen am Fernseher" für Sie hilfreich sind und welche nicht. Verstärken Sie einfach die hilfreichen.

Sebastian: Mein Verstand ist mein größter Kritiker. Nichts kann ich ihm recht machen. Er ist so etwas wie mein schlechtes Gewissen. Ich werde ihm sagen, dass, wenn er weiter so mit mir umspringt, er immer mehr genau das Gegenteil erreicht: Mein Selbstwert und meine Selbstachtung sinken. Ich werde daher in Zukunft meine negativen Gedanken mit positiven Affirmationen umprogrammieren und die Übung mit den Gegenbeispielen machen.

Was meinen Sie dazu?

Achtsamkeit

Achte auf Deine Gedanken, denn sie werden Deine Worte.
Achte auf Deine Worte, denn sie werden Deine Handlungen.
Achte auf Deine Handlungen, denn sie werden deine Gewohnheiten.
Achte auf Deine Gewohnheiten, denn sie werden Dein Charakter.
Achte auf Deinen Charakter, denn er wird Dein Schicksal.

Alte Weisheit aus dem Talmud

Wie geht's weiter?

Da jedem Gefühl ein bewusster oder unbewusster Gedanke zugrunde liegt, haben wir uns im ersten Kapitel zunächst mit der Kraft der Gedanken beschäftigt. Im folgenden Kapitel geht es nun um die Welt der Gefühle.

73

» *Man muss den Schlüssel finden,*
der alle Himmelstore, alle Gärten
der Verzückung, öffnet. Und dieser
Schlüssel ist deine Intuition.«

Jiddu Krishnamurti (1895–1986),
indischer Philosoph, Autor und
spiritueller Lehrer

TrauDich ...
intensiver zu fühlen!

Nachdem wir uns zunächst mit unserer linken Hirnhälfte – unserem Verstand und unseren Gedanken – beschäftigt haben, treten wir nun mit unserer rechten Hirnhälfte in Verbindung: dem Sammelbecken unserer Spontaneität, Kreativität und Intuition. Um unsere Visionen wahr werden zu lassen, brauchen wir den Zugang zu unserer Intuition – und das funktioniert am besten in Verbindung mit unseren Gefühlen.

Mit den Gefühlen in Kontakt treten

Für viele ist das Thema Gefühle ein unsicheres Gebiet, vergleichbar mit einem Labyrinth. Ängste tauchen auf: „Hoffentlich verliere ich mich nicht darin." – „Finde ich da auch wieder heraus?" Wir sind es so gewohnt, unsere Gefühle zu kontrollieren, dass uns ein großer Teil unserer Gefühlspalette abhandengekommen ist. Wie gelangen wir also an unsere Gefühle, ohne dass wir von ihnen überschwemmt werden?

Fangen Sie – ähnlich wie bei den Gedanken im ersten Kapitel – zunächst damit an, Ihre Gefühle zu beobachten. So lernen Sie zum einen, angenehme von unangenehmen Gefühlen zu unterscheiden und zum anderen, nicht sofort auf diese Gefühle zu reagieren. Vor allem ist es wichtig zu lernen, die Gefühle im Körper zu lokalisieren. Unser Körper reagiert immer und zeigt uns frühzeitig, wenn etwas für uns nicht stimmig ist – vorausgesetzt, wir können die Signale deuten. So wird Ihr Körper zu einem wichtigen Helfer auf dem Weg in Ihre Gefühlswelt und zu Ihrer Intuition. Nehmen Sie beispielsweise wahr, wann sich Ihre Kehle zuschnürt, in welchen Momenten Sie ein mulmiges Bauchgefühl haben oder in welchen Situationen sich ein Rauschen im Gehörgang einstellt. Jeder Mensch hat „seine" individuellen Signale, die sich im Laufe des Lebens entwickeln. Oft äußern sich Signale für negative Gefühle in Form von Schmerzen. Bemerken Sie diese Signale früher, muss der Schmerz nicht so stark werden, dass Sie ihn nicht mehr ertragen. Das gleiche gilt selbstverständlich auch für die positiven Körperreaktionen. Je bewusster Sie bemerken, bei welchen Gelegenheiten Ihnen warm ums Herz wird, Sie aus Wohlbefinden einen tiefen, entspannten Atemzug nehmen oder Ihnen Freudentränen übers Gesicht laufen, desto schneller sind Sie auch selbst in der Lage, diese Gefühle bewusst herbeizuführen.

Makia

Energie folgt der Aufmerksamkeit. *2. Huna-Prinzip*

Das, worauf wir unsere Aufmerksamkeit lenken, wächst. Sobald wir unsere Wahrnehmung auf etwas richten, lenken wir automatisch auch unsere Gefühle dorthin – und schon fließt Energie. Es ist ganz wichtig, diesen Zusammenhang zu erkennen und zu bemerken, wann sich unsere Gefühle verändern. Denn dann können wir darauf reagieren und unsere Aufmerksamkeit bewusst wieder auf das richten, was uns wichtig ist und was uns guttut.

Aber Vorsicht, das gilt auch umgekehrt – Aufmerksamkeit folgt der Energie! Unsere Aufmerksamkeit, das heißt unsere Gedanken und Gefühle, lassen sich leicht beeinflussen und lenken. Das weiß auch die Werbebranche und lockt mit immer noch schöneren, noch besseren Angeboten, die unsere Sinne beeindrucken und unsere Kauflaune anregen sollen. Nehmen Sie

daher in jedem Moment bewusst wahr, wo sich Ihre Aufmerksamkeit befindet. Machen Sie immer wieder die Übungen aus dem ersten Kapitel. Gedanken und Gefühle hängen untrennbar miteinander zusammen – je bewusster sie Ihnen werden, desto leichter können Sie Ihre Energie auf die Dinge lenken, die Ihnen wichtig sind. Wesentlich ist Folgendes: Richten Sie keine Aufmerksamkeit auf Dinge, die Sie *nicht* möchten! Kämpfen Sie nicht *gegen* eine Krankheit, sondern setzen Sie sich *für* Ihre Gesundheit ein. Wie wichtig positive Formulierungen sind, haben auch die Krankenkassen inzwischen verstanden – und sind zu Gesundheitskassen geworden.

77

Gefühle sind ansteckend

Sobald Sie ein Zimmer voller Menschen betreten, spüren Sie meist sofort, welche Stimmung dort herrscht. Fühlen Sie sich gut und geraten mit dieser Stimmung in einen Raum, in dem gerade gestritten wurde, kann Ihre eigene Stimmung schlagartig umschlagen. Warum das so ist? Ihr Unterbewusstsein nimmt die Gefühle, die in dem Raum herrschen, sofort wahr und stellt sich auf das gleiche Energieniveau ein. Plötzlich fühlen Sie sich auch schlecht. Es ist nicht einfach, eine ganze Gruppe

schlechtgelaunter Menschen in einen positiven Zustand zu bringen. Achten Sie deshalb darauf, in welcher Gesellschaft Sie sich bewegen. Auch im Sport kann man gut beobachten, was durch Motivation bewegt werden kann. Ein begeistertes Team kann Berge versetzen; ist es jedoch über längere Zeit frustriert und lustlos, hilft oft nur ein neuer Trainer, der es versteht, die Aufmerksamkeit der Teamplayer neu zu fokussieren und „frischen Wind mitbringt".

Gut zu wissen

Unsere Gedanken erzeugen unsere Gefühle Das bedeutet, dass hinter jedem Gefühl ein Gedanke steht, ob er uns nun bewusst ist oder nicht. Sobald Sie Ihre Gedanken verändern, verändern sich auch Ihre Gefühle. Das gilt gleichermaßen für angenehme, „positive" wie auch für unangenehme, „negative" Gefühle.

Eine Geschichte

Der Tempel der tausend Spiegel Es gab in Indien einen Tempel der tausend Spiegel. Er lag hoch oben auf einem Berg und sein Anblick war gewaltig. Eines Tages kam ein Hund und erklomm den Berg. Er stieg die Stufen des Tempels hinauf und betrat den Tempel der tausend Spiegel. Als er in den Saal der tausend Spiegel kam, sah er tausend Hunde. Er bekam Angst, sträubte das Nackenfell, klemmte den Schwanz zwischen die Beine, knurrte furchtbar und fletschte die Zähne. Und tausend Hunde sträubten das Nackenfell, klemmten den Schwanz zwischen die Beine, knurrten furchtbar und fletschten die Zähne. Voller Panik rannte der Hund aus dem Tempel und glaubte von nun an, dass die ganze Welt aus knurrenden, gefährlichen und bedrohlichen Hunden bestehe.

Einige Zeit später kam ein anderer Hund, der den Berg erklomm. Auch er stieg die Stufen hinauf und betrat den Tempel der tausend Spiegel. Als er in den Saal der tausend Spiegel kam, sah er auch tausend andere Hunde. Er aber freute sich. Er wedelte mit dem Schwanz, sprang fröhlich hin und her und forderte die Hunde zum Spielen auf. Dieser Hund verließ den Tempel in der Überzeugung, dass die ganze Welt aus netten, freundlichen Hunden bestehe, die ihm wohlgesonnen seien.

Nach einem indischen Märchen

Persönliche Standortbestimmung

Wie erleben Sie Ihre Gefühlswelt? Wie leicht gelingt es Ihnen, die Türen dahin zu öffnen und in Ihre Gefühle einzutauchen? Welche Gefühle sind Ihnen eher bekannt, welche unbekannt? Erinnern Sie sich an Ihren „Flow": die schönsten Augenblicke in Ihrem Leben, in denen Raum und Zeit verschwunden sind und Sie ganz eins waren mit sich und der Welt (siehe auch Seite 93)? Hier einige Fragen und Impulse dazu.

Was denken Sie über Gefühle im Allgemeinen?

Hartmut: Gefühle sind gefährlich. Sie gehören ins Privatleben. Im Berufsleben brauchen wir unseren Verstand, um erfolgreich sein zu können. Mit Gefühlsduselei kommt man nie ans Ziel. Mit den Gefühlen ist es wie auf Glatteis. Wenn wir nicht aufpassen, rutschen wir aus und liegen am Boden. Deshalb versuche ich, mich nicht von Gefühlen leiten zu lassen.

Karla: Gefühle sind etwas sehr Schönes, wenn sie positiv sind. Ich liebe das Gefühl von Geborgenheit, Harmonie, Freude und Liebe. Ganz im Gegensatz zu Gefühlen der Angst, Traurigkeit, Ärger und Wut. Die negativen Gefühle versuche ich zu verhindern, indem ich meine Gefühle kontrolliere und gelernt habe, welche ich zulasse und welche nicht.

Yvonne: Grundsätzlich bin ich der Meinung, dass ich die Fähigkeit besitze, gute Gefühle zu verbreiten. Ich bin immer optimistisch drauf und wo ich hinkomme, haben wir sehr viel Spaß miteinander. Das gibt mir das Gefühl, dass alles möglich ist, eine Offenheit und Leichtigkeit, die mir guttut. In letzter Zeit jedoch habe ich erlebt, dass dies eine sehr oberflächliche Einstellung ist und dass jederzeit Spaß haben auch sehr schnell langweilig wird. Ich bin bereit, mich auf eine tiefere Gefühlsebene einzulassen.

Sebastian: Ohne Gefühle wäre mein Leben nicht lebenswert. Nur indem ich meine Gefühle zulasse, merke ich, dass ich lebendig bin. Als Mann ist das nicht immer so einfach. Ich kann jedoch nicht anders. Gefühle kommen bei mir aus dem Herzen. Wenn mir das Herz aufgeht, dann fühle ich mich als Mensch. Es hat jedoch schon einige Verletzungen gegeben, deshalb habe ich gelernt, meine Gefühle zu schützen, wenn es sein muss.

Was meinen Sie dazu?

Welche positiven emotionalen Erfahrungen haben Sie in Ihrem Leben gemacht? Kennen Sie Ihren „Flow"?

Hartmut: Wenn ich an meinen ersten Marathonlauf zurückdenke. Das war schon ein tolles Gefühl, durch die Zuschauer gepuscht zu werden und durch das Ziel zu laufen. Grandios. „Flow" kenne ich, wenn alles wie am Schnürchen läuft, wenn das, was ich mir vorgenommen habe, umgesetzt wird und ich begeistert bin.

Karla: Ich war ja auch mal verliebt und diese Zeit vergesse ich nie. Da habe ich mich ganz lebendig gefühlt. „Flow" kenne ich, wenn ich mit den Kindern zusammen etwas mache, wenn wir spielen und ich dabei die Zeit vergesse.

Yvonne: Ein Sonnenaufgang am Meer oder ein Regenbogen, der sich über mir ausbreitet, erzeugt in mir sehr schnell wohltuende Emotionen. Ich bin sehr schnell zu begeistern und will dann meistens mehr davon. „Flow" erlebe ich zum Beispiel beim freien Tanzen, aber auch in der Sexualität kann ich mich gut hingeben und loslassen.

Sebastian: Mein Ziel ist es, ständig im „Flow" zu leben. Den Begriff kenne ich bereits aus verschiedenen Seminaren, die ich mitgemacht habe. In alltäglichen Situationen finde ich es extrem schwierig, im „Flow" zu sein, da wir uns ja häufig gegenüber negativen Emotionen abgrenzen müssen und dann keinen Zugang mehr zu unseren Gefühlen haben.

Was meinen Sie dazu?

Welche negativen emotionalen Erfahrungen haben Sie bisher in Ihrem Leben gemacht?

Hartmut: Als Kind schon wurde ich dafür bestraft, Gefühle zu zeigen. Ich durfte nicht weinen, nicht wütend sein. Außerdem hat mich meine Mutter emotional erpresst. Sie gab mir ständig die Schuld, wenn sie sich schlecht gefühlt hat. Ich hasse es, wenn Mitarbeiter emotional reagieren, das lenkt von der Sache ab und bringt nichts. Das gleiche gilt für Eifersucht.

Karla: Als meine Mutter starb, habe ich erlebt, wie es ist, wenn wir einen Menschen verlieren, den wir lieben. Das war furchtbar. Ich bin sogar in eine leichte Depression gefallen, aus der ich nur mit viel

Kraft herauskam. Das will ich auf keinen Fall wieder erleben. Deshalb machen mir negative Gefühle Angst.

Yvonne: Noch nicht sehr viele. Und wenn, dann lasse ich sie nicht so nah an mich ran. Ich ärgere mich selten und bin auch nicht sehr ängstlich. In letzter Zeit plagt mich allerdings öfter ein Zweifel, ob das, was ich denke und fühle, überhaupt wahr ist. Ist Zweifel ein Gefühl? Ich bin mir meiner Gefühle nicht mehr sicher.

Sebastian: Als ich klein war, wurde mir beigebracht, welche Gefühle und Emotionen erwünscht sind und welche nicht. Daraufhin habe ich gelernt, nur noch die Gefühle zu zeigen, die erwünscht sind. Ich wurde ein richtiger Emotionskünstler, ich konnte mich wunderbar verstellen.

Was meinen Sie dazu?

Zur Info

Gefühl und Emotion Während das Gefühl eher ein passives subjektives Erleben im Körperinnern ist, ist eine Emotion (von lat. „ex motio" = aus der Bewegung heraus) der körperliche oder seelische Ausdruck dieses Gefühls. Beispielsweise kann sich das Gefühl der Trauer durch die Emotion der Tränen ausdrücken. Ein Gefühl kann demnach durch verschiedene Emotionen zum Ausdruck gebracht werden.

Welche Gefühle können Sie leicht wahrnehmen und ausdrücken, welche eher schwer?

Hartmut: Wenn mich etwas begeistert, kann ich das sehr gut ausdrücken und kommunizieren; auch wenn mich etwas

ärgert, dann drücke ich dies recht schnell aus. Wenn ich verunsichert bin und nicht so recht weiß, was ich von der Sache halten soll, behalte ich das eher für mich.

Karla: Ich verliere mich nicht so schnell in Gefühlen und Emotionen, da ich weiß, dass diese flüchtig sind, vor allem die Schönen. Deshalb nehme ich sie, wie sie kommen, freue mich an Kleinigkeiten und bin schon froh, wenn nichts Schlimmes passiert.

Yvonne: Früher konnte ich sehr schnell Spaß und Freude empfinden, das hat sich jedoch verändert. Ich empfinde nicht mehr so schnell Freude an etwas. Es ist

mir gleichgültig, das macht mir Angst. Und Ängste, Trauer und das Gefühl von Einsamkeit kenne ich sehr selten.

Sebastian: Es fällt mir mittlerweile leicht, meine Gefühle wahrzunehmen, positive wie negative. Das Ausdrücken lerne ich noch, da es mir vor allem schwerfällt, negative Gefühle zu äußern. Ich habe Angst, den anderen dadurch zu verletzen.

Was meinen Sie dazu?

Wie stark ist Ihr Vertrauen in Ihre Intuition? Woran bemerken Sie sie?

Hartmut: Ich bin mir nicht sicher, ob ich weiß, was Intuition ist. Es gibt immer eine Stimme in meinem Kopf, die mir sagt, was ich tun soll. Das ist jedoch mein Verstand. Mein Vertrauen in Gefühlsangelegenheiten ist sehr gering.

Karla: Nicht sehr groß. Da ich mir viele Sorgen um die Zukunft mache, sind meine Gedanken ständig damit beschäftigt vorzusorgen. Andere haben mir aber von ihren Erfahrungen berichtet. Das macht mir aber Angst, muss ich dafür doch meine Kontrolle aufgeben.

Yvonne: Das Vertrauen in meine Intuition könnte größer sein. Denn ich spüre sie immer, wenn mein Bauch sich meldet. Manchmal höre ich darauf und entscheide danach, manchmal nehme ich sie nicht so wichtig und bin dann zu bequem, um zu handeln, obwohl ich genau weiß, dass ich die Situation verändern sollte.

Sebastian: Mein Vertrauen in meine Intuition wächst. Ich spüre immer deutlicher, wann und wie sie sich bemerkbar macht. Es ist ein inneres Gefühl, so ähnlich wie bei einer Vorahnung. Ich habe schon viele Erfahrungen damit gemacht, positive, wenn ich darauf gehört habe und negative, wenn ich das Gefühl unterdrückt habe.

Was meinen Sie dazu?

Wie leicht fällt es Ihnen, Ihre Gefühle auszudrücken?
(Auf einer Skala von 1 bis 10:
1 = sehr schwer, 10 = sehr leicht)

Was meinen Sie dazu?

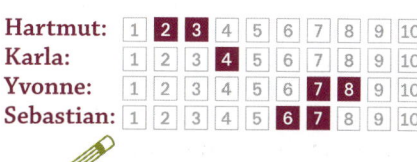

	1	2	3	4	5	6	7	8	9	10
Hartmut:		2	3							
Karla:				4						
Yvonne:							7	8		
Sebastian:						6	7			

Gedanken raten – Kalibrieren

(Die folgende Übung für zwei Personen ist eine häufig angewendete Grundübung aus dem NLP. Ich habe sie ergänzt und etwas abgewandelt.)

ÜBUNG

Ziel

Die Körpersprache und deren Entsprechung in inneren Zuständen und Gefühlen genau wahrnehmen. Person A versucht, die Gedanken von Person B zu erraten.

So geht's

1. Schritt: Person B stellt sich in genügend großem Abstand von Person A so auf, dass Person A ihn gut als ganze Person wahrnehmen kann (Arme hängen lassen).

2. Schritt: Person A bittet Person B, an eine Person zu denken, die er oder sie sehr gerne mag. Person B stellt sich diese Person intensiv vor, Person A nimmt dabei den gesamten Körperausdruck wahr.

3. Schritt: Person B geht kurz ein paar Schritte (man nennt das separieren), dreht sich und stellt sich wieder in die Ausgangsposition.

4. Schritt: Nun wird Person B gebeten, intensiv an eine Person zu denken, die er oder sie überhaupt nicht mag. Person A nimmt wieder ganz genau den gesamten Körperausdruck wahr.

5. Schritt: Person B geht erneut ein paar Schritte, dreht sich und stellt sich wieder in die Ausgangsposition.

6. Schritt: Nun werden Person B Fragen gestellt. Beispiele: Welche der beiden Personen ist größer / schwerer / hat hellere Haare / hat mehr Geld?

7. Schritt: Person B antwortet nicht laut, sondern denkt nur intensiv an die betreffende Person, auf die die Frage zutrifft. Person A „errät" durch genaues Wahrnehmen jeweils die richtige Antwort.

Zur Info

Der sprechende Körper Je nachdem, wie wir uns fühlen, verändert sich unser Körper. Gesichtsfarbe, Mimik und Gestik passen sich unserer Gefühlslage an, aber auch unsere Haltung, unsere Körperspannung und unsere Bewegungen, Atmung, Augen, Lippen und Hände drücken aus, wie es uns gerade geht. Denken wir an jemanden, den wir mögen oder an einen schönen Augenblick in unserem Leben, dann leuchten unsere Augen und unsere Mundwinkel formen ein Lächeln. Denken wir dagegen an unseren cholerischen Chef oder den streitsüchtigen Nachbarn, dann verkrampfen sich unsere Hände und unser Blick wird starr. Nicht jeder Körper spricht jedoch gleich; daher ist es wichtig, den ganzen Menschen zu betrachten.

83

Erwecken Sie Ihre Gefühlswelt wieder zum Leben

Das bedeutet nicht, dass Sie jetzt all Ihre Gefühle sofort ausleben und dann womöglich wütend und wild mordend durch die Gegend rennen sollen. Es bedeutet lediglich, dass Sie lernen, Ihre Gefühle bewusst wahrzunehmen: Was fühlen Sie im Moment? Warum fühlen Sie sich gerade so? Fühlen Sie sich gut oder schlecht? Wichtig ist zu lernen, wie wir ein gutes von einem schlechten Gefühl unterscheiden können, und auch die schlechten zuzulassen.

Auf die Frage „Wie fühlen Sie sich?" höre ich häufig die Antwort: „Ich *denke* gut." Wir haben so viel Angst vor unseren Gefühlen, dass wir uns nicht mehr erlauben, sie zu fühlen. Das erledigt dann auch inzwischen unser Verstand für uns.

Wie bei den Gedanken ist es auch bei den Gefühlen: sie kommen und gehen. Wir freuen uns – irgendwann vergeht die Freude wieder. Wir sind traurig und weinen – irgendwann löst sich die Trauer auf und wir werden vielleicht ärgerlich. Der Ärger wird gefühlt und vergeht; das

nächste Gefühl kommt und geht – so geht es immer weiter. Ein Gefühl steigt auf, ein anderes mischt sich dazu, irgendwann verschwindet es wieder – vorausgesetzt, wir lassen es zu.

Viele Gefühle machen uns aber solche Angst, dass wir sie einschließen und gar nicht erst hochkommen lassen – wir verdrängen sie in die tiefsten Schichten unseres Unterbewusstseins und hoffen, dass sie dann einfach weg sind. Leider ist genau das Gegenteil der Fall: Das verdrängte Gefühl sucht sich einen anderen Weg – Krankheit ist nur einer davon. Manchmal passiert es bei Familienaufstellungen, dass Teilnehmer in ihren Gefühlen regelrecht baden: sie werden so von ihren Gefühlen übermannt, dass sie weinend zusammenbrechen oder komplett ausrasten. Das ist aber gar nicht notwendig. Es heißt auch nicht, dass man immer in der Vergangenheit nach Ursachen für diese Gefühle suchen muss. Es geht schlichtweg darum, die Gefühle jetzt zu erleben und in den Alltag

zu integrieren: Meldet sich ein unangenehmes, düsteres Gefühl, dann bringen
wir – allein indem wir das Gefühl *zulassen* – bereits Licht ins Dunkel. Es kommt
zum Vorschein, weil es erlöst, weil es aufgelöst werden will. Dann ist die Zeit reif.

Deshalb: Freuen Sie sich, wenn sich auch
unangenehme Gefühle melden. Sie wollen befreit und in Ihr jetziges Leben integriert werden. Wie das genau geht und was
Ihnen dabei hilft, erfahren Sie im fünften
und sechsten Kapitel.

Gut zu wissen

Sollten sich an dieser Stelle bei Ihnen bereits jetzt unangenehme Gefühle melden, notieren Sie sie bitte und nehmen Sie sie mit in den Prozess durch das Buch. Sehen Sie diese Gefühle als Geschenke Ihres Unbewussten, die wie Schätze geborgen werden können.

Wie Gefühle wirken

Wenn wir uns freuen oder wohlfühlen,
dann haben wir eine positive Ausstrahlung.
Sind wir traurig oder frustriert, ändert sich
unsere Ausstrahlung schlagartig. Innerlich
merken wir das, weil „negative" Gefühle
sich meist schwer anfühlen, „positive" Gefühle dagegen meist leichter.
Nicht umsonst sagen wir: „Derjenige/Das
Erlebnis hat mich runtergezogen." – „Ich

bin wieder auf dem Boden der Tatsachen
gelandet." – nachdem wir soeben noch im
Glücksgefühl gebadet hatten. Warum ziehen uns „negative" Gedanken und Gefühle,
Kummer und Sorgen, „hinunter"? Und woran liegt es, dass wir uns allein bei dem Gedanken an ein fröhliches Ereignis schon
wesentlich leichter und beschwingter fühlen?

Gut zu wissen

Gedanken und Gefühle hängen unwiderruflich miteinander zusammen. Denken wir an etwas Schönes, kommen sofort bestimmte Gefühle
zum Vorschein. Denken wir an etwas Unangenehmes, kommen ebenso
schnell andere Gefühle hoch. Wir bekommen das, worauf wir uns emotional konzentrieren. Konzentrieren Sie sich daher mit Begeisterung
und Leidenschaft auf das, was Sie sich wünschen!

Die Antwort ist, dass Gefühle eine bestimmte Schwingung und damit eine bestimmte Energie in uns auslösen. Die höchste Schwingung, die ein Gefühl erzeugen kann, ist das Gefühl bedingungsloser Liebe. Dabei wird es uns im wahrsten Sinne des Wortes „warm ums Herz". Die tiefste Schwingung dagegen löst Angstgefühle aus. Es wird eng in uns, alles schnürt sich zusammen, Beklemmung macht sich breit. Unser Herz verschließt sich; wir

hängen immer düstereren Gedanken und Gefühlen nach. Diese erzeugen wiederum eine sehr niedrige Schwingung und damit eine negative Energie, die noch mehr negative Gedanken und Gefühle erzeugt und so weiter – ein wahrer Teufelskreis. Weil dies schmerzhaft ist, schützen wir uns, indem wir uns verschließen und irgendwann gar nichts mehr spüren. Auf diese Weise entfernen wir uns aber immer weiter von uns selbst.

85

Zur Info

Beschwingte Gefühle Bereits Einstein erkannte, dass Energie und Materie ein und dasselbe sind. Alles, was existiert, besteht aus Energie – es schwingt. Das gilt auch für unsere Gedanken und Gefühle. Wissenschaftliche Untersuchungen haben belegt, dass unser Gehirn bei stressvollen Gedanken eine andere Frequenz ausstrahlt als bei friedvollen Gedanken. Negative Gedanken, die negative Gefühle verursachen, schwingen in einer tiefen, niedrigen Frequenz. Positive Gedanken und Gefühle schwingen dagegen in einer höheren Frequenz. Das erklärt auch, warum wir uns schwer und belastet fühlen, wenn wir Stress empfinden, und warum wir uns „beschwingt" – leicht und unbeschwert – fühlen, wenn wir uns freuen.

Gefühle schwingen

Die unterschiedliche Schwingung unserer Gedanken und Gefühle können wir messen. Die Frequenz wird Schumann-Frequenz oder auch Schumann-Resonanz genannt und lag bis zum Jahr 1987 konstant bei etwa 7,8 Hertz. Sie ist genaugenommen die Eigenfrequenz der Erde – die Frequenz, auf der die Erde schwingt, und wir mit ihr. Durch die Veränderungen unseres Erdmagnetfeldes erhöht sich dieser Wert seit 1987 stetig und soll in den nächsten Jahren bis in einen Bereich von über 13 Hertz steigen. Das hat für das gesamte

Leben auf unserem Planeten große Auswirkungen, besonders auch für uns Menschen. Dadurch, dass sich die Frequenz in den Alpha-Bereich menschlicher Hirnströme verschiebt – das heißt in den Frequenzzustand des menschlichen Gehirns zwischen Schlaf- und Wachzustand –, kommt es vermehrt zu Schlafstörungen und gleichzeitig zu einer wachsenden Kreativität und Bewusstseinserhöhung. Auch öffnen sich dadurch neue Zentren in unserem Gehirn, die wir früher nur durch stundenlange Meditation oder andere Entspannungstechniken erreichen konnten.

Der Zugang zu unserer Intuition wird dadurch ebenfalls leichter möglich.

Das Bewusstsein der Menschen erwacht durch diese langsame Frequenzerhöhung kontinuierlich. Im Moment leben etwa sieben Milliarden Menschen auf unserer Erde, von denen der Großteil aber noch nichts von diesen neuen Energiezuständen oder dem Zusammenhang zwischen Gedanken und Gefühlen gehört hat. Beschäftigen Sie sich trotzdem intensiv mit Ihren eigenen Gefühlen und Energien. Wird es um Sie herum allzu negativ, entziehen Sie sich der Situation, wenn Sie können. Eine gute Abgrenzungsübung finden Sie in Kapitel 3, auf Seite 118.

Gut zu wissen

• •

Durch die elektromagnetischen Wellen, die Sie jede Sekunde Ihres Lebens ausstrahlen, wirken Sie im wahrsten Sinne des Wortes „anziehend": für Wichtiges und Unwichtiges, Schönes und weniger Schönes – je nachdem, was Sie fühlen.

Nach Lynn Grabhorn, aus: Aufwachen –
Dein Leben wartet, Seite 19.

• •

Gefühle halten uns gesund

Auch unsere Gesundheit hängt wesentlich davon ab, auf welchem Energieniveau sich unsere Körperzellen hauptsächlich befinden. Alle unsere Körperzellen sind in ständigem Austausch untereinander und erneuern sich kontinuierlich. Alle sieben Jahre werden wir sozusagen ein neuer Mensch. Wenn wir es schaffen, unsere Gedanken und Gefühle auf ein höheres Schwingungsniveau zu heben, werden auch unsere Zellen und damit unser ganzer Körper mit der Zeit immer gesünder. Deshalb ist es wichtig, dass wir uns Gefühle von Glück und innerem Frieden selbstständig erschaffen können. Entscheiden Sie sich mehr und mehr für positive Gefühle und werden Sie unabhängiger von äußeren Reizen und Einflüssen. Tun Sie etwas, das Ihnen viel Freude bereitet. Dazu verhilft Ihnen die folgende Übung.

Gefühle strahlen aus

Fühlen wir uns gut, ziehen wir die Menschen, Situationen und Ereignisse an, die auf der gleichen Ebene schwingen wie wir. Fühlen wir uns dagegen niedergeschlagen oder frustriert, dann passiert das gleiche – wir ziehen Menschen, Situationen und Ereignisse an, die auf der gleichen niedrigen Ebene schwingen. Deshalb ist es so wichtig, sich bewusst zu machen, mit wem wir uns umgeben. Unser Gefühlszustand beeinflusst automatisch auch unsere Ausstrahlung und unsere Wirkung auf andere. Es macht beispielsweise einen großen Unterschied, in welchem körperlichen und seelischen Zustand Sie in ein Bewerbungsgespräch gehen. Allein Ihre Körperhaltung lässt bereits erkennen, wie es Ihnen geht, ob Sie sich wohlfühlen oder nicht. Der Cartoon auf Seite 88 verdeutlicht das auf amüsante Weise.

Mein perfekter Tag

Ziel

Erkennen, welche Faktoren ganz persönlich in Ihrer Wahrnehmung dafür verantwortlich sind, dass Sie einen Glückstag oder einen Pechtag erleben.

So geht's

1. Schritt: Nehmen Sie sich etwas Zeit und notieren Sie auf einem Blatt Papier, was dazu gehört, damit für Sie ein Tag wirklich „super" verläuft. Sie können erlebte Tage gerne mischen, sodass es wirklich ein ganz besonderer Glückstag für Sie wird.

2. Schritt: Notieren Sie auf einem anderen Blatt Papier, was passieren muss, damit ein Tag wirklich „schiefläuft". Auch hier dürfen Sie gerne bisherige Katastrophentage mischen.

Hinweis: Sie entscheiden, ob Sie lieber mit dem „guten" oder mit dem „schlechten" Tag beginnen. Dazu gehören auch Kleinigkeiten, wie beispielsweise die Sonnenstrahlen, die Sie wecken, die Zeit für den Cappuccino am Nachmittag, der Stau auf dem Nachhauseweg, die Verspannung im Rücken und so weiter.

3. Schritt: Betrachten Sie jetzt bitte die Unterschiede auf den beiden Blättern. Was macht für Sie persönlich den Unterschied aus? Häufig werden hier folgende Unterscheidungen getroffen:
- Gutes Wetter – Schlechtes Wetter
- Ausgeschlafen – Schlecht oder zu wenig geschlafen
- Selbstbestimmt – Fremdbestimmt
- Genug Zeit – Zeitdruck
- Entspannung – Anspannung, Druck, Stress
- Gute Nachrichten – Schlechte Nachrichten
- Harmonie – Streit
- Gesundheit – Krankheit
- Erfolg – Misserfolg

4. Schritt: Ermitteln Sie jetzt auf jedem Blatt Ihre drei persönlichen „Glücksfaktoren" beziehungsweise „Pechfaktoren", das heißt die jeweiligen Favoriten, die dafür sorgen, dass Ihr Tag eher positiv oder negativ verläuft. Wenn Sie lernen, diese Faktoren besser wahrzunehmen, können Sie damit Ihre zukünftigen Tage bewusster verändern und auch anders erleben als bisher.

5. Schritt: Was können Sie tun, um Ihre individuellen „Glücksfaktoren" mehr in Ihr Leben einzuladen? Wie schaffen Sie es, dass sich ein guter Tag nicht sofort in einen schlechten Tag umwandelt, sobald einer Ihrer „Pechfaktoren" eintrifft?

Gefühle
und Körper-
sprache.

Gefühle machen uns authentisch

Sobald wir unsere Gefühle zulassen, passiert noch etwas ganz Wichtiges: Wir werden authentischer. Wir können unsere Masken abnehmen und müssen keine Spielchen mehr spielen. Wir müssen unsere Tränen, unseren Ärger nicht länger unterdrücken; vielmehr dürfen wir unsere Freude und Liebe zum Ausdruck bringen. Wir geben dadurch den Menschen in unserem Umfeld die Gelegenheit, dasselbe zu tun. Am Anfang kann sich dieses Gefühl der inneren Befreiung sehr fremd anfühlen. Setzen Sie sich nicht unter Druck.

Gefühle machen den Weg frei zur Intuition

Der Weg zu unserer Intuition, zu unserer inneren Stimme, zu unserer Verbindung mit der Seele, geht nur über unseren Körper, über die Welt unserer Gefühle. Auch wenn uns unsere linke Gehirnhälfte – unser Verstand – etwas anderes einredet: er kann den Zugang nicht herstellen. Unsere Kreativität – unsere Ideen und Erfindungen – sind untrennbar mit unserer Intuition verbunden. Unser Verstand kann nur das wiederholen, was er kennt. Neues kommt immer aus der rechten Hirnhälfte.

 Überall geht ein frühes Ahnen dem späteren Wissen voraus.«

Alexander von Humboldt (1769–1859),
deutscher Naturforscher und Geograph

Bauchgefühl und Herzgefühl

Wo genau in Ihrem Körper fühlen Sie eigentlich? Sie werden vielleicht sagen: „Macht das einen Unterschied?" oder „Hauptsache, ich fühle!" Stimmt natürlich – auch hier gibt es keine allgemeingültige Regel, wer welches Gefühl wo spürt. Und doch gibt es einen entscheidenden Unterschied.

Stellen Sie sich eine sehr schöne Situation vor, die Sie mit einem Gefühl der Freude verbinden. Spüren Sie die Freude. Nehmen Sie anschließend eine andere Situation, in der Sie sehr wütend waren. Wo genau spüren Sie die Freude und die Wut? Eventuell am ganzen Körper, verstärkt aber meistens in der Bauchgegend, da diese „Bauchgefühle" mit starken Emotionen verbunden sind, dem körperlichen Ausdruck unserer Gefühle (siehe Info Seite 80). Eines unserer stärksten Gefühle, zu denen wir fähig sind, ist die Liebe. Wer schon einmal verliebt war, weiß, dass die Schmetterlinge auch meistens im Bauch herumflattern; wer schon einmal vom Gefühl der Eifersucht „geplagt" wurde, weiß, wie quälend diese Emotion ebenfalls im Bauch zu spüren ist.

Was dagegen ist das Herzgefühl? Es kommt, wenn wir Liebe spüren, die nicht an Emotionen gebunden ist – unsere bedingungslose Liebe. Denken wir zum Beispiel an unsere Kinder oder unsere besten Freunde, spüren wir das im Herzen. Es ist ein Gefühl des inneren Friedens, der keinen Ausdruck benötigt. Dort fühlt sich alles stimmig an; das Herz „geht uns auf". Das ist das Herzgefühl. Es ist meistens nicht so spektakulär wie unsere Gefühle im Bauch. Das Herzgefühl ist meistens ruhiger, leiser, eher neutral. Es ist die Verbindung zu unserer Seele, zu unserem Anteil in der geistigen Welt, zu unserem Höheren Selbst, zu unserem Sein. In unserem Herzen befindet sich der Zugang zum Urvertrauen und auch zu unserer Intuition.

An die Intuition glauben

Um mit Ihrer Intuition in Kontakt zu kommen, ist zunächst eines ganz wichtig: Glauben Sie daran, dass auch Sie einen Zugang dazu haben. Viele meinen, dass sie keine Intuition haben. Wie stark Überzeugungen wirken, haben wir im ersten Kapitel gesehen. An Ihre Intuition zu glauben erleichtert Ihnen den Zugang zu ihr. Für viele ist das eine „weibliche" Qualität. Meistens tun sich Frauen leichter, ihren Gefühlen im Bauch und Herzen zu trauen, da sie es eher gewohnt sind, Gefühle zuzulassen. Die Intuition ist jedoch Männern wie Frauen gleichermaßen gegeben.

 Die Intuition ist ein wortloser Zuruf, im Augenblick etwas Bestimmtes tun zu müssen."

Elfriede Hablé (geb. 1934), österreichische Schriftstellerin

Dialog mit der inneren Stimme

ÜBUNG

Ziel
Die eigene Intuition bewusst wahrnehmen.

So geht's

1. Schritt: Nehmen Sie sich genügend Zeit. Schaffen Sie eine wohltuende Atmosphäre. Bereiten Sie einen ruhigen Platz vor, wo Sie allein sein und ungestört reflektieren können. Vielleicht möchten Sie eine Kerze anzünden oder schöne Musik auflegen.

2. Schritt: Geben Sie sich die Erlaubnis, Ihre intuitiven Sinne zu erkunden. Das unterstützt die innere Bereitschaft, Ihrem eigenen Gefühl zu vertrauen.
Beispiel: „Ich erlaube mir, meinem eigenen Gefühl zu vertrauen."

3. Schritt: Schließen Sie Ihre Augen und gehen Sie nach innen. Nehmen Sie ein paar tiefe Atemzüge, um einen klaren Kopf zu bekommen. Denken Sie nicht über Ihre Fragen nach, sondern entspannen Sie Ihren Geist für eine Minute.

4. Schritt: Formulieren Sie Ihre Gedanken zu einer Frage. Denken Sie an eine Situation oder Entscheidung, für die Sie viel Klarheit benötigen. Es ist wichtig, eine genaue Frage zu stellen. Stellen Sie sich Ihre Frage laut.
Beispiel: „Was hilft mir für mein bevorstehendes Gespräch mit meinem Chef?"

5. Schritt: Achten Sie auf den ersten Impuls! Nehmen Sie bewusst wahr, wenn Sie eine intuitive Eingebung haben. Das kann ein Gefühl, ein Bild, eine kleine Empfindung, aber auch ein Wort oder Satz sein. Nehmen Sie immer das, was sich zuerst meldet.

6. Schritt: Nehmen Sie alle Impulse auf, die zu Ihnen kommen.

7. Schritt: Bedanken Sie sich bei Ihrer inneren Stimme für die Antwort, egal wie sie ausgefallen ist. Kommen Sie dann in Ihrer Geschwindigkeit wieder zurück ins Hier und Jetzt. Strecken Sie sich, atmen Sie tief ein und aus und öffnen Sie wieder die Augen.

Hinweise: Nehmen Sie die Gedanken und Impulse, die Ihnen bei der Übung gekommen sind, ganz bewusst durch die nächsten Tage mit. Nehmen Sie bewusst wahr und halten Sie fest, was Ihnen zu der gestellten Frage alles begegnet. Das baut das Vertrauen in sich selbst und die eigene Intuition weiter auf. Beachten Sie auch Bilder und Symbole, die Ihnen spontan bei der Prüfung einer Frage auftauchen. Achten Sie auf Geräusche, Ansichten und Gerüche und beginnen Sie zu spüren, was davon ein Teil Ihrer Intuition sein kann und was es Ihnen sagen will. Dies kann schon während der Formulierung der Frage passieren oder aber erst Tage danach. Machen Sie die Übung jeweils nur mit einer Frage, mischen Sie Ihre Fragen nicht. Am Anfang kann die Übung bis zu einer halben Stunde dauern. Sie können das irgendwann immer schneller, später geht das auch ohne große äußerliche Vorbereitung und kann schon nach wenigen Minuten zu Ende sein.

Wichtig ist: Setzen Sie sich nicht unter Druck! Ihre Intuition wird sich entwickeln – und wenn es soweit ist, dann werden Sie es spüren. Gehen Sie nicht mit Ihrem Verstand ans Werk. Lassen Sie es fließen und geschehen. Bleiben Sie einfach „dran". Es kann Tage, Wochen oder Monate dauern. Hauptsache, Sie machen den ersten Schritt. Auch hier gilt: Übung macht den Meister. In Kapitel 3 wird das Thema Intuition noch mit einer aufbauenden Übung verbunden (siehe Seite 118).

Auf die innere Stimme hören

Ob alt oder jung, klein oder groß, männlich oder weiblich – jeder Mensch ist intuitiv veranlagt. Und – es ist leichter als viele denken! Es ist ganz einfach eine Frage der Übung und der Erfahrung. Je mehr Antworten Sie aus Ihrem Innersten bekommen haben, desto leichter und schneller wird es gehen. Sobald Sie die Absicht formuliert haben, mit Ihrer Intuition in Verbindung zu treten, ist Ihre Aufmerksamkeit darauf gerichtet. Wichtig: Machen Sie sich anschließend keinen Druck, sondern entspannen Sie sich und vergessen Sie das Ganze am besten gleich wieder.

Es geschieht nicht selten, dass Menschen von einer Begegnung mit ihrer Intuition berichten, als sie mitten in der Nacht aufwachten. Auch am frühen Morgen, wenn wir noch im Halbschlaf sind, beim Joggen, unter der Dusche oder auf der Toilette kommen wir mit ihr in Verbindung – dann, wenn unser wacher Verstand gerade abwesend ist. Fragt man Menschen, ob sie schon jemals eine Art Vorahnung hatten, fällt vielen etwas dazu ein. Es ist nur nicht üblich, in der Öffentlichkeit darüber zu reden. Die Leute könnten ja meinen, bei ihnen stimme etwas nicht …

Warum fühlen sich intuitive Entscheidungen so gut an?

Die Intuition ist verbunden mit dem Feld des reinen Potenzials (siehe Seite 122), das wir alle in uns tragen. Für viele ist sie die Verbindung zur Seelenebene. Das bedeutet, dass Entscheidungen, die wir intuitiv treffen, gleichzeitig Ausdruck unserer Seele sind. Bei diesen Entscheidungen sind wir im Einklang mit unserer Seele, wir schwingen sozusagen auf dem gleichen Niveau – und das fühlt sich einfach gut an.

Nicht was wir erleben, sondern wie wir empfinden, was wir erleben, macht unser Schicksal aus.«

Marie von Ebner-Eschenbach (1830–1916),
österreichische Schriftstellerin

Intuition oder Instinkt?

In der Tierwelt ist es der Instinkt, der den Tieren hilft, schnell die richtigen und nötigen Entscheidungen zu treffen. Uns Menschen hilft dabei unsere Intuition: Die Impulse, die aus den Tiefen unseres Herzens entspringen und die unser Bewusstsein anregen, damit wir die Entscheidungen treffen, die für uns stimmig sind. Während die Tiere jedoch in jedem Moment von ihrem Instinkt geführt werden, haben wir Menschen die Wahl, ob wir mit unserem Verstand überlegen oder ob wir unserer Intuition vertrauen.

Gerade in Ausnahmesituationen, in denen wir keine Zeit zum Überlegen haben, hilft uns häufig unsere Intuition weiter. Beispielsweise können wir in Gefahrensituationen feststellen, dass wir häufig „instinktiv richtig" gehandelt und sogar Situationen bewältigt haben, die uns im Normalfall völlig überfordert hätten. Die Menschen sprechen dann auch davon, dass sie innerlich geführt wurden und „intuitiv gewusst haben", was zu tun ist. In diesen Momenten hat sich der Zugang zu unserem inneren Wissen geöffnet und die Führung übernommen. Es liegt an uns, wie stark wir uns von diesem Zustand führen lassen möchten. Wenn wir unsere Sinneswahrnehmungen trainieren, entwickelt sich unsere Intuition als „sechster Sinn" ganz automatisch. Vertrauen Sie einfach immer mehr Ihrer eigenen Intuition.

Glücklich durch Flow

An dieser Stelle ist es wichtig, auf den Begriff des „Flow" einzugehen, da uns in diesem Zustand der Zugang zu unserer Intuition häufig leichter möglich ist. Für viele ist Flow (engl. = das Fließen) ein Zustand, in den sie geraten, wenn sie sich beispielsweise voll und ganz einer Tätigkeit hingeben und darin „aufgehen". Automatisch sind sie dann entweder ganz mit der Zeit verbunden oder sie befinden sich außerhalb von Zeit und Raum, sie „fließen". In diesem Zustand des „Im-Fluss-Sein" sind wir automatisch mit unserem Unterbewusstsein, mit unserem inneren Kind verbunden. Wir stellen nichts in Frage. Unser Verstand ordnet sich in der Zeit unter, er geht spazieren, ruht sich aus. Die lästigen Gedanken sind zur Ruhe gekommen. Erstaunlicherweise geschieht dies häufig nicht beim Nichtstun, sondern vor allem bei einer Tätigkeit, die uns Freude bereitet, mit Sinn erfüllt oder dann, wenn wir uns großen Herausforderungen stellen. Entdecker des Flow-Erlebens ist der amerikanische Psychologieprofessor Mihaly Csikszentmihalyi. Ihn interessierte, was

Menschen dazu veranlasste, viel Zeit und Energie für manche Tätigkeiten aufzuwenden, die keine sichtbaren Belohnungen enthielten, etwa für das Lösen einer kniffligen Aufgabe. In seinem 1985 erschienenen Buch „Jenseits von Langeweile und Angst" beschrieb er erstmals dieses Phänomen als „selbst- und zeitvergessenes Aufgehen in einer glattlaufenden Tätigkeit".

Im Flow-Erleben befinden wir uns auf einem hohen Energieniveau, das heißt wir schwingen auf einer höheren Ebene. Deshalb wollen wir dieses Gefühl auch immer wieder erreichen und am liebsten beibehalten. Unser körperlicher Zustand ist optimal: Herzschlag, Atmung, Puls und Muskelspannung befinden sich in völliger Balance, genau zwischen Stress und Langeweile. Der Flow erhöht unser Selbstwertgefühl und stärkt uns auf mehreren Ebenen gleichzeitig: Unsere Geduld und unsere Ausdauer, unsere Kreativität und unsere Motivation werden erhöht – unser Leistungsniveau ist im Flow generell am oberen Limit.

Gut zu wissen

Menschen, die lernen, ihr inneres Erleben so einzustellen, dass sie ihre Lebensqualität selbst bestimmen können, sind automatisch glücklicher, freier, zufriedener und gesünder.

Flow-Anker setzen

(Die folgende Übung ist eine häufig angewendete Grundübung aus dem NLP.
Ich habe sie ergänzt und etwas abgewandelt.)

Ziel

Das Flow-Gefühl jederzeit abrufen können.

So geht's

1. Schritt (Vorbereiten): Denken Sie an eine Flow-Situation in Ihrem
bisherigen Leben. Eine Situation, in der Sie sich vollkommen „in Ihrem
Element" gefühlt haben, in der Sie erfolgreich waren, sich selbstsicher gefühlt
haben. Oder eine Beschäftigung, die Sie ganz gefangen genommen hat, in der
Sie „aufgegangen" sind, in der Sie glücklich und zufrieden waren.
2. Schritt (Visualisieren): Schließen Sie kurz die Augen und lassen Sie vor
Ihrem inneren Auge ein klares Bild dieser Situation entstehen. Was gab es
in dieser Situation zu sehen, zu hören, eventuell auch zu riechen und zu
schmecken? Wie fühlt es sich an, diese Situation noch einmal zu erleben? Wo
genau im Körper fühlen Sie den Flow?
3. Schritt (Anker finden): Finden Sie nun ein Wort, einen Begriff, ein Bild oder
Symbol für diese Situation – einen sogenannten „Anker" – und probieren Sie
aus, welche Körperhaltung oder auch welche Körperbewegung dieses Gefühl
noch verstärkt. Wie können Sie die Bewegung vielleicht noch so abändern, dass
Sie Ihren Anker jederzeit auslösen können, wenn Sie wollen?
4. Schritt (Verstärken): Verstärken Sie den Flow-Anker, indem Sie sich ein noch
genaueres Bild der Situation machen und die Einzelheiten weiter ausmalen:
die Farben kräftiger werden lassen, das Bild vor dem inneren Auge vergrößern
(Großbildleinwand), angenehme Töne hören, Musik deutlicher erklingen lassen,
die körperliche Wahrnehmung wie Wärme oder Ruhe bewusster spüren und
über den ganzen Körper ausbreiten lassen.
5. Schritt (Überprüfen): Öffnen Sie kurz die Augen, denken Sie an etwas
anderes. Lösen Sie dann noch einmal den Anker aus: Nehmen Sie die oben
erarbeitete Körperhaltung oder Bewegung ein. Das Flow-Gefühl kehrt zurück.
(Tut es nicht? Versuchen Sie es noch einmal ab Schritt 2).
6. Schritt (Umsetzen und Anwenden im Alltag): In welcher Situation möchten
Sie genau dieses Gefühl haben? Stellen Sie sich diese künftige Situation vor und
lösen Sie Ihren Flow-Anker aus.

Hinweis: Lösen Sie den Anker immer wieder aus, auch wenn Sie ihn gerade
nicht benötigen. So stärken Sie ihn!

Was charakterisiert den Flow?

Auch wenn jeder den Flow anders empfindet, gibt es doch ein paar ganz charakteristische Merkmale, die diesen Zustand kennzeichnen.

Das Gefühl zu verschmelzen: Man geht in der Tätigkeit, die man im Augenblick ausführt, vollkommen auf. Vor allem im Sport tritt das Phänomen häufig auf. Marathonläufer sprechen etwa davon, wie sie völlig eins mit der Straße und der Umgebung werden. Aufmerksam im Hier und Jetzt: Nur der Augenblick zählt. Vergangenheit und Zukunft sind in diesem Zustand nicht präsent.

Die Gedanken sind frei: Die Konzentration bündelt sich auf die gegenwärtige Aktion. Alle weiteren Gedanken werden ausgeblendet. Häufig wird von einer völligen Leere im Kopf berichtet.

Ich bin erfolgreich: Dadurch, dass man mit seinem innersten Kern verbunden ist, werden Gefühle frei, die den Gefühlen von Erfolg ähnlich sind. Ein Scheitern in der Angelegenheit kommt gar nicht in Frage. Man hat die Situation völlig unter Kontrolle.

Es gibt keine Zeit: Fragen Sie eine Person im Flow, wie viel Zeit vergangen ist, werden Sie meistens keine Antwort bekommen, da ihr Zeiterleben in diesem Zustand aufgehoben ist. Minuten werden wie Stunden erlebt oder umgekehrt.

Es gibt keinen Zweck: Die Tätigkeit ist an keinen Zweck gebunden. Wurde auch am Anfang noch ein bestimmtes Ziel anvisiert, wird bald der Flow zum Zweck – das ehemalige Ziel ist nicht mehr so wichtig. Am liebsten würde man für immer im Flow bleiben.

Hindernisse und Gefahren bei der Umsetzung

Die Beschäftigung mit unseren Gefühlen führt uns zwangsläufig zu Erfahrungen, die wir gerne aus unserem Erleben löschen würden. Kein Mensch hat immer nur Glücksgefühle. Wir erleben schwierige Lebenssituationen, um zu wachsen und um uns zu entwickeln. Manchmal bleiben wir aber auf unserem Weg stecken. Dann kann es sinnvoll sein, sich beim Beseitigen des Hindernisses helfen zu lassen.

1. Angst vor Gefühlen

Manchmal passieren in unserem Leben Dinge, die wir so stark in unser Unterbewusstsein verdrängen, dass wir es nicht schaffen, die Türen durch die hier im Buch vorgestellten Übungen zu öffnen und unsere Zugänge in unser Innerstes freizumachen. Das können traumatische Erfahrungen oder Schock auslösende Situationen, auch aus frühester Kindheit, gewesen sein, die durch einen erfahrenen Fachmann auf diesem Gebiet begleitet werden sollten. Es ist keine Schande, wenn Sie sich hierfür professionelle Hilfe holen. Oft sind noch Schuld- und Schamgefühle dabei, die die Umsetzung der Übung verhindern. Dann bitte ich Sie an dieser Stelle: Lesen Sie dazu die Kapitel 5 und 6, die sich noch intensiver mit der Thematik der Schuld- und Schamgefühle auseinandersetzen.

2. Zweifel an der Intuition

Wenn Sie bisher noch wenig Erfahrung mit Ihrer intuitiven Wahrnehmung haben, ist die erste Voraussetzung, um sie kennenzulernen, sich genügend Zeit für den Prozess zu nehmen, mit Ihrer inneren Stimme vertraut zu werden. Ihr kritischer Verstand wird Sie immer wieder aufs Glatteis führen, da sich seine Stimme so ähnlich anhört. Lassen Sie sich Zeit, nachzuspüren, ob die Stimme aus dem Bauch oder aus dem Kopf kam, ob es eine intuitive Eingebung oder eher eine „Falschmeldung" des Verstandes war. Solange der Verstand der Intuition nicht vertraut, kann es zu Vermischungen und Verwirrungen kommen: Der Verstand lässt einen glauben, dass etwas nicht so ist und fordert Beweise.

Machen Sie immer wieder die genannten Übungen und lernen Sie die feinen Nuancen zu unterscheiden. Und am wichtigsten: Entscheiden Sie sich dafür, mit dem Zweifeln aufzuhören! Ihr Vertrauen in Ihre Intuition wird wachsen, so wie ein kleines Pflänzchen wächst, wenn man es gut gießt.

3. Sucht nach Flow

Die Gefühle, die der Flow-Zustand auslöst, können auch auf gewisse Art und Weise süchtig machen. Wir möchten dann das Flow-Gefühl immer wieder erleben oder am besten gar nicht mehr daraus auftauchen. Das kann dann in Ausnahmefällen

dazu führen, dass beispielsweise Sportler zu viel trainieren und damit ihrer Gesundheit schaden oder dass ein Wissenschaftler, der die Zeit um sich herum völlig vergisst, andere Bereiche seines Lebens vernachlässigt und Probleme in seiner Beziehung bekommt. Es ist daher dringend notwendig, die erhöhte Aufmerksamkeit und Konzentrationsfähigkeit, die mit dem Flow-Gefühl einhergeht, dazu zu nutzen, um die Achtsamkeit für sich selbst und andere zu bewahren. Das geht leichter, sobald das Flow-Gefühl trainiert und ganz selbstverständlich ins tägliche Leben integriert wird.

4. Flow-Entzug

Achten Sie darauf, wenn Sie wieder einmal frustriert, deprimiert oder auf eine andere Art niedergeschlagen sind: Vielleicht liegt es einfach daran, dass sich Ihre Lebensumstände plötzlich geändert haben und Sie aus Ihrem Flow gefallen sind. Das kann durch eine spontane Trennung, eine Kündigung oder unberechenbare Nachrichten geschehen und Sie erst einmal völlig aus der Bahn werfen. Wichtig dabei ist es, diesen Zustand zunächst zu registrieren und sich anschließend auf den Weg zu machen, um den ursprünglichen Flow wieder zu erschaffen. Das kann bei jedem Menschen auf andere Art und Weise geschehen, etwa durch einen Urlaub, die Verbindung mit der Natur oder auch durch die auf Seite 94 beschriebene Übung.

Erfahrungen und Fragen aus der Praxis

Sebastian: Wenn ich im Flow bin, geht es mir wunderbar, ich reite auf meiner Welle und alles gelingt mir oder fliegt mir

zu. Doch plötzlich passiert etwas und ich falle aus dem Flow. Dann bin ich frustriert und schlecht gelaunt. Das kann dann Tage dauern, bis es mir wieder besser geht. Wie schaffe ich es, schneller wieder in meinen Flow zu kommen?

Antwort: Du leidest unter „Flow-Entzug". Mach Dir klar, wer oder was genau verursacht, dass Du Dein Flow-Gefühl verlierst. Schau Dir die Liste Deines guten beziehungsweise schlechten Tages aus der Übung auf Seite 87 an. Das kann Dir erste Hinweise geben: Wenn für Dich zum Beispiel Sonne und Licht wichtig sind, geh ins Sonnenstudio oder häng Dir ein sonniges Bild ins Wohnzimmer. Dann setze Deinen Flow-Anker! Übe dies täglich mehrmals. Es wird Dir immer schneller gelingen, Deine inneren Zustände zu verändern.

Yvonne: Wenn ich im Flow bin, geht es mir so gut, dass ich gerne übertreibe. Vor kurzem bin ich mit meinem Cabrio offen durch die Stadt gedüst, voll im Flow. Dabei habe ich nicht bemerkt, dass ich schneller fuhr als erlaubt war. Der Polizeibeamte hat mich angehalten und wollte mir eine Verwarnung geben. Ich konnte ihn jedoch davon überzeugen, dass es mir einfach so gut ging, dass ich nicht anders konnte! In dem Fall ist es noch mal gut gegangen. Ich sehe jedoch auch die negativen Auswirkungen. Was kann ich machen, um meinen Flow zu bändigen?

Antwort: Glückwunsch! Da hast Du gleich die Erfahrung gemacht, dass sich unsere Ausstrahlung mitverändert, wenn wir uns im Flow befinden. Sonst wäre Dir der Strafzettel sicher nicht erspart geblieben. Wenn das Flow-Gefühl immer mehr zu Deinem ständigen Begleiter, also zu Deinem Normalgefühl wird, lernst Du ganz automatisch mit den Lebenssituationen umzugehen; dann hebst Du auch nicht mehr so ab, wenn es Dich mal wieder überkommt. Alles wird leichter gehen und Du fühlst Dich mehr im Fluss des Lebens. Das ist am Anfang bestimmt ungewohnt, Du wirst Dich aber schnell daran gewöhnen.

Gut zu wissen

Es ist für uns Menschen nicht so einfach, unsere Anstrengungen aufzugeben.

Hartmut: Meine Stimmen im Kopf sind so laut, dass ich meine innere Stimme der Intuition meistens nicht höre. Oft kann ich nicht unterscheiden, welche Stimme zu wem gehört. Wie kann ich das lernen?

Antwort: Mach zuerst die Übungen aus dem ersten Kapitel, dass Du Herr Deines Verstandes wirst. Dann werden die Stimmen in Deinem Kopf leiser und Du lernst, sie besser zu unterscheiden. Dann hast Du das Feld vorbereitet, auf dem die Intuition erblühen kann. Nimm Dir Zeit, warte und beobachte. Mit der Zeit wirst Du die feinen Nuancen in der Wahrnehmung unterscheiden können. Mach einen Sinnes-Spaziergang in der Natur, sodass Du lernst, Deine Sinne einzeln wahrzunehmen. Setze Dich in Ruhe auf eine Bank und schließe Deine Augen. Höre die nächsten zehn Minuten, was es zu hören gibt. Dann mach die Augen auf und schau Dich zehn Minuten lang um, was es alles zu sehen gibt. Dann zieh Deine Schuhe aus, geh zehn Minuten barfuß durchs Gras und empfinde, taste, spüre. Zum Schluss rieche und schmecke, was es alles zu riechen und zu schmecken gibt. So trainierst Du Deine Sinne und öffnest damit automatisch den Zugang zu Deinem sechsten Sinn. Das Ganze darf auch noch Spaß machen!

Zusammenfassung

Unsere Gefühlswelt ist grenzenlos und deshalb auch nicht bis ins letzte Detail erforschbar und kontrollierbar, auch wenn dies unserem Verstand nicht gefällt. Erst durch unsere Gefühle und Emotionen spüren wir unsere Lebendigkeit und die Intensität des Lebens. Sobald wir zulassen, dass wir auch in tiefere Schichten unserer Gefühlswelt eindringen, kommen wir in Verbindung mit unserer Intuition und zum Fluss des Lebens, der mit dem Flow-Gefühl gut beschrieben ist.

- Was habe ich gelernt?
- Was will ich ab sofort bei mir verändern?
- Wie gehe ich dabei vor?

Hartmut: Wenn ich mehr auf meine innere Stimme, meine Intuition, hören würde, würde vieles in meinem Leben leichter laufen. Ich müsste mich nicht mehr so anstrengen. Ich werde mehr Ruhe in mein Leben bringen und die Stimmen in meinem Kopf leiser drehen, damit ich mehr aus dem Bauch heraus entscheiden kann. Dazu werde ich mir wieder mehr Zeit für Sport nehmen, denn dort erlebe ich meinen natürlichen „Flow".

Karla: Ich kann meine Gefühle nicht immer kontrollieren. Wenn ich die „schlechten" wegsperre, komme ich auch an meine „guten" Gefühle nicht mehr dran. Ich werde mir öfter erlauben, auch negative Gefühle zuzulassen, sodass sie durch mich hindurchgehen und nicht in Form von Sorgen und Ängsten in mir bleiben. Ich werde den Flow-Anker ausprobieren und mich von den Energien des „schlechten" Tages nicht mehr so schnell runterziehen lassen.

Yvonne: Ich weiß jetzt, warum ich keine Freude mehr empfunden habe. Da ich sehr schnell von einem Erlebnis, von einer Erfahrung zur anderen husche, bleibe ich oft an der Oberfläche hängen und erlebe meine Gefühle nur noch über den Kopf. Ich werde mir mehr Zeit nehmen, um mein Bauchgefühl wieder wahrzunehmen. Wenn ich mehr im Flow lebe und Zugang zu meiner Intuition habe, fällt es mir auch leichter, Entscheidungen zu treffen.

Sebastian: Die Gefühlswelt ist mir sehr nah. So nah, dass ich oft nicht unterscheiden kann, wo meine Gefühle enden und die der anderen, vor allem mir wichtiger Menschen, beginnen. Das bedeutete in der Vergangenheit, dass ich sehr häufig die Gefühle von anderen wahrgenommen und meine eigenen vernachlässigt habe. Meine Aufgabe besteht darin, wirklich auf meine Intuition zu hören und mir die Erlaubnis zu erteilen, dass ich meinen Flow leben darf.

> *Das Glück wohnt nicht im Besitze und nicht im Golde,*
> *das Glücksgefühl ist in der Seele zu Hause.*«

Demokrit (ca. 460–400 v. Chr.),
griechischer Philosoph

99

Wie geht's weiter?

Nachdem wir uns mit den Unterschieden zwischen linker und rechter Gehirnhälfte, also mit „Ratio" und „Emotio" (Vernunft und Gefühl), beschäftigt haben, geht es nun darum, die beiden Teile in uns zu verbinden. Denn erst durch diese Verbindung werden wir ausgeglichen, zufrieden und glücklich.

» *Es gibt etwas, was man an einem einzigen Ort in der Welt finden kann. Es ist ein großer Schatz, man kann ihn die Erfüllung des Daseins nennen. Und der Ort, an dem dieser Schatz zu finden ist, ist der Ort, wo man steht.«*

Martin Buber (1878–1965),
österreichisch-israelischer
jüdischer Philosoph

TrauDich ...
die Fülle anzunehmen!

Vor 50 Jahren sprachen alle vom Intelligenzquotienten – vom IQ. Das Wichtigste war die Intelligenz. Vor 20 Jahren kam dann der emotionale Quotient, der EQ hinzu – die emotionale Intelligenz, ohne die der IQ wenig Nutzen brachte. Heute weiß man, dass gerade die Verbindung von beiden die Basis für ein erfolgreiches, glückliches, gesundes und zufriedenes Leben schafft. Häufig wird hier vom SQ gesprochen: dem spirituellen Quotienten oder der spirituellen Intelligenz. In diesem Kapitel geht es um unsere Verbindung zu uns selbst, zu unserer eigenen, inneren Mitte.

Alles ist miteinander verbunden

Einer meiner Lehrer sagte einmal: „Die größte Distanz im Leben eines Menschen ist die von seinem Kopf zu seinem Herzen." Was genau meinte er damit? Es geht darum, dass wir mehr und mehr genau diese Entfernung zwischen Kopf und Herz überbrücken. Dass wir die Grenze zwischen Kopf und Herz, zwischen unserem Verstand und unserem Gefühl, mehr und mehr auflösen. Je intensiver und bewusster wir mit unserer Weisheit im Herzen in Verbindung treten, desto mehr können wir letztendlich aus diesem Zentrum heraus selbstbestimmt, bewusst und frei leben.

Nehmen wir auf diesem Weg auch noch unser Bauchgefühl mit, dann steht der Integration von Körper, Geist und Seele nichts mehr im Weg: Unser Körper macht sich hauptsächlich durch unsere Bauchgefühle bemerkbar, denn das ist die Heimat unseres Unterbewusstseins. Unser Geist ist als Bewusstsein in unserem Verstand zu Hause. Und unser Herz ist nicht nur ein Organ, sondern der Sitz unseres Überbewusstseins und damit unserer Seele. Wenn wir die Grenzen zwischen Körper, Geist und Seele auflösen und alle drei als untrennbare Einheit sehen, dann kommen wir der Fülle nach und nach auf die Spur.

Kala

....

Es gibt keine Grenzen.

3. Huna-Prinzip

....

Grenzenlose Fülle

Grenzen lassen sich nicht für alle gleichermaßen definieren; sie sind relativ. Wir erschaffen unsere Realität mit den uns bekannten Grenzen. Wie diese zustande kommen, haben wir bereits im ersten und zweiten Kapitel gesehen: hauptsächlich durch unsere Glaubenssätze und unsere

Gefühle. Es geht in diesem Kapitel darum, die eigenen Begrenzungen zu erkennen und aufzulösen. Sie können Ihre Blockaden feststellen und den Schritt „über die Schwelle der Angst" gehen – hinein in Ihre Freiheit; dorthin, wo Sie die Wahl haben, Ihr Leben so zu leben, wie Sie es möchten.

Die polynesischen Huna-Lehrer, die Kahuna, sind der Ansicht, dass das Universum eine unendliche Fülle an Möglichkeiten bietet. Sie sagen: „Kala – es gibt keine Grenzen!" und folgern daraus, dass uns niemand daran hindern kann, unser Leben nach unseren Vorstellungen einzurichten, das heißt unsere Grenzen selbst zu bestimmen und sie je nach unserer Vorstellung zu verschieben oder auch ganz wegzunehmen – je nachdem, was wir brauchen, um in Fülle zu leben.

Die Fülle, von der hier die Rede ist, liegt jenseits unserer Grenzen und gleichzeitig tief in uns selbst. Bereits Hermes Trismegistos aus der griechisch-ägyptischen Sagenwelt hat das erkannt und wie folgt ausgedrückt: „Wie unten so oben!" – Genauso wie das bereits erwähnte Resonanzgesetz (siehe Seite 53) stellt das „hermetische" Gesetz ein universelles Lebensgesetz dar: Was im Kleinen ist, ist auch im Großen. Betrachten Sie unsere Zellen durch ein Mikroskop und schauen Sie dann in die Weiten des Weltalls. Sie werden überrascht sein, wie ähnlich die Formen und Strukturen sind. Die Wissenschaft findet auch in diesen Bereichen immer mehr heraus, was die alten Schriften bereits vor tausenden von Jahren in ihren Mythologien und Sagen gelehrt haben. Ist das nicht hoffnungsvoll?

 Was hinter uns liegt und was vor uns liegt, sind kleine Angelegenheiten verglichen mit dem, was in uns liegt.«

Ralph Waldo Emerson (1803–1882),
amerikanischer Philosoph und Schriftsteller

Wir kommen aus einer Welt, die unbegrenzt ist. Wir kehren dahin auch wieder zurück, mit all den Erfahrungen, die wir hier in unserer Welt erlebt haben. Hier – auf unserer wunderschönen Erde – haben wir die Aufgabe, uns mit Grenzen zu beschäftigen. Wir sollen unsere Möglichkeiten ausloten, unsere Grenzen immer wieder in Frage stellen, sie verschieben oder auflösen – das gehört zum Menschsein dazu. So verschieben sich beispielsweise die Grenzen in der Wissenschaft mit dem Zuwachs an Wissen ständig. Mit jeder Grenze, die überwunden oder aufgelöst wird, stehen wir vor einer neuen Herausforderung – es gilt die nächste Hürde zu nehmen, sich mit der nächsten Grenze zu beschäftigen. Die Wissenschaft hat herausgefunden, dass wir derzeit lediglich zehn bis fünfzehn Prozent unseres Gehirnpotenzials benutzen – da liegt noch einiges in uns verborgen.

Persönliche Standortbestimmung

Würden wir bereits in der grenzenlosen Fülle leben, wären Geben und Nehmen sehr ausgeglichen. Der Energiefluss in Beziehungen und in allen zwischenmenschlichen Aktivitäten, im Beruflichen wie im Privaten wäre harmonisch, da es ja genug für alle gäbe. Doch wie sieht die Realität aus?

Was bedeutet es für Sie, zu geben?

Hartmut: Solange ich etwas habe, gebe ich gerne. Wobei ich genau darauf achte, von wem ich auch wieder etwas zurückbekomme, damit es keine Einbahnstraße ist. Ich hasse Schmarotzer, die auf Kosten anderer leben und die anderen damit womöglich auch noch ins Verderben ziehen. Wenn andere in Not sind, wofür sie nichts können, leiste ich Hilfe zur Selbsthilfe. Ich gebe so viel, dass mir noch etwas bleibt, denn ich gehe nicht davon aus, dass mir jemand etwas gibt, wenn ich es brauche.

Karla: Geben ist seliger als Nehmen. So bin ich erzogen worden. Deshalb schaue ich immer, dass ich etwas geben kann, auch wenn es nur eine Kleinigkeit ist. Wenn ich geben kann, dann erfüllt mich

das meistens mit Freude. Schwierig ist es, wenn die anderen mir sofort etwas zurückgeben möchten. Das nimmt mir oft die ganze Freude.

Yvonne: Geben ist etwas sehr Schönes. Ich verbinde damit Glücksgefühle, denn es freut mich sehr, wenn ich schenken kann. Für meine Freunde und Liebsten gebe ich alles. Ich denke dann auch nicht darüber nach, ob ich es jemals zurückbekomme, das läuft bei mir ganz spontan ab.

Sebastian: Geben bedeutet für mich oft, ausgenutzt zu werden. Ich gebe zwar grundsätzlich gerne, habe jedoch Angst, wo es enden wird. Wenn ich den kleinen Finger gebe, wird häufig die ganze Hand genommen. Ich hätte gerne mehr zu geben, als ich habe.

Was meinen Sie dazu?

Wie gut können Sie Geschenke annehmen?

Hartmut: Wenn es Geschenke sind, die ich mir verdient habe, sage ich nie Nein. Wenn es jedoch Geschenke sind, die mir einfach so gegeben werden, bin ich meistens misstrauisch. Ich gebe lieber zuerst, dann komme ich nicht in die Verpflichtung. Keiner schenkt einfach so.

Karla: Wenn es Geburtstage oder Feiertage sind, fällt es mir leichter, Geschenke anzunehmen. Wenn ich zwischendurch einfach so etwas geschenkt bekomme, dann freue ich mich vor allem über die Geschenke, die nichts kosten, wie zum Beispiel ein Lächeln. Wertvolle Geschenke

machen mich eher misstrauisch: Habe ich das verdient?

Yvonne: Es kommt darauf an, von wem ich etwas geschenkt bekomme. Unter Freunden fällt es mir sehr leicht. Von fremden Personen oder Menschen, die ich nicht so gut kenne, fällt es mir schwerer, da bekomme ich schnell Angst, abhängig zu werden. Deshalb lehne ich deren Geschenke eher ab.

Sebastian: Ganz schlecht. Mir wurde beigebracht, ein schlechtes Gewissen zu bekommen, wenn ich etwas geschenkt bekomme. Meistens habe ich das Gefühl, dass es mir nicht zusteht und ich etwas dafür leisten oder zurückgeben muss.

Außerdem wurde mir oft etwas geschenkt, das weniger mir, sondern eher dem

Gebenden eine Freude machte. Deshalb bin ich bei dem Thema eher misstrauisch.

Was meinen Sie dazu?

Was fehlt Ihnen, um wirklich glücklich und zufrieden zu sein?

Hartmut: Zurzeit sehr viel. Finanziell ist es okay, aber ich weiß nicht wie lange noch. Eine Beziehung wäre schön, und wieder meine ganze Kraft zu spüren. Ich würde mich gerne wieder richtig gesund fühlen.

Karla: Etwas mehr Gelassenheit, mehr Freude und Zuversicht würden mir gut-tun. Die Balance zwischen Privatleben und Wiedereinstieg in den Beruf zu schaffen.

Yvonne: Ich weiß, dass mir theoretisch nichts fehlt. Ich bin für mein Glück selbst verantwortlich. Global ausgedrückt fehlt mir etwas Beständiges in meinem Leben, sei es beruflich oder partnerschaftlich, da wünsche ich mir mehr Festigkeit.

Sebastian: Da fällt mir einiges ein, ange-fangen vom Beruf, über Partnerschaft und Geld. Außerdem das Gefühl, wertvoll zu sein, unabhängiger zu sein von den Mei-nungen anderer, mich endlich frei zu füh-len, mit mir selbst im Reinen zu sein.

Was meinen Sie dazu?

Was denken Sie über inneren und äußeren Reichtum?

Hartmut: Äußeren Reichtum kann ich mir erschaffen, dann erfolgt der innere Reich-tum automatisch. Ich finde es toll, wenn Menschen erfolgreich sind und auch zei-gen, was sie haben. Dazu ist es ja da. In-nerlich reich zu sein, mir aber nichts leis-ten zu können, würde mich nicht glücklich machen.

Karla: Der äußere Reichtum kann sehr schnell verfliegen, deshalb ist es viel wich-tiger, sich innerlich reich zu fühlen. Äu-ßeren Reichtum muss ich mir erarbei-ten, ohne Fleiß kein Preis. Deshalb ist es

wichtig, sich genau zu überlegen, welchen Preis man bereit ist, dafür zu zahlen.

Yvonne: Ich fühle mich innerlich und äu-ßerlich reich, reich an Erfahrungen, an Freunden. Es kommt auf die Perspektive an. Finanziell kann es noch wesentlich besser werden.

Sebastian: Meinen inneren Reichtum kann mir keiner nehmen. Das ist ein Schatz, den ich unter allen Umständen behüten werde. Äußeren Reichtum habe ich bisher eher abgelehnt, ich dachte, das sei etwas für andere. Ich kenne viele arro-gante, reiche Menschen, die für mich kein Vorbild darstellen.

Was meinen Sie dazu?

Wofür sind Sie dankbar?

Hartmut: Ein schwieriges Thema. Ich empfinde eine große Undankbarkeit für meine momentane Lebenssituation. Ich wüsste nicht, wofür ich dankbar sein sollte.

Karla: Dankbarkeit ist für mich wesentlich, um meinen inneren Frieden zu finden. Ich bin für sehr vieles dankbar, angefangen bei meiner Familie, meinem Mann und den Kindern, für unser Haus, meine Ausbildung, meine Eltern, für meine Gesundheit, auch für Kleinigkeiten, die mir im Alltag begegnen.

Yvonne: Ich bin vor allem dankbar, dass ich so bin, wie ich bin. Ich bin dankbar für all die schönen Dinge um mich herum, für alle Menschen, denen ich begegne, für die Fülle und die Vielzahl an Möglichkeiten, die ich habe. Ich bin dankbar für alle Erfahrungen, die ich bisher machen durfte.

Sebastian: Trotz aller negativen Erfahrungen in meinem Leben hat sich vor allem in den letzten Jahren eine große Dankbarkeit entwickelt, die mir geholfen hat, mich langsam aus meinen Kokon zu befreien. Heute bin ich für vieles dankbar, was ich früher abgelehnt habe, denn es waren wichtige Erfahrungen auf meinem Weg.

Was meinen Sie dazu?

Wie empfinden Sie Ihren Reichtum?
(Auf einer Skala von 1 bis 10:
1 = sehr arm, 10 = sehr reich)

Hartmut: 1 2 3 4 **5** 6 7 8 9 10
Karla: 1 2 3 4 5 6 7 8 **9** **10**
Yvonne: 1 2 3 4 5 6 7 **8** 9 10
Sebastian: 1 2 3 4 5 **6** 7 8 9 10

Was meinen Sie dazu?

1 2 3 4 5 6 7 8 9 10

Den Mangel loslassen

Wie kann man etwas loslassen, was man nicht hat? Es geht zunächst einmal darum, die Sichtweise auf diesen Mangel loszulassen und die eigene Wahrnehmung zu ändern. Das klappt natürlich nicht über Nacht, denn wir sind mit Programmen aufgewachsen, die uns immer wieder zur Vorsicht ermahnten: Dass wir aufpassen sollten, dass wir nur erfolgreich sein könnten, wenn wir uns anstrengten. Das wissen wir bereits aus dem ersten Kapitel. In der Schule wurde uns beigebracht, was bei uns alles nicht stimmte. Wir bekamen Nachhilfe. Es wurde daran gearbeitet, die fehlenden Prozent doch noch zu erreichen, unsere Fehler zu verbessern und auszumerzen. Als Erwachsene leben wir so, dass wir immer überlegen, wie wir am besten ohne Fehler, ohne Schulden und ohne schlechtes Gewissen bestehen können. Wir verlagern die Sichtweise auf unsere Figur, unseren Partner oder unsere Arbeit und wundern uns, warum wir immer weniger Freude und Spaß miteinander erleben. So hat sich bei vielen von uns der Fokus von der Fülle auf den Mangel verlagert. Wir sind von Angst besetzt, voller Misstrauen und übervorsichtig. Ich höre dann Sätze wie: „So ist das Leben eben!", „Das Leben ist kein Zuckerschlecken!" oder „Das Leben verwöhnt mich nicht!" Wir schauen sehnsüchtig und neidisch auf das Leben anderer und vergraben unsere eigenen Wünsche. Das erzeugt schlechte Gefühle und führt geradewegs in die Suchtfalle. Diese Ersatzbefriedigungen lenken uns von unserem Mangel ab; auf diese Weise müssen wir nicht mehr „hinfühlen", dass das Leben für uns nichts Schönes parat hat.

 Wenn eine 35 Meter hohe Eiche das Denkvermögen eines Menschen hätte, würde sie nur bis zu einer Höhe von drei Metern wachsen.

T. Harv Eker (geb. 1954), amerikanischer Autor,
aus: So denken Millionäre, Seite 164.

Leider bringt uns diese Sichtweise häufig genau das ein, was wir damit verhindern wollten: Denn durch diese Gedanken und Gefühle des Mangels erschaffen wir unseren eigenen Teufelskreis und unser eigenes Gefängnis. Bei augenblicklich sieben Milliarden Menschen potenziert sich das gewaltig. Sobald wir uns auf den Mangel konzentrieren, erzeugen wir automatisch mehr davon (denken Sie an die Geschichte vom Tempel der 1000 Spiegel auf Seite 78). Denn wie Sie jetzt wissen, ziehen Sie immer das an, was Sie innerlich ausstrahlen – das heißt das, woran Sie glauben. Die gute Nachricht: Wenn Sie es schaffen, Ihren Mangel loszulassen, werden Sie teilhaben an der oben genannten Fülle. Sie werden ein glückliches und zufriedenes Leben führen.

Es wird Zeit, dass wir das uralte Wissen unserer Ahnen und alten Weisen endlich wieder in unser Bewusstsein integrieren. Wir sind auf dieser Welt, um zu blühen und zu gedeihen. Lernen Sie also, mit Ihren Gedanken und Gefühlen neu umzugehen und erlauben Sie sich ein Leben in Fülle und Reichtum. Die folgende Geschichte verdeutlicht das sehr schön.

Eine Geschichte

Die kleinen Leute von Swabedoo Es war einmal ein Dorf mit dem Namen Swabedoo. Dort lebten kleine Leute, die sich Swabedoodas nannten. Sie waren sehr glücklich und liefen herum mit einem Lächeln bis hinter die Ohren und grüßten jeden. Stets trugen sie einen Beutel mit warmen, weichen Pelzchen bei sich. So oft sich Swabedoodas trafen, gab der eine dem anderen ein Pelzchen. Jemanden etwas zu schenken, war einfach ihre Art zu sagen: „Ich mag Dich!" Das gemeinsame Leben der Swabedoodas war sehr glücklich und fröhlich.

In einer kalten, dunklen Höhle außerhalb des Dorfes wohnte ein kleiner, grüner Drache. Er beobachtete neidisch das fröhliche Treiben der kleinen Leute, denn er war sehr einsam. Gerne wäre er dabei gewesen, doch er hatte nichts zum Tauschen. Außerdem hielt er es für Unsinn, jemandem etwas zu schenken. So ging er den Swabedoodas aus dem Weg. An einem Abend begegnete dem kleinen Drachen ein freundlicher, kleiner Swabedooda, der Siebnidu hieß. Er lächelte freundlich und sagte: „Ist heute nicht ein schöner Tag? Hier, ich schenke dir ein besonders weiches Pelzchen." Aber der kleine Drache nahm das Pelzchen nicht. Er flüsterte Siebnidu ins Ohr: „Verschenke doch nicht so großzügig deine Pelzchen. Bald besitzt du keine mehr. Ich an deiner Stelle wäre sehr vorsichtig." Der kleine Drache tappte davon und ließ einen verwirrten und unglücklichen Siebnidu zurück. Der war so traurig, dass er gar nicht merkte, dass der kleine Drache unrecht hatte. Schenkte ein Swabedooda ein Pelzchen, so bekam er sofort von einem anderen ein Pelzchen und dies geschah immer und immer wieder, ein ganzes Leben lang. Wie sollten dabei die Pelzchen ausgehen? Der kleine Drache wusste das – doch er verließ sich auf die Gutgläubigkeit der kleinen Leute.

Siebnidu ging nachdenklich nach Hause. Auf dem Weg traf er, wie so oft, seine Freundin Purzelina, die ihm sogleich ein Pelzchen schenken wollte. „Nein, nein! Behalte es lieber!", rief Siebnidu und wehrte mit seinen Händen ab. „Wer weiß, wie schnell sonst dein Vorrat abnimmt. Eines Tages stehst du ohne Pelzchen da!" Purzelina verstand diese Worte nicht und ging grübelnd davon. Am gleichen Abend hörte man noch dreimal: „Es tut mir Leid, aber ich habe kein warmes, weiches Pelzchen für dich. Ich muss darauf achten, dass sie mir nicht ausgehen." Bald war niemand mehr bereit, Pelzchen zu verschenken. Alle wurden sehr misstrauisch und ängstlich, sogar unfreundlich. An der Gesundheit der kleinen Leute begann sich auch etwas zu ändern. Sie klagten über Schmerzen in den Schultern und im Rücken und so ließen sie ihre Beutelchen zu Hause.

Der kleine, grüne Drache kam jetzt häufiger in das Dorf der kleinen Leute. Niemand bot ihm ein Pelzchen an oder begrüßte ihn freundlich. Dem kleinen Drachen gefiel das gut. Für ihn bedeutete dieses Verhalten die „wirkliche Welt". Als der kleine, grüne Drache aber davon hörte, dass einige kleine Swabedoodas sehr krank wurden, war er richtig erschrocken. „Das wollte ich nicht", sagte er zu sich selbst, „ganz bestimmt nicht. Ich wollte ihnen doch nur zeigen, wie die Welt wirklich ist." Er überlegte, was er nun machen könnte.

In seiner Höhle hatte er über viele Jahre kalte, stachelige Steine ausgegraben und gesammelt. Er liebte sie und war stolz auf seinen Reichtum. Doch jetzt, als er das Elend der Swabedoodas sah, beschloss er, seinen Steinreichtum zu teilen. Der kleine Drache füllte viele Säckchen mit den kalten Steinen und verschenkte sie im Dorf. Zunächst waren die kleinen Leute dankbar, dass sie wieder etwas verschenken konnten. Aber die Steine waren kalt, stachelig und schwer, und es machte nicht so viel Spaß, Steine herumzuschleppen und zu verschenken wie warme, kuschelige Pelzchen. So geschah es nach und nach immer häufiger, dass ein kleiner Swabedooda unter sein Bett kroch, den Beutel mit den warmen, weichen Pelzchen hervorzog und, wenn einer ihm einen Stein schenkte, ein warmes, weiches Pelzchen dafür zurückgab. Wie leuchteten dann die Augen des Beschenkten! Mancher lief schnell in sein Haus, kramte den Pelzbeutel hervor, um auch ein Pelzchen zurückzuschenken.

Verfasser unbekannt

109

Grenzen überwinden

Im Moment nehmen wir unsere Grenzen noch bewusst wahr. Möchten wir uns darüber hinaus bewegen, ist es wichtig, sich zunächst vorzustellen, wie es wäre, wenn wir diese Grenzen überwunden hätten. Diese Visualisierungen werden heutzutage bereits in vielen Lebensbereichen eingesetzt, vor allem auch bei Motivationstrainings, denn man weiß um ihre intensive Wirkung.

Ein Beispiel: Die Bestleistung eines Hochspringers liegt derzeit bei 2,12 Meter. Das ist also seine bisherige Grenze. Hat er vor, seine Grenze nach oben hin zu erweitern, dann hilft ihm folgender Trick: Er überlegt sich seine neue Grenze – in diesem Fall beispielsweise eine Höhe von 2,16 Meter. Daraufhin stellt er sich mental vor, wie er diese neue Höhe überspringt. In seiner Vorstellung sieht und spürt er es förmlich. Er hört bereits den Applaus, den er ernten wird, wenn er es geschafft hat. Ausschlaggebend ist das Gefühl, das sich dann

in ihm ausbreitet. Das Gefühl dient als Antrieb für sein Unterbewusstsein, denn nur so erhält er die Fähigkeit, diese Grenze zu überwinden.

Auch in der Krebstherapie ist die Technik der Visualisierung heute ein wichtiger Bestandteil. Denn sogar Krebszellen lassen sich davon beeindrucken. Wenn wir unserem Unterbewusstsein den Auftrag erteilen, dass wir uns gesund fühlen möchten und ganz in dieses Gefühl einsteigen, reagiert unser Körper darauf, indem er unseren Wunsch befolgt. Somit wissen wir, dass vieles heute möglich ist, was früher unmöglich erschien. Wir erweitern unsere Grenzen jeden Tag. Natürlich steht es jedem von uns frei, auch Grenzen zu setzen. Kommt Ihnen beispielsweise jemand zu nahe oder belästigt Sie, dann ist es unbedingt notwendig, sich klar abzugrenzen. Grenzen wirken in diesem Fall nicht einschränkend, sondern verhelfen uns vielmehr zu größerer Freiheit.

Die Fülle zulassen

Es ist genug für alle da. Wenn aber genug für alle da ist, dann ist auch für Sie genug da. Klingt phantastisch, oder? Können Sie sich das überhaupt vorstellen? Wie würden Sie Ihr Leben führen? Was würden Sie sich zutrauen? Wie würden Sie sich fühlen und was würde sich in Ihrem Alltag dadurch verändern? Eventuell würden Sie Ihre Gedanken an Wettbewerb aufgeben, Sie könnten sich auf Ihre Fähigkeiten konzentrieren und müssten sich nicht ständig mit anderen vergleichen. Sie könnten einfach dankbar, zufrieden und glücklich sein mit dem was Sie haben und sind. Wenn Sie Lust haben, lassen Sie sich einfach kurz auf dieses Gedankenspiel ein und kommen Sie wieder in Kontakt mit der Erde, die Sie trägt.

Das ist mit TrauDich gemeint: Vertrauen ins Leben aufbauen. Gerne leihe ich Ihnen dafür einen meiner Lieblingssätze, der mich in meinem Leben schon eine ganze Weile begleitet: „Das Leben sorgt für mich!" Das kann es jedoch nur, wenn Sie es auch zulassen. Wir sind es gewohnt, alles allein zu erledigen, uns durchzuboxen und möglichst niemanden um Hilfe zu bitten. Dabei sind unzählige Helfer bereit und warten nur darauf, uns zu helfen! Das Einzige, das wir dafür tun müssen ist, sie um Hilfe zu bitten. Wie Sie diese Helfer nennen – ob „Schutzengel", geistige Helfer, Gott, Ihre Oma im Himmel oder wie auch immer – spielt dabei keine Rolle. Wichtig ist, dass Sie an sie glauben, sie beachten und sie darum bitten. Das kann ein Gebet, ein Ritual oder eine Einladung sein, je nachdem, welche Form für Sie stimmig ist. Wichtig ist allerdings: Vergessen Sie nie, sich auch bei ihnen zu bedanken, falls sie Ihnen wieder einmal aus der Patsche geholfen oder gar Ihr Leben gerettet haben. Überhaupt spielt die Dankbarkeit eine zentrale Rolle, wenn wir ein zufriedenes und glückliches Leben führen möchten, wie wir gleich sehen werden.

Zufall oder Fügung?

. . . .

Ganz im Ernst: Wer von Ihnen erinnert sich nicht an mindestens eine Situation in seinem Leben, aus der er auf „wundersame" Art und Weise gerettet wurde? Als Sie zum Beispiel auf der Autobahn gerade noch rechtzeitig aus Ihrem Sekundenschlaf aufwachten, bevor Sie an der Leitplanke klebten? Oder durch die leise innere Eingebung, die Sie vor erheblichem Schaden bewahrt hat? Achten Sie bewusst mehr auf diese eher auch kleinen Begebenheiten im Alltag. Wenn Ihnen wieder einmal „zufällig" ein Buch aus dem Schrank entgegenfällt, schlagen Sie es auf einer beliebigen Seite auf: Da steht vielleicht die Antwort auf die Frage, die Sie schon die ganze Zeit beschäftigt. Mit der Zeit werden Sie offener für „Zufälle" dieser Art. Das Leben kann Ihnen mehr davon zukommen lassen, wenn Sie es möchten. Meist ist dies ein sanftes Helfen, gepaart mit Hinweisen durch unsere Intuition.

. . . .

Im letzten Kapitel wurde beschrieben, dass das Herz der Zugang zu unserer Intuition ist. Dort liegt auch der Zugang zu unseren geistigen Helfern. Erlauben Sie sich einen kindlichen Zugang. Erinnern Sie sich beispielsweise, wie Sie als Kind Ihren Wunschzettel für Weihnachten geschrieben haben. Nicht Ihr Verstand hat die Verbindung zu Ihrem Höheren Selbst, sondern Ihr Unterbewusstsein.

Das Herz kennt die Antwort

Nicht umsonst wird das Herz unmittelbar mit dem Thema Liebe verknüpft. In unserem Herzen begegnet uns die Liebe: die Liebe zu uns selbst, zum Leben und zu allem, was ist. Im Herzen sind wir am tiefsten mit uns selbst und unserem Innersten verbunden. Gleichzeitig hat das Herz die Verbindung zum Größten, zum Universum, zum unendlichen Feld des reinen Potenzials, dem morphogenetischen Feld (siehe Seite 122). Aus dem Feld des reinen Potenzials empfängt das Herz über die Intuition alles Wissen, das wir für unser Leben brauchen. Richten Sie Ihre Aufmerksamkeit auf Ihr Herz und fragen Sie es, was Sie tun sollen. Dann warten Sie auf eine körperliche Reaktion in Form einer Empfindung. Vielleicht ist es nur eine sehr schwache Empfindung, aber sie ist da. Die einfache Übung auf Seite 112 soll Ihnen dabei helfen, Ihren inneren Zustand selbst positiv zu beeinflussen.

> *Man sieht nur mit dem Herzen gut.*
> *Das Wesentliche ist für die Augen unsichtbar.«*

Antoine de Saint-Exupéry (1900–1944),
französischer Schriftsteller; aus: Der kleine Prinz

„Danke!" – der Schlüssel zum Glück

Der direkte Weg zur Zufriedenheit führt über die Dankbarkeit. Kennen Sie einen dankbaren Menschen, der unzufrieden ist? Dankbarkeit erzeugt ein Gefühl von innerem Frieden. Können Sie „Danke!" sagen? Sie werden eventuell fragen: „Wofür?" oder „Was muss ich dafür zurückgeben?" Dankbarkeit ist bei uns häufig mit materiellen Dingen und mit dem Gefühl der Abhängigkeit verbunden. Man darf sich nichts schenken lassen. Es muss immer alles ausgeglichen sein. Man darf bei niemandem in der Schuld stehen. Häufig wird nur der materielle Wert gesehen und im Tausch eingesetzt, nach dem Motto: „Wie Du mir, so ich Dir."

Genauso wie Dankbarkeit und Zufriedenheit eng zusammenhängen, sind häufig auch Unzufriedenheit und Undankbarkeit miteinander gepaart. In der Nähe von

Sich selbst beschenken

(Die folgende Übung ist eine häufig angewendete Grundübung aus dem NLP. Ich habe sie ergänzt und etwas abgewandelt.)

ÜBUNG

Ziel

In schwierigen Lebenssituationen unseren inneren Zustand verändern, indem wir bereits erlebte positive Gefühle, Werte und Ressourcen in unserem Inneren wiederbeleben. Unter Werten sind hier Eigenschaften wie etwa Freude, Humor, Durchsetzungskraft oder Sicherheit zu verstehen, das heißt positive innere Zustände.

So geht's

1. Schritt: Beschreiben Sie in wenigen Sätzen die für Sie schwierige Situation.
Beispiel: „Ich muss immer wieder vor der Geschäftsführung Vorträge und Präsentationen halten. Allein bei dem Gedanken daran werde ich nervös und ängstlich."

2. Schritt: Welche positiven Gefühle wären Ihnen in diesem Zustand lieber?
Beispiel: „Ich würde gerne erleben, dass ich vor einem Vortrag gut schlafen kann und ich mich sogar darauf freue."

3. Schritt: Stellen Sie sich einen großen imaginären Sack voller unterschiedlicher Gefühle und Werte vor, der Ihnen immer zur Verfügung steht. Suchen Sie sich das heraus, was Sie im Moment am meisten unterstützen würde. Welchen inneren Zustand könnten Sie für diese Situation gebrauchen? Beschenken Sie sich selbst. Das Gefühl sollte im positiven Sinne intensiv sein. Es kann durchaus auch ein bisschen verrückt sein (etwa Begeisterung, Ausgelassenheit, Sich-biegen-vor-Lachen). Eine Liste mit Werten für Ihren Sack finden Sie auf Seite 219.
Beispiel: „sicheres Auftreten"

4. Schritt: Probieren Sie das Gefühl, den Wert oder die Ressource aus, die Ihnen entgegenkommt. Spüren Sie nach, ob der Wert einen inneren Zustand auslöst, der die Situation positiv verändert.
Beispiel: „Sicherheit löst bei mir auf jeden Fall eine positive Veränderung aus."

5. Schritt: Lassen Sie innerlich eine Situation hochkommen, in der Sie dieses Gefühl selbst erlebt haben. Das kann aus einer anderen Situation genommen werden, genauso gut aber frei konstruiert sein. Lassen Sie Ihrer Kreativität freien Lauf. Atmen Sie dieses Gefühl tief ein, bis Sie es ganz verinnerlicht haben.
Beispiel: „In meinem letzten Vortrag war ich sehr sicher. Der ist sehr gut gelaufen."

6. Schritt: Schenken Sie sich so viele unterschiedliche Werte, bis ein für die jeweilige Situation befriedigender, innerer Zustand erreicht ist (erfahrungsgemäß sind das drei bis vier).
Beispiel: zusätzliche Werte „Gelassenheit", „Ruhe", „Lachen"

7. Schritt: Bleiben Sie in Ihrem inneren Zustand, den Sie durch die verschiedenen Wertegeschenke erreicht haben, und stellen Sie sich jetzt eine Situation in der Zukunft vor, die ähnlich gelagert ist wie die eingangs beschriebene. Nehmen Sie wahr, was sich verändert hat und wie Sie die Situation mit dem veränderten, inneren Zustand anders meistern können.
Beispiel: „In zwei Wochen findet die nächste Präsentation statt. Wenn ich meine vier Werte ‚sicheres Auftreten', ‚Gelassenheit', ‚Ruhe' und ‚Lachen' mitnehme, geht es mir deutlich besser."

ÜBUNG

unzufriedenen Menschen fühlen wir uns meistens unwohl, denn sie strahlen niedrige Schwingungen aus, äußern ständig Ängste und verbreiten damit eine negative Atmosphäre. Manchmal machen sie uns

unterschwellig sogar ein schlechtes Gewissen, weil es uns ja so gut geht. Sie müssen ständig etwas finden, an dem sie herumnörgeln oder mit dem sie hadern können. Häufig mögen sie sich selbst nicht.

 Man kann nicht dankbar und unglücklich zugleich sein.«

Piet van Breemen (geb. 1927),
niederländischer Jesuit,
spiritueller Lehrer und Autor

Lernen Sie wieder, dankbar zu sein

Dabei ist Dankbarsein ziemlich einfach: Da sind vor allem die vielen kleinen Dinge des Lebens, die nichts kosten, aber unser Leben so viel reicher und heller machen. Nehmen Sie einmal bewusst wahr, was Ihnen im Lauf des Tages einfach so geschenkt wird: Ein Lächeln, eine Geste, die Vorfahrt, ein Kompliment, eine Berührung, eine Blume … Wie gut können Sie beispielsweise ein Kompliment annehmen, ohne sofort etwas dafür zurückgeben zu müssen? Machen Sie es sich als nächstes zur Aufgabe, diese kleinen Gaben selbst zu verschenken: Lächeln Sie jemanden an, helfen Sie einer alten Dame über die Straße oder verabschieden Sie sich bewusst höflich von der Bedienung an der Kasse. Spüren Sie, wie viel Freude das bereitet. Üben Sie sich im Geben und Nehmen, ohne Hintergedanken, ohne zu rechnen – einfach weil es Spaß macht!

Um Missverständnissen vorzubeugen: Auch dankbare Menschen sind manchmal traurig, machen schwierige Phasen durch oder haben mit großen Problemen zu kämpfen. Dankbarsein schützt nicht vor Schicksalsschlägen oder schlimmen Ereignissen. Dankbare Menschen strahlen jedoch eine positive Grundhaltung aus. Diese Grundhaltung der Dankbarkeit

ist wie eine Schlüsselessenz, mit Hilfe derer wir unser Unglück und unsere Unzufriedenheit auflösen können. Indem ich mich bedanke, nehme ich die Situation so an, wie sie ist; ich stelle mich nicht der Realität in den Weg. Dankbarkeit polt unsere Sichtweise um. Aus dieser Haltung heraus können wir viel besser agieren und unsere Schwierigkeiten leichter meistern als wenn wir jammern, unzufrieden sind und uns gegen die Umstände sperren.

Danken macht Freude

Viele von uns sind mit dem Grundsatz „Geben ist seliger als Nehmen" aufgewachsen. Das Gefühl, das dieser Glaubenssatz auslöst, ist tief in unserem Unterbewusstsein verankert. Ich halte viel von einer christlichen Erziehung, die uns zu Menschen mit ethischen Grundsätzen und Werten macht. Meiner Meinung nach wurde der Ausspruch jedoch falsch interpretiert, da es im Leben immer auch um Ausgleich geht. Geben und Nehmen sind zwei Seiten einer Medaille: Wir sollen Freude empfinden, wenn wir etwas geben. Und wir dürfen Freude empfinden, wenn wir etwas geschenkt bekommen.

Der oben genannte Glaubenssatz hat dazu geführt, dass wir bereits als Kinder ständig

Dankbarkeit spüren

(Die folgende Übung ist eine häufig angewendete Grundübung aus dem NLP.
Ich habe sie ergänzt und etwas abgewandelt.)

Ziel

Die Aufmerksamkeit auf Dinge und Situationen im Leben verlagern,
die positiv sind. Freude empfinden durch Dankbarkeit.

So geht's

1. Schritt: Nehmen Sie sich ein Blatt Papier und einen Stift. Setzen Sie sich etwa
fünfzehn Minuten an einigen ruhigen Ort, an dem Sie gut entspannen können.
2. Schritt: Nehmen Sie einen tiefen Atemzug, schließen Sie Ihre Augen und
fragen Sie sich innerlich: „Wofür bin ich dankbar in meinem Leben?" – Lassen
Sie sich Zeit und warten Sie, bis die ersten Antworten kommen. Öffnen Sie dann
Ihre Augen und schreiben Sie alles auf, was Ihnen in den Sinn kommt. Kleine
Dinge, Alltägliches, Gefühle, was auch immer Ihnen einfällt. Bewerten Sie nicht.
Fangen Sie jeden Satz an mit „Ich bin dankbar dafür, dass …". Sie können sich
auch folgende Fragen zur Unterstützung stellen:
- Was fällt Ihnen leicht? Welche Fähigkeiten und Talente haben Sie?
- Was verdanken Sie Ihren Eltern, Ihren Großeltern, Ihrer Familie?
- Was verdanken Sie Freunden und anderen Menschen in Ihrem Leben?
- Für welche Erfahrungen können Sie dankbar sein?
- Für welche Erfolge können Sie dankbar sein?
- Was ist positiv in Ihrer Welt?
- Was gefällt Ihnen an sich, für das Sie dankbar sein können?
- Für welche Kleinigkeiten sind Sie dankbar?
3. Schritt: Betrachten Sie Ihre Liste und spüren Sie, wie sich in Ihnen das Gefühl
der Dankbarkeit ausbreitet. Lassen Sie sich in Ihrem Inneren davon berühren;
lassen Sie es zu, dass Ihnen Ihr Herz aufgeht. Vielleicht bekommen Sie auch
Herzklopfen oder eine Gänsehaut. Das Gefühl der Dankbarkeit belebt unsere
Sinne.
4. Schritt: Genießen Sie das Gefühl. Machen Sie eine Handbewegung oder eine
andere Körperbewegung, die Sie in Zukunft an dieses Gefühl erinnert.
5. Schritt: Bei jedem „Danke", dass Sie ab jetzt sagen, führen Sie diese Hand-
oder Körperbewegung aus. So kommen Sie schnell in das zugehörige Gefühl
zurück. Und bald können Sie es gar nicht mehr abwarten, wieder dankbar zu
sein!

Tipp: Machen Sie diese Übung gleich in der Früh – zehn Minuten, um für den
Rest des Tages glücklich zu sein. Wenn Sie vorher noch die Erdungsübung
auf Seite 118 einschieben, merken Sie, welchen Unterschied es macht, ob Sie
geerdet sind oder nicht.

ÜBUNG

zum Danken ermahnt wurden: „Hast Du auch brav danke gesagt?" Das führt bei einigen Menschen auch heute noch dazu, dass sie sich schon vorher für alles Mögliche bedanken als hinterher als undankbar dazustehen. Oder sie lassen sich erst gar nichts schenken, um sich nicht bedanken zu müssen. Manchen wurde dabei früher auch ein schlechtes Gewissen gemacht, wenn sie etwas angenommen hatten, sodass sie als Erwachsene beim kleinsten Kompliment rot anlaufen und es sofort wieder zunichtemachen, indem sie sagen: „Das ist doch nichts Besonderes!"

Wäre das Wort ‚Danke' das einzige Gebet, das Du je sprichst,
so würde es genügen.«

Meister Eckhart (ca. 1260–1328),
Philosoph und Theologe

Steigen Sie aus dem alten Fahrwasser aus und lassen Sie sich auf neue Erfahrungen ein. Wenn Sie das nächste Mal etwas geschenkt bekommen, versuchen Sie einmal Folgendes: Sagen Sie „Danke!" und nehmen Sie das Geschenk freudig an. Nehmen Sie dem anderen nicht die Freude des Schenkens, indem Sie sofort etwas zurückschenken. Drehen Sie unsere gesellschaftlich übernommenen Muster um und erlauben Sie sich, Freude beim Danken – und auch beim Schenken! – zu entwickeln. Danken Sie einfach so lange, bis es ein gutes Gefühl in Ihnen auslöst. Legen Sie noch heute eine Dankbarkeitsliste an, wie in der Übung auf Seite 115 beschrieben.

Ich bin dankbar, nicht weil es vorteilhaft ist,
sondern weil es Freude macht.«

Lucius Annaeus Seneca d. Ä. (55 v.–40 n. Chr.),
römischer Schriftsteller und Rhetoriker

Dankbarkeit und Freude gehören eng zusammen, wie aus dem griechischen Sprachgebrauch noch heute erkennbar ist. Dort gehört das Wort für Dankbarkeit („χαρη") zur gleichen Wortfamilie von Wörtern, die Freude ausdrücken („χαρα"). Denn es geht um wesentlich mehr, als nur „Danke!" zu sagen. Wenn Sie Ihre Dankbarkeit aus ganzem Herzen versprühen, wird das zu Ihrer neuen Lebenseinstellung und prägt ganz automatisch mit der Zeit auch Ihr Lebensgefühl. „Dankbarkeit sieht nicht andere Dinge, sondern sieht Dinge anders!" – Auch dieser Satz der Autorin Ulla Schaible zeigt uns unmissverständlich, dass wir immer die Wahl haben, worauf wir unsere Aufmerksamkeit lenken. Fragen Sie einen dankbaren und einen undankbaren älteren Menschen nach ihrem Leben, werden Sie vermutlich überrascht feststellen, dass die Zufriedenheit des einen – oder die Unzufriedenheit des anderen – rein gar nichts mit der Menge an materiellen Dingen, Annehmlichkeiten und friedlichen Lebensumständen zu tun hat, die beide erlebt haben; auch nicht damit, wie viel Leid und Kummer sie erlitten haben. Die (Un-)Dankbarkeit ist zu einer Grundeinstellung in ihrem Leben geworden.

Häufig sind diejenigen Menschen am dankbarsten, die in ihrem Leben große Entbehrungen hinnehmen mussten. Dankbarkeit wird nicht nur durch gute Lebensumstände entwickelt; vielmehr tritt tiefe Dankbarkeit oft bei Menschen auf, denen es aus unserer Sicht sogar ziemlich schlecht geht.

 Dankbarkeit macht zwei Herzen froh.«

Else Pannek (1932–2010),
deutsche Dichterin

Danken macht frei

Wenn es ums Danken geht, kommt oft der Satz „Ich möchte niemandem etwas schuldig sein." Das Thema Schuld wird ausführlich im sechsten Kapitel behandelt. Es ist ein ganz grundlegendes Gefühl, das eng mit dem Gefühl der Angst verknüpft ist. Wichtig ist, dieses Gefühl ganz bewusst zu „integrieren", das heißt es zuzulassen und ihm einen Platz einzuräumen, ohne dass es Ihnen jedoch ständig ein schlechtes Gewissen einredet und Schuldgefühle erzeugt. Wie das geht, erfahren Sie ab Seite 172. An dieser Stelle ist jedoch folgende Frage wichtig: Was sind Sie sich selbst am Ende Ihres Lebens schuldig? Dann geht es darum herauszufinden, was Sie tun können, um das Leben zu leben, das zu Ihnen passt und das Sie glücklich und zufrieden macht. Hinter dem Gefühl der Schuld steht meistens ein Gefühl der Abhängigkeit. Abhängigkeit entsteht immer dort, wo Geben und Nehmen nicht ausgeglichen sind. „Wenn ich mir ständig etwas schenken lasse, bin ich dann nicht unfrei und werde immer abhängiger?" Aber auch wenn ich ständig nur gebe und schenke, fühle ich mich nicht wirklich frei, sondern auf Dauer ausgenutzt und unzufrieden. Wichtig ist ein Gleichgewicht, in dem ich mit Freuden geben und ebenso gerne annehmen kann. Um Hilfe bitten zu können und Hilfe anzunehmen sind Fähigkeiten, die unseren Selbstwert stärken. Probieren Sie es einfach einmal aus. Außerdem werden Sie nebenbei wunderbare neue Freunde finden. Denn wirkliche Freundschaften entstehen dort, wo man ohne Abhängigkeit und ohne Schuldgefühl geben und nehmen kann – dankbar und ohne Hintergedanken. Solche Freundschaften machen frei.

Eine gute Erdung – der Schlüssel zum Feld des reinen Potenzials

Der Zugang zur Fülle und zur Dankbarkeit wird leichter, wenn wir geerdet sind, denn eine gute Verbindung zur Erde unterstützt unsere eigene Kraft. Die Kraft der Erde gibt uns das Vertrauen, das wir brauchen, um unser Herz zu öffnen. Sind wir gut mit

Sich selbst erden – eine aufbauende Intuitions-Übung

(nach Kurt Zyprian Hörmann, aus dem Buch Fühlen ist klüger als Denken, Kamphausen 2011)

Ziel

Eine Verbindung zum Feld des reinen Potenzials herstellen.

So geht's

1. Schritt (Sitzen): Suchen Sie sich einen bequemen Platz, auf einem Stuhl, einem Sitzkissen oder auf dem Sofa, wo Sie Zeit finden, sich mit sich selbst zu beschäftigen. Am besten setzen Sie sich so hin, dass beide Füße auf dem Boden stehen, damit die Fußsohlen einen satten Kontakt zum Boden haben. Überprüfen Sie, ob Sie, falls Sie im Sitzen üben, lieber vorn an der Stuhlkante bleiben oder bequem die ganze Sitzfläche und die Lehne ausnutzen möchten. Es geht um Entspannung, suchen Sie sich daher die für Sie bequemste Position. Ich empfehle Ihnen, die Hände mit den Handflächen nach oben offen auf die Oberschenkel zu legen, da dies gleichzeitig die Brust öffnet und Ihnen das Atmen im entspannten Zustand erleichtert. Es hat sich bewährt, die Erdungsübung mit geschlossenen Augen durchzuführen. Da die Reise nach innen geht, fällt es Ihnen als Übendem viel leichter, bei sich zu bleiben. Sollte es Ihnen unangenehm sein, die Augen zu schließen, können Sie gerne eine Kerze oder einen Punkt im Raum fixieren. Das hilft Ihnen ebenso, bei sich zu bleiben.
Spüren Sie den Kontakt Ihrer Füße zum Boden. Spüren Sie nun den Kontakt Ihrer Sitzbeinhöcker (Sitzknochen) zu Ihrer Sitzfläche. Korrigieren Sie Ihre Sitzposition so, dass Sie einen richtig bequemen Kontakt haben. Wenn Schmuck, Uhr oder Brille stören, nehmen Sie sie ab; eine zu enge Hose machen Sie etwas auf. Seien Sie ganz entspannt. Lassen Sie Ihre Schultern los, es gibt jetzt nichts zu halten. Lassen Sie Ihren Kiefer los, es gibt jetzt nichts, wo Sie sich durchbeißen müssen. Wenn es in Ihr Weltbild passt, können Sie jetzt auch Hilfe aus der geistigen Welt erbitten. Das bedeutet, dass Sie Ihre geistigen Helfer, Begleiter, Ahnen, Schutzengel, Krafttiere und sonstige Geistführer um Begleitung und Unterstützung für diese Übung bitten können, sodass alles zu Ihrem besten Wohle geschieht.

2. Schritt (Atmen): Gehen Sie jetzt mit Ihrer Aufmerksamkeit zu Ihrem Atem. Nehmen Sie erst einmal wahr, wie tief der Atem in Sie einfließt. Bleibt er oben in Ihrer Brust hängen oder geht er ganz tief, bis in Ihren Bauch, bis zu den Sitzhöckern? Lassen Sie Ihren Atem sanft in Ihrem eigenen Rhythmus ein- und ausströmen – ohne Anstrengung, ganz entspannt. Der Atem folgt Ihrer Aufmerksamkeit.
Gehen Sie jetzt mit Ihrer Aufmerksamkeit tiefer zu Ihren Sitzbein-höckern und atmen Sie für einen Moment ganz sanft und tief in Ihren Bauch, sodass sich Ihre Bauchdecke deutlich beim Einatmen hebt und beim Ausatmen senkt. Lassen Sie sich gleichzeitig mit Ihrem Atem immer tiefer in sich hineinsinken – in Ihren Frieden, in Ihre Stille. Genießen Sie diese Ruhe und entspannen Sie sich noch tiefer. Gleichgültig, ob Sie meditieren, einfach nur in Stille sitzen oder die Erdungsübung machen: Wenn Sie regelmäßig zu Ihrem Atem zurückkehren, fällt es Ihnen immer leichter, die Übung ohne große Gedankenflut zu absolvieren. Je tiefer Sie atmen, umso schneller kommen Sie in den sogenannten „Alphazustand", das ist ein Zustand wacher Entspanntheit, den es für die Arbeit mit dem Feld des reinen Potenzials braucht.

Gut zu wissen

Erdung funktioniert in jeder Position – im Sitzen, Stehen oder Liegen. Wichtig ist nur, dass Sie es bequem haben. Auch im Auto – natürlich nur als Beifahrer! – kann man sich erfolgreich erden. Gerade unterwegs wirkt es äußerst entspannend und unterstützend, wenn Sie gut geerdet sind.

3. Schritt (Verwurzeln): Jetzt stellen Sie sich vor, wie aus Ihrer Mitte – Ihrem Bauch – durch Ihren Schritt (zwischen Steißbein und Schambein) nach unten eine Wurzel tief und sanft in die Erde wächst, zuerst durch den Fußboden und dann immer tiefer Richtung Erdkern, dem Herz von Mutter Erde. Lassen Sie Ihre Wurzel achtsam immer tiefer wachsen und sich leicht verzweigen auf dem Weg zum Herz von Mutter Erde, und lassen Sie Ihre Wurzel sich dort verbinden. Verankern Sie sich mit dem Erdkern, umfassen Sie ihn, verschmelzen Sie mit ihm. Stellen Sie sich vor, wie Sie sich ganz persönlich mit dem Herz von Mutter Erde vereinigen. Ihr Atem strömt nach wie vor sanft und tief in Sie ein und trägt Sie immer tiefer in Ihre Mitte.
Jetzt lassen Sie aus Ihrem Becken heraus ein Wurzelgeflecht entstehen – es wächst über den Po, die Oberschenkel, die Knie,

119

ÜBUNG

die Schienbeine, die Waden in die Füße, durch jeden Zeh, über
die Fußränder, durch die Ferse. Dieses Wurzelgeflecht wächst
durch den Fußboden und geht tief in die Erde, es verzweigt sich
breit und tief zu einem großen Fächer, um Ihnen bestmöglichen
Halt zu geben, und verankert sich dort. Es kann auch sein, dass
Luftwurzeln entstehen, die aus dem Becken, aus den Knien, aus
Ihren Fingern und Fingerspitzen in die Erde wachsen; sie geben
Ihnen zusätzlichen Halt und Stabilität. Machen Sie auch diese
Wurzeln kräftig. Dieses energetische Wurzelgeflecht ist sehr
stabil und zugleich flexibel. Es engt Sie in keinster Weise in Ihrer
Beweglichkeit ein. Machen Sie nun Ihre Hauptwurzel noch kräftiger
und breiter. Sie gibt Ihnen den optimalen Kontakt zum Herz von
Mutter Erde.
Gehen Sie jetzt mit Ihrer Aufmerksamkeit zu Ihren Füßen und
Ihren Wurzelspitzen. Stellen Sie sich vor, wie Ihr Atem sanft durch
sie ein- und ausfließt. Mit welcher Farbe möchten Sie Ihre Wurzeln
unterstützen? Nehmen Sie die erste Farbe, die Ihnen in den Sinn
kommt – ohne sie zu beurteilen – und durchfluten Sie Ihre Wurzeln
damit. Vielleicht sind es sogar zwei Farben: Eine Farbe für innen
und eine Farbe für außen. Gold und Blau sind immer sehr hilfreich.

4. Schritt (Abgrenzen): Um sich abzugrenzen, können Sie jetzt eine Lichtkugel
aus weißem oder weißgoldenem Licht um sich herum visualisieren.
Sie sind in der Mitte; die Lichtkugel umgibt Sie vollständig. Es kann
auch ein Lichtnetz sein. Wie viel Raum benötigen Sie jetzt, damit
Sie sich wohlfühlen? Manchmal reicht es, wenn Sie die Kugel bei
ausgestreckten Armen gerade noch mit den Fingerspitzen berühren.
Sie kann aber auch so groß sein wie der Raum, in dem Sie sich
befinden, oder wie das ganze Gebäude. Es ist eine energetische
Lichtkugel, sie ist nicht von den physikalischen Gegebenheiten
abhängig. Dies ist Ihre natürliche Abgrenzung. Machen Sie Ihre
Lichtkugel genau so groß, dass Sie sich darin wohlfühlen – das kann
sich jederzeit ändern. Es geht nicht darum, die Welt draußen zu
halten, sondern Ihnen Ihren natürlichen Raum zu geben. Achten Sie
darauf, dass es eine komplette Kugel ist.
Ihr Atem strömt nach wie vor sanft und tief durch Ihre Füße und
Ihre Wurzelspitzen ein und aus. Er trägt Sie immer tiefer in Ihre
Mitte. Um Ihre Abgrenzung zu verstärken, stellen Sie jetzt goldene
Lichtachsen in sich auf: eine senkrechte von Ihrem Scheitel nach
unten durch Ihre Mitte, eine oder mehrere waagerechte und
diagonale. So kann ein Lichtkreuz oder ein Lichtstern entstehen –
ganz nach Ihrer Vorstellung. Der Kreuzungspunkt sollte auf Höhe
Ihres Herzens sein. Die Lichtachsen können durchaus Ihren Körper
überragen und zum Beispiel bis zu Ihrer Lichtkugel reichen –

machen Sie sie so groß, dass Sie sich wohlfühlen. Füllen Sie dann auch Ihre Lichtkugel mit einer Farbe Ihrer Wahl. Nehmen Sie die erste Farbe, die Ihnen in den Sinn kommt, ohne sie zu bewerten, und füllen Sie den Raum Ihrer Lichtkugel mit Ihrer Farbe. Bleiben Sie bei Ihrem Atem, atmen Sie weiter sanft und tief. Atmen Sie durch Ihre Wurzeln ein und aus – spüren Sie, wie die Erde Sie trägt und wie sie Sie nährt; sogar der Atem strömt durch Ihre Wurzeln ein und aus.

5. Schritt (Aussteigen): Abschließend gehen Sie noch einmal mit Ihrer Aufmerksamkeit tief in die Erde zu Ihren Wurzeln. Lassen Sie mit dem nächsten Atemzug all die restlichen Energien durch Ihre Wurzeln abfließen, die Sie jetzt im Moment nicht mehr benötigen. Bevor Sie zurückkommen, bewegen Sie zuerst die Zehen und die Finger. Blinzeln Sie ein wenig, bevor Sie Ihre Augen öffnen und strecken Sie sich dann kräftig durch. Gehen Sie ein paar Schritte durch den Raum. Seien Sie wieder ganz im Hier und jetzt.

121

der Erde verwurzelt, spüren wir, dass wir getragen werden. Wir fühlen uns sicher und voller Energie. Über die Verbindung zur Erde können wir wahrnehmen, wie die Energien in unserem Innern fließen. Außerdem stellt die Erdung ein gutes Ritual dar, um unsere Energien und unsere Aufmerksamkeit bewusst mit dem Feld des reinen Potenzials zu verbinden. Probieren Sie die Übung auf Seite 118 aus; Sie werden bald merken, wie es sich anfühlt, fest mit dem Boden verankert zu sein. Hier reicht bereits allein die Absicht aus, um eine Verbindung herzustellen. Wenn Sie sich vorstellen, dass Sie mit der Erde verwurzelt sind, passiert es bereits. Sehr feinfühlige Menschen können diesen Vorgang auch fühlen. Dabei ist es enorm wichtig, sich energetisch abzugrenzen. Durch die Erdungsübung wird der Fokus auf Ihre Mitte gelenkt, Sie bündeln dadurch Ihre Kräfte. Dieses Fokussieren auf die eigene Mitte bedarf eines inneren Raumes, der durch die energetische Abgrenzung entsteht.

Gut zu wissen

In den meisten asiatischen Kampfkünsten beginnt der Unterricht mit Erdungsübungen. Man muss einen guten Stand haben, um sich effektiv verteidigen oder gezielt angreifen zu können. Die Betonung liegt auf Stand, also auf dem Kontakt zum Boden. Wenn Sie tief in Ihre innere Mitte eintauchen, werden Sie feststellen, wie friedlich und still es dort sein kann – allein das ist schon ein großer Gewinn für jeden, der dem geräuschvollen und überfüllten Alltag entfliehen möchte.

Grundsätzliches Ziel ist es, sich zu entspannen und leichter zu sich selbst und zu den eigenen Gefühlen zu kommen. Es gibt zahlreiche Möglichkeiten, um sich täglich zu erden: Ein Blick auf den Boden, mit nackten Füßen über eine Wiese laufen, mit dem Zeigefinger etwa einen Zentimeter unterhalb des Bauchnabels im oder gegen den Uhrzeigersinn kreisen. Dort liegt unser Hara, die „Quelle des Lebens", auch unsere innere Sonne genannt. Hara (japanisch für „Bauch") bedeutet eine innere Haltung von Klarheit, Stille und Zentrierung. Auch Nahrung, die aus der Erde kommt, beispielsweise Kartoffeln, Möhren, Rettich oder Rote Beete, unterstützt den Prozess. Oder wühlen Sie einfach einmal mit den Händen in der Erde.

Wenn Sie sich hinsetzen, um die Erdungsübung zu machen, hat das nichts mit Trance oder Hypnose zu tun; es geht nur um eine tiefe Entspannung. Sie werden jederzeit in der Lage sein, die Augen zu öffnen und aufzustehen. Das ist besonders für diejenigen Menschen wichtig, die gerne mit ihrem Kopf alles unter Kontrolle haben möchten. Wenn Sie sich auch nur zehn Minuten Zeit für die Übung genommen haben, werden Sie hinterher erleben, wie ruhig und gelassen und vielleicht auch wie erholt Sie sind. Mit der Zeit – durch regelmäßiges Üben – stellt sich häufig folgender Effekt ein: Die Verbindung zur Erde und auch die Abgrenzung installieren sich wie auf Knopfdruck. Erfahrungsgemäß kommt es zu einer solchen „Online-Verbindung", wenn Sie die Erdungsübung etwa drei bis vier Wochen lang regelmäßig mindestens einmal täglich durchführen. Nach dieser Zeit braucht es nur noch einen kurzen Blick nach innen und die Frage: „Was machen meine Wurzeln oder meine Abgrenzung gerade?" – und schon merken Sie, ob Sie gut geerdet sind. Die von dem spirituellen Autor und Coach Kurt Zyprian Hörmann entwickelte Übung auf Seite 118 ist eine der wirksamsten Erdungsübungen, die es derzeit gibt.

Zur Info

Das Feld des reinen Potenzials Als morphische Felder (engl. „morphic fields"), ursprünglich auch als morphogenetische Felder, bezeichnete der britische Biologe Rupert Sheldrake (geb. 1942) hypothetische Kraftfelder, die bewirken, dass sich in der belebten und unbelebten Natur bestimmte Strukturen und Systeme, also Menschen und Tiere, aber auch Gesellschaftsgruppen, Tierpopulationen oder Kristalle, immer nach den gleichen Regeln entwickeln. Auch über Kontinente oder über Generationen hinweg können sie voneinander lernen – als sogenanntes zeitlich und örtlich unabhängiges „Gedächtnis der Natur".

Nicht nur in diesem Buch werden auch noch diverse andere Namen dafür verwendet: Neben den wissenschaftlichen Begriffen morphisches oder morphogenetisches Feld werden die Felder auch als Feld des reinen Potenzials, als Feld aller Möglichkeiten, als Energie der höchsten Quelle, als Zugang zur göttlichen Quelle, als göttlicher Funke oder als Verbindung zum höheren Selbst bezeichnet. In der Wissenschaft gilt die Theorie derzeit noch als Hypothese, da die Felder nicht greifbar und schwer zu beweisen sind. Dass es jedoch eine Quelle gibt, mit der wir alle auf irgendeine Weise verbunden sind, wird immer mehr zu einer allgemeingültigen Sichtweise.

Hindernisse und Gefahren bei der Umsetzung

Sie konnten die Übung noch nicht zügig durchführen? Haben Sie bei den einleitenden Sätzen dieses Kapitels innere Widerstände gespürt? Das kann daran liegen, dass ein Teil in Ihnen das aus einem bestimmten Grund verhindern möchte.Welche Stolpersteine Sie daran hindern können, die Fülle zu leben, erfahren Sie hier.

1. Ich weiß genau, was ich nicht will

Wir Menschen machen es uns selbst oft schwerer als nötig. Fragt man etwa einen jungen Mann nach seinem Berufswunsch, kommen Antworten wie „Ich will auf gar keinen Fall einen Job machen wie den, den ich gerade ausübe." oder „Wenn ich doch nur Abitur hätte, dann könnte ich …" oder „Ich will endlich einen Job, in dem ich das Doppelte verdiene." – Wie leicht wird er wohl einen neuen Job bekommen und auch noch den, der zu ihm passt? Nach dem Gesetz der Anziehung beeinflussen unsere Gedanken und Gefühle, was wir energetisch anziehen und welche Wirklichkeit wir uns dadurch erschaffen. Wie fühlt sich dieser Mensch und worauf

ist seine Aufmerksamkeit gerichtet? Hier zeigt sich sehr eindrücklich, wie wichtig es ist, unsere Wünsche mit positiven Sprachmustern zu verbinden. Unser Unterbewusstsein hat sonst keine Chance, das zu liefern, was wir uns wünschen.

Ein anderes Beispiel: Eine Frau mittleren Alters kommt in die Sprechstunde ihres Arztes und meint: „Ich will nicht mehr so krank sein. Wenn Sie mir bitte das neue Medikament verschreiben, das ich in der Werbung gesehen habe, dann geht es mir sicher gleich viel besser. Ich will, dass endlich meine Schmerzen vergehen." Alles verständliche und nachvollziehbare Sätze, nicht wahr? Aber worauf richtet sie ihre Aufmerksamkeit? Mit welchen Gefühlen sitzt sie beim Arzt und welche Gedanken spielen sich in Ihrem Kopf ab? Wird sie dadurch gesund werden? Wohl eher nicht. Die meisten unserer täglichen Gedanken kreisen um Dinge und Situationen, die wir *nicht* haben wollen. Die entsprechenden Gefühle folgen und wir wundern uns, warum wir schlecht gelaunt sind und es uns mit der Zeit immer schlechter geht. Aber wie können wir das ändern?

Unsere Wünsche sind Vorgefühle der Fähigkeiten, die in uns liegen, Vorboten desjenigen, was wir zu leisten imstande sein werden.«

Johann Wolfgang von Goethe (1749–1832), deutscher Dichter

124

Wünschen Sie mit Freude

Es ist gar nicht so schwer; wir müssen nur die Grundprinzipien beachten: Verspüren Sie bei einem Wunsch ein Gefühl der Freude oder Begeisterung, sind Sie bereits auf dem besten Weg. Lassen Sie dieses Gefühl unbedingt zu – versuchen Sie, es zu genießen! Der Psychologe und Seminarleiter Robert Betz fragt seine Teilnehmer in diesem Zusammenhang gern: „Was bringt Dein Herz zum Singen?" Man kann es nicht besser formulieren.

Finden Sie heraus, was Ihre Herzens-Wünsche sind, im Gegensatz zu den Wünschen Ihres Ego-Verstandes, der immer nur vergleicht, gut da stehen und vor allem etwas Besonderes sein will. Lauschen Sie dem Gesang Ihres Herzens. Welche Töne können Sie spüren und wahrnehmen? Erlauben Sie Ihren längst vergessenen Wünschen, Ihren alten Träumen und Visionen, aus ihrem Versteck heraus zu kommen – dann kommen auch Ihre Kreativität und Ihre Talente dafür zum Vorschein.

2. Das gilt für andere, aber nicht für mich

Wird in Seminaren und Coachings das Thema Fülle und Reichtum angesprochen, hört man immer wieder folgende Sätze: „Ich habe es nicht verdient." – „Es lohnt sich jetzt nicht mehr, ich bin schon viel zu alt." – „Ich bin schon viel zu lange so unglücklich." – „Die anderen sind eben Glückspilze." – „Das passt nicht zu mir." Ist das wirklich so?

Übernehmen Sie die Verantwortung für Ihr Glück – jetzt

Wer, denken Sie, entscheidet darüber, ob Sie es verdient haben oder nicht? Wer, wenn nicht Sie selbst, ist für Ihr eigenes Leben verantwortlich? Übernehmen Sie ab sofort die Verantwortung für Ihr Leben und entscheiden Sie sich *jetzt* dafür, ein glückliches Leben verdient zu haben. Selbst wenn es bis *jetzt* anders war, kann sich das ab sofort ändern. Und – es lohnt sich immer, damit anzufangen!

 Es ist nie zu spät, eine glückliche Kindheit zu haben."

Ben Furman (geb. 1953), finnischer Autor und Psychotherapeut

Seien Sie aufgeregt

Haben Sie sich erst einmal dafür entschieden, endlich glücklich und zufrieden sein zu dürfen, dann benötigen Sie für die Realisierung Ihrer Herzenswünsche die Kraft Ihrer Gefühle. Wählen Sie einen Traum, eine Vision oder ein Ziel, das Sie glücklich macht und lassen Sie dabei Ihre Aufregung zu. Spüren Sie Ihre Begeisterung, so wie der olympische Hochspringer bereits den Jubel der Menge vorwegfühlt, bevor er springt. Sehen Sie Ihren neuen Arbeitsplatz vor sich, wie Sie in einem harmonischen Team mit Freude arbeiten und wie sie alle miteinander lachen. Nehmen Sie vor Ihrer nächsten Prüfung schon den Erfolg wahr, die Verleihung der Urkunde, Ihr Gefühl des Stolzes, so etwas erreicht zu haben. Sehen Sie sich in Ihrer neuen Hose, wie Sie sie sich im Spiegel betrachten und freuen Sie sich, dass Sie so gut darin aussehen. Damit erhöhen sich Ihr Energieniveau und Ihre Schwingungen, Ihr Unterbewusstsein und Ihre Seele fühlen sich wohl und Sie spüren, dass Sie mit sich selbst im Einklang sind.

Tun Sie so als ob

Auch mit der Kraft unserer Vorstellung können wir unser Unterbewusstsein unterstützen. Sätze, die mit „Ich bin …" und „Ich habe …" beginnen, sorgen für eine starke Motivation in unserem Inneren. Bei der Formulierung dieser Sätze spüren Sie sehr schnell, ob Ihr Wunsch für Ihr Herz „richtig" ist oder nicht. Stimmt er mit Ihrem Innersten überein, macht sich Ihr Unterbewusstsein sofort daran, diesen Wunsch umzusetzen und auszuführen. Es kann mit den Schwingungen im Außen in Resonanz gehen und die Erfüllung Ihrer Wünsche anbahnen. Sagen Sie beispielsweise:

- Ich habe den Job in der Firma xy.
- Ich bestehe die Prüfung.
- Ich bin gesund.

Stellen Sie sich nun die Situation innerlich genau vor und spüren Sie die Reaktion Ihres Körpers. Schlägt Ihr Herz höher? Können Sie es kaum erwarten, sich auf den Weg dorthin zu machen? Dann sind Sie schon auf dem besten Weg, Ihren Wunsch zu verwirklichen.

3. Ich brauche Unzufriedenheit für meine Entwicklung

„Immer zufrieden und glücklich? Wird es mir damit nicht schnell langweilig?" – „Warum sollte ich mich dann noch entwickeln? Dann ist doch alles in Ordnung, wie es ist und ich verändere nichts mehr." – Diese und ähnliche Statements hört man häufig, wenn man davon spricht, wie es wäre, wenn alle Menschen hier auf Erden miteinander in Frieden leben würden. Bitte beachten Sie, dass Sie sich mit den oben genannten Glaubenssätzen nichts Gutes tun. Da unser Leben Entwicklung bedeutet, erlauben Sie sich mit diesen Gedanken nie, zufrieden und glücklich gleichzeitig zu sein. Bitte überprüfen Sie, ob Sie diese Glaubenssätze wirklich behalten möchten. Beschäftigen Sie sich noch einmal eingehender mit dem Thema Dankbarkeit von Seite 111.

125

Erfahrungen und Fragen aus der Praxis

Hartmut: Wie soll ich für etwas dankbar sein, was ich noch gar nicht habe? Verdränge ich da nicht die Realität und mache mir etwas vor? Außerdem liebe ich meine Ziele. Wenn ich die nicht mehr haben kann, wonach soll ich dann noch streben? **Antwort:** Deine Zielorientierung hat Dich bisher sehr erfolgreich werden lassen. Sobald Du ein Ziel jedoch erreicht hattest, brauchtest Du gleich wieder ein neues. Versuch es einmal mit dem Satz: „Der Weg ist das Ziel." Dann kannst Du vielleicht schon auf dem Weg Deinen Erfolg feiern und genießen. Sonst läufst Du Gefahr, deinen Zielen ständig hinterher zu jagen. Dankbarkeit bereitet Dich darauf vor, dass Du die Absicht hast, Deine Ziele in Empfang zu nehmen und es sogar auch vorkommen kann, dass sie Dir einfach so in den Schoß fallen. Das bedeutet der Ausspruch „Carpe diem – pflücke den Tag!" Alles ist jederzeit vorhanden.

Karla: Bin ich egoistisch, wenn ich mir erlaube, alles zu haben, was ich möchte? **Antwort:** Wenn wir aus der Fülle heraus leben, wird es für uns selbstverständlich, dass für alle genug da ist, nicht nur für uns. Eifersucht oder Wettbewerb um die besten Plätze, die lukrativsten Aufträge oder die Frage, wer am meisten geliebt wird, gehören der Vergangenheit an. Außerdem wirst Du von Deiner Fülle anderen abgeben, so wie in der Geschichte von Swabedoo auf Seite 107. Je mehr Du gibst, desto mehr bekommst Du zurück.

Sebastian: Ich verbinde mich mit meinen Engeln und Schutzgeistern und mache regelmäßig meine spirituellen Rituale. Trotzdem habe ich den Eindruck, dass sie mich nicht erreichen. Ich werde häufig noch von Unzufriedenheit und schlechten Gefühlen wie Angst und Selbstzweifeln überfallen. Was mache ich falsch?

Antwort: Dieses Phänomen tritt bei vielen Menschen auf, vor allem wenn sie sich mit spirituellen Techniken und Methoden beschäftigen. Sie wollen noch „heiliger" werden, noch „bessere" Menschen, und verlieren dabei die Realität und ihre Bodenhaftung. Sie glauben, dass die „Erlösung" im Himmel liegt – das Gegenteil ist jedoch der Fall: Es braucht vor allem eine sehr gute Erdung, um mit unseren geistigen Helfern und unserem höchsten Potenzial verbunden zu sein. Du kannst Deine Rituale beibehalten, bringe aber zusätzlich die Erdung mit hinein, indem Du die Erdungsübung von Seite 118 zuerst machst und dann Deine Rituale anschließt. Dann hast Du eine gute Basis.

Zusammenfassung

Fülle und Dankbarkeit spüren und leben, den richtigen Umgang mit Wünschen, Zielen und Absichten lernen – das kann am Anfang sehr verwirrend sein. Leider werden uns diese wichtigen Lebensgrundlagen in der Schule nicht beigebracht. Vielmehr lernen wir, was wir alles nicht tun sollen und welche die Ziele der Gesellschaft sind, die wir erfüllen sollen. Wenn Sie die Übungen in diesem Kapitel regelmäßig durchführen, werden Sie sehr schnell feststellen, wie sich Ihr Leben in eine positive Richtung verändert.

🜋 Was habe ich gelernt?
🜋 Was will ich ab sofort bei mir verändern?
🜋 Wie gehe ich dabei vor?

Hartmut: Wenn das wirklich stimmt, habe ich es mir in der Vergangenheit sehr schwer gemacht. Ich bin davon ausgegangen, dass ich all meine Ziele alleine erreichen und darum kämpfen muss. Von Menschen, die den Satz „Der Weg ist das Ziel" als Lebensmotto hatten, dachte ich immer, das seien Weicheier. Insgeheim war ich jedoch oft eifersüchtig, dass sie es einfacher hatten als ich. Das probiere ich aus.

Karla: Ich habe verstanden, dass es in Ordnung ist, Wünsche zu haben und dass ich es verdient habe, gleichzeitig glücklich und zufrieden sein zu dürfen, auch wenn es anderen Menschen in meinem Umfeld schlechter geht als mir. Ich nehme ihnen deshalb nichts weg. Ich werde in Zukunft auch einmal Geschenke einfach so annehmen, ohne gleich daran zu denken, dass ich es ausgleichen muss. Außerdem will ich diese Erkenntnisse an meine Kinder weitergeben.

Yvonne: Intuitiv habe ich das immer schon geahnt. Das Leben ist zu schön, um sich ständig Sorgen zu machen. Ich habe jedoch oft zu verstehen bekommen, dass meine Sichtweise nicht stimmt und ich doch realistischer durch die Welt gehen sollte. Jetzt habe ich verstanden, dass es meine Aufgabe ist, meinen Optimismus weiter nach außen zu tragen und dass ich mich nicht so leicht beeinflussen lassen sollte, wenn mir die Umwelt mal wieder mitteilt, dass ich nicht in Ordnung bin.

Sebastian: Dass ich die Fülle verdient habe, kann ich langsam wahrnehmen und akzeptieren. Ich weiß jetzt, dass ich zu wenig geerdet bin und dass das der Grund dafür ist, dass sich meine Wünsche bisher nicht erfüllt haben. Ich werde daran arbeiten und die Erdungsübung gleich mal ausprobieren. Ich will noch mehr die Dinge sehen, die positiv sind in meinem Leben und mich nicht mehr so lange damit aufhalten, was ich alles nicht mehr will.

127

Was meinen Sie dazu?

Wie geht's weiter?

Sie kennen nun Ihren Verstand und sind in der Lage, durch konstruktive Gedanken Ihre Einstellung zu verändern und positive Gefühle zu erschaffen. Ihre innere Stimme gibt Ihnen immer häufiger Hinweise, was für Sie wichtig und stimmig ist. Sie haben gelernt, dass Sie die Fülle annehmen können. Jetzt kommen wir zu einem Schritt, der einfach klingt, aber für viele Menschen der schwierigste ist: Aus der Fülle der Möglichkeiten darf ich die auswählen, die für mich passen. Und hier beginnt oft das Dilemma, sozusagen die „Qual der Wahl".

» *Man trägt ein göttliches Gefühl in seiner Brust, wenn man erst weiß, dass man etwas kann, wenn man nur will.*«

Friedrich Ludwig Jahn (1778–1852),
deutscher Pädagoge und Politiker,
auch als „Turnvater Jahn" bekannt

TrauDich ...
zu entscheiden!

„Wann werde ich endlich zufrieden sein?" – „Wann werde ich
ein glückliches Leben führen?" –
„Wann wird der verdiente Erfolg
an meine Türe klopfen?" – „Wann
werde ich wissen, was ich wirklich
will?" – Das sind alles Fragen, die
sich viele Menschen im Laufe ihres
Lebens mindestens einmal stellen. Der Blick ist dabei nach außen
gerichtet, in der Hoffnung, dass
Glück und Zufriedenheit, Erfolg
und Gesundheit irgendwann zufällig ihren Lebensweg kreuzen.

Im Hier und Jetzt entscheiden

Die Antwort auf die Eingangsfragen zu diesem Kapitel ist einfach. Sie lautet für alle Fragen gleich: „Wenn Du Dich dafür entscheidest!" In der Buch-Trilogie „Gespräche mit Gott" von Neale Donald Walsch ist das übrigens die Antwort, die Gott gibt, als ihm diese Fragen gestellt werden. Vielleicht fragen Sie jetzt: „Ja, klar, aber woran merke ich, wann der richtige Zeitpunkt gekommen ist?" Die eindeutige Antwort hierzu geben uns wiederum die Kahunas, die Weisen Hawaiis.

Manawa

Jetzt ist der Augenblick der Macht.   *4. Huna-Prinzip*

Sobald wir die oben genannten Fragen gestellt haben, sind wir auch schon mittendrin im Prozess der Entscheidungsfindung. Dann ist es sinnvoll und notwendig, die Kraft und Energie dieses Moments zu nutzen. Viele Menschen warten zu lange oder trauen sich nicht; hinterher sagen sie, es sei zu spät, sie hätten zu lange gewartet oder die Chance sei vertan. Genau aus diesem Grund ist es so wichtig, mit dem gegenwärtigen Moment verbunden zu sein. So können wir jederzeit, spontan und intuitiv die Entscheidungen treffen, vor die wir in besonderen und auch in alltäglichen Lebenssituationen gestellt werden.

Mit Vergangenheit und Zukunft richtig umgehen

Wir haben gelernt, uns an unseren Erfahrungen aus der Vergangenheit zu orientieren und für unsere Zukunft zu planen und vorzusorgen. Wir springen auf unserer Zeitachse hin und her und realisieren kaum noch, dass es auch so etwas wie eine Gegenwart gibt, in der wir unser Leben verbringen. Viele wundern sich, warum sie ihr Leben nicht genießen können, sondern von einem Augenblick zum anderen hetzen. Das Leben genießen können wir jedoch immer nur im gegenwärtigen Moment. Und wenn wir genauer hinsehen, merken wir: Es gibt immer nur den gegenwärtigen Moment! Die Vergangenheit ist vorüber und die Zukunft noch gar nicht da. Für viele ist die Vergangenheit attraktiver, weil sie eine schöne Kindheit und ein gutes Leben hatten und es im Moment vielleicht nicht ganz so rosig aussieht. Sie merken dabei gar nicht, dass sie dadurch die Gelegenheit verpassen, in der Gegenwart wieder glücklich zu werden und die Chancen zu nutzen, die sich im Jetzt bieten. Die Vergangenheit gibt uns auch Sicherheit, da wir aus den Erfahrungen und Erlebnissen schöpfen können, die positiv waren. In der Gegenwart müssen wir uns ständig auf Neues einstellen – da hindern uns dann unsere alten Erfahrungen eher als dass sie uns nützen. Wir vergleichen zu sehr mit alten Situationen und sind eventuell nicht bereit, etwas Neues zu lernen. Situationen verändern sich aber und wir mit ihnen – wenn wir uns auf das Neue im Jetzt einlassen.

Einige beklagen die Fehler ihrer Vergangenheit oder trauern um die Chancen, die sie verpasst haben; sie lassen sich durch diese Tiefschläge entmutigen. Die negativen Gefühle stehen ihnen im Wege und lassen sie jetzt nicht handeln. Hier ist es wichtig, loszulassen und es im Hier und Jetzt wieder neu zu versuchen.

Manche wiederum sind sehr mit der Zukunft beschäftigt und stellen unablässig Vorannahmen an, wie „es eventuell sein wird". Sie bereiten sich auf eine Zukunft vor, die so fast nie eintritt, genauso wie viele der Sorgen unbegründet sind, die sie sich machen. Die Zukunft ist jetzt noch nicht da; jeder Gedanke daran lenkt uns vom jetzigen Augenblick ab. Zukunftsängste sorgen höchstens dafür, dass wir genau diese kreieren, wie wir in den ersten beiden Kapiteln bereits gelesen haben. Visionen und Ziele zu haben ist sehr wichtig, jedoch nur vor dem Hintergrund, dass sie uns Motivation für den gegenwärtigen Augenblick geben.

Den gegenwärtigen Augenblick genießen

Haben Sie jemals gelernt, wie Sie den Augenblick genießen können? Das sollte ein Grundfach in unseren Schulen sein, denn es ist eine der wesentlichsten Fähigkeiten überhaupt und wir alle haben das Talent dazu mitgebracht. Aber auch heute noch steht uns ein großes Lehrbuch zur Verfügung: Gehen Sie hinaus in die Natur, betrachten Sie die Vögel und all die anderen Tiere, die alle ganz selbstverständlich im Augenblick leben. Sie leben aus ihrem Instinkt heraus und müssen es nicht erst mühsam wieder lernen. Aber wir können das auch, indem wir immer mehr auf die Stimme in unserem Herzen hören und damit Kontakt aufnehmen. In diesem Kontakt sind wir automatisch im Hier und Jetzt und auf diese Weise mit unserer Mitte und unserer Kraft verbunden.

Eine andere Möglichkeit, den Augenblick wieder mehr zu spüren, bieten verschiedene Achtsamkeitsübungen, beispielsweise Geh-Meditationen. Sie können sich auch ganz bewusst auf Ihren Atem konzentrieren, denn der fließt immer jetzt. Der jetzige Augenblick ist der einzige, der existiert und auf den Sie Einfluss nehmen können. Richten Sie Ihre Wahrnehmung mit allen Sinnen auf die Gegenwart aus. Dadurch wird Ihre gesamte Energie – wie mit einem Laserstrahl – auf diese Gegenwart fokussiert.

Persönliche Standortbestimmung

Ob beim täglichen Einkauf, bei geschäftlichen Telefonaten oder beim Vereinbaren wichtiger Termine – ständig werden uns Entscheidungen abverlangt. Dadurch könnte der Eindruck entstehen, dass wir mit dem Thema keine Probleme haben und das Kapitel eventuell überspringen könnten. Bitte tun Sie das nicht, denn es könnte das wichtigste Kapitel des Buches sein. Daher steht es auch bewusst in der Mitte. Nehmen Sie sich Zeit und lassen Sie sich von den Eingangsfragen inspirieren.

Was bedeutet es für Sie, Entscheidungen zu treffen?

Hartmut: Entscheidungen zu treffen fällt mir leicht. Ich gebe gerne den Weg vor, so erreiche ich meine Ziele. Lieber eine falsche Entscheidung als keine Entscheidung!

Was meinen Sie dazu?

Karla: Ich treffe Entscheidungen nach reiflicher Überlegung. Ich bin mir bewusst, dass ich mich damit binde und die Verantwortung dafür trage. Andere verlassen sich auf mich.

Yvonne: Ehrlich gesagt entscheide ich mich nicht gerne, denn damit muss ich mich festlegen. Meistens finde ich mehrere Alternativen gleich interessant und bin dabei oft hin- und hergerissen. Oft ändere ich dann meine Entscheidung.

Sebastian: Entscheidungen machen mir Angst, da ich das Gefühl habe, dass ich dann allein für das Gelingen verantwortlich bin. Ich stimme mich lieber mit anderen ab, damit ich nichts falsch mache. So verteilt sich die Verantwortung auf viele Schultern.

Welche Entscheidungen haben Sie oder Ihr Leben stark verändert?

Hartmut: Meine Entscheidung zu studieren, um einen gutbezahlten Job zu bekommen; zu heiraten, Vater zu werden, Karriere zu machen.

Karla: Da gibt es gleich mehrere: Die Entscheidung für meine Ehe und meine Kinder; die Entscheidung, ein Haus zu bauen; die Entscheidung, meinen Beruf dafür aufzugeben.

Yvonne: Alle meine spontanen Entscheidungen verändern ständig mein Leben. Das ist ja genau das, was ich hier verändern möchte.

Sebastian: Ich fühle mich fremdgesteuert, ohnmächtig und oft allein in meinen Entscheidungen. Die Entscheidung meiner Eltern, noch ein Kind zu bekommen, sodass ich als Nachzügler auf die Welt gekommen bin, hat mein Leben von klein auf beeinflusst. Ich bin immer noch der, der „danach kommt".

Bis ich entscheide, haben meist die anderen schon entschieden. Mir wird gerade bewusst, dass es aus diesem Grund bisher wenig Entscheidungen in meinem Leben gegeben hat, die ich wirklich selbst getroffen habe. Es ist für mich irgendwie zur Gewohnheit geworden, andere entscheiden zu lassen.

Was meinen Sie dazu?

Auf welche Entscheidungen in Ihrem Leben sind Sie besonders stolz?

Hartmut: Alle Entscheidungen, die mich meinen Zielen näher gebracht und mein Leben verbessert haben.

Karla: Ich bin auf meine Kinder stolz. Auf mich und alles was ich mache, passt das Wort Stolz nicht, ich tue das, was dran ist; Stolz macht hochmütig. Ich stehe jedoch immer hinter meinen Entscheidungen.

Yvonne: Zum Beispiel, dass ich an der Schauspielschule aufgenommen wurde, dass ich mich traue, vor 500 Leuten zu singen, dass ich alleine durch Afrika gereist bin, dass ich das mache, was zu mir passt.

Sebastian: Generell kenne ich Stolz nicht, wobei, wenn ich genauer nachdenke, bin ich stolz auf mich, wie ich die Trennung von meinem Partner durchgezogen habe, stolz auf meine Freunde und ein bisschen, dass ich heute hier bin.

Was meinen Sie dazu?

Welche Entscheidungen in Ihrem Leben würden Sie gerne wieder rückgängig machen?

Hartmut: Hätte ich mein Privatleben besser in mein Arbeitsleben integriert, wäre meine Ehe nicht gescheitert und der Kontakt zu meinem Sohn besser.

Karla: Eventuell würde ich die Kinder nicht so schnell bekommen; ich würde erst Erfahrung in meinem Beruf sammeln.

Yvonne: Dass ich zur Prüfung an der Schauspielschule zu spät kam und dann kurz vor dem Abschluss entlassen wurde; dass ich mich von meinem Freund getrennt habe, der mir wirklich gut getan hat, aber ein bisschen langweilig war. Und einige Entscheidungen, die ich zu spontan gefällt habe.

Sebastian: Ich würde heute keinen sozialen Beruf mehr ergreifen, da ich mich nicht mehr aufopfern will.

Was meinen Sie dazu?

In welchen Situationen können Sie leicht entscheiden, in welchen schwer?

Hartmut: Entscheidungen fallen mir immer dann leicht, wenn ich meine Ziele und Prioritäten klar vor Augen habe. Schwer wird es, wenn es zu emotional wird, deshalb entscheide ich meistens vorher.

Karla: Ich kann mich leichter entscheiden, wenn ich genug Zeit dafür habe. Ich wäge alle „Für und Wider" ab, finde sachliche Argumente, um dazu stehen zu können. Entscheidungen aus dem Bauch heraus mache ich äußerst ungern, denn ich muss mir im Vorfeld über die Konsequenzen meiner Entscheidung im Klaren sein.

Yvonne: Es fällt mir generell leicht, mich für Dinge zu entscheiden, die mir Spaß machen. Schwer wird es für mich, wenn ich unter Druck komme, meine Motivation schwindet und ich etwas machen *muss*. Ich brauche viel Freiraum, die Möglichkeit der Flexibilität und Entwicklung. Ich will nicht festnagelt werden. Das blockiert mich.

Sebastian: Ich kann mich leichter entscheiden, wenn es gemeinsame Entscheidungen mit Menschen sind, denen ich vertraue. Schwer wird es, wenn ich mich auf mich allein gestellt fühle, dann werde ich unsicher. Ich brauche ein stimmiges Gefühl bei einer Entscheidung. Sobald ich dieses Gefühl habe, geht es ganz leicht.

Was meinen Sie dazu?

Entscheiden Sie eher gerne selbst oder gefällt es Ihnen besser, wenn andere für Sie entscheiden?
(Auf einer Skala von 1 bis 10:
  1 = andere entscheiden für mich,
10 = ich entscheide selbst)

Hartmut: 1 2 3 4 5 6 7 8 9 **10**
Karla: 1 2 3 4 **5** 6 7 8 9 10
Yvonne: 1 2 3 4 5 6 7 8 9 **10**
Sebastian: 1 **2 3** 4 5 6 7 8 9 10

Was meinen Sie dazu?

Wie und wann entscheiden wir?

Nachdem wir gelernt haben, dass Entscheidungen immer im Hier und Jetzt getroffen werden, stellt sich die Frage: Wie kommen diese Entscheidungen zustande? Wenn wir genau hinsehen, gehen jeder unserer bewussten Entscheidungen bestimmte Gedanken und Gefühle voraus. Die wiederum sind vorher durch einen Reiz, einen Impuls oder eine Absicht ausgelöst worden. Der Weg ist also folgender: Absicht (Impuls) – Gedanken und Gefühle – Entscheidung – Worte und Taten.

Neurowissenschaftler und Zellbiologen wie Bruce Lipton bestätigen diese Hypothese der Entscheidungsfindung

inzwischen und forschen weiter an den komplexen Zusammenhängen unserer Wahrnehmung.

 Kluge Menschen suchen sich die Erfahrungen selbst aus, die sie zu machen wünschen.«

Aldous Huxley (1894–1963),
britischer Schriftsteller

Bewusste und unbewusste Entscheidungen

Ähnlich wie in der Kommunikation sind wir auch in unseren Entscheidungen nicht so frei, wie wir oft meinen. Denn wir entscheiden ständig etwas, bewusst oder unbewusst. Der größte Teil unserer Entscheidungen wird unbewusst getroffen. Das ist auch in vielen Bereichen gut so.

Betrachten wir zum Beispiel die Entscheidungen, die unser Körper jeden Tag, jede Sekunde unseres Lebens für uns trifft: Unser Herz, unsere Lungen, unser Hormonsystem, unser Blutkreislauf – jede Zelle unseres Körpers weiß, wie sie sich in jedem Moment unseres Lebens zu entscheiden hat: Etwa dass wir im Schlaf einen anderen Rhythmus benötigen als bei einer sportlichen Herausforderung. Es wäre sehr aufwändig, wenn wir uns jeden Morgen beim Aufwachen fragen und entscheiden müssten: „Wie stelle ich denn heute wieder meinen Herzschlag ein, wie meine Atmung und welche Hormone brauche ich in welcher Dosis?" Das regelt der Körper für uns vollautomatisch. Ist das nicht grandios? Allein daran können wir erkennen, dass unser Leben viel größer, viel mächtiger ist als wir uns jemals vorstellen können. Sobald der Mensch in diese Körperprogramme „entscheidend" eingreift, zum Beispiel durch Medikamente oder

Drogen, wird dieser „natürliche Rhythmus" unterbrochen.

In der Tierwelt ist es der Instinkt, der den Tieren hilft, schnell „natürliche Entscheidungen" zu treffen. Uns Menschen hilft dabei – wieder einmal – unsere Intuition: Die Impulse, die aus den Tiefen unseres Herzens entspringen und unser Bewusstsein anregen, damit wir die „natürlichen Entscheidungen" treffen, die für uns stimmig sind. Dafür ist es notwendig, dass unser Verstand lernt, zur Seite zu treten. Damit wird der Weg frei zu Entscheidungen, die wir aus ganzem Herzen treffen. Es ist wichtig, immer öfter bewusste Entscheidungen in Verbindung mit dem Herzen zu treffen, denn nur so gelangen wir zu einem stimmigen, zufriedenen Leben.

Selbstbestimmt oder fremdbestimmt?

Haben wir immer die Wahl? Stellen Sie sich vor, Sie wachen morgens auf und fragen sich: „Soll ich heute aufstehen oder lieber doch liegen bleiben?" Je nach Wochentag, Schlafdauer, anstehenden Aufgaben und Persönlichkeit werden Sie diese Frage unterschiedlich beantworten: Wenn Sie angestellt sind und der Chef auf Sie wartet oder wenn Sie selbstständig sind und einen Termin mit einem wichtigen Kunden haben, kommen Sie schnell in das Gefühl der Fremdbestimmung: „Ich muss aufstehen, weil …!" Sie könnten sich jedoch auch sagen: „Ich habe mich entschieden, diesen Beruf auszuüben, deshalb stehe ich jetzt auf und entscheide mich dafür, das Beste aus dem Tag zu machen." Häufig geben wir viel zu schnell die Verantwortung für unsere Entscheidungen an andere ab, ohne es zu bemerken.

Gut zu wissen

Bitte entscheiden Sie sich nie *gegen* etwas! Sie werden immer das bekommen, was Sie *nicht* möchten. Das Unterbewusstsein kennt kein „Nein" (siehe Seite 68).

Durch unsere Gedanken, Gefühle, Worte, Handlungen und Entscheidungen erzeugen wir ununterbrochen Energie. Wird die Aufmerksamkeit gebündelt und klar ausgerichtet, dann beginnt ein Energiefluss, der alles in diese Richtung zieht. Daran erkennen Sie, wie wichtig es ist, worauf Sie Ihre Einstellung im Moment der Entscheidung ausrichten. Es ist sinnvoller, *für* den Frieden anstatt *gegen* Krieg zu sein. Wie friedlich sind die Menschen, die gegen Krieg kämpfen? Ein gutes Vorbild war Mahatma Gandhi mit seiner Art, sich für den Frieden einzusetzen.

Gut zu wissen

Wir müssen nur so intensiv wie möglich fühlen, was wir uns wünschen, und schon ziehen wir es an!

Was nehmen wir wahr?

Der Begriff der „selektiven Wahrnehmung" drückt es bereits aus: Interessiere ich mich, weil ich ein neues Auto brauche, eine Zeit lang für eine bestimmte, vielleicht sogar seltene Automarke, dann sehe ich in dieser Zeit nur noch diese Fahrzeuge an jeder Ecke an mir vorüberfahren und frage mich: „Wo waren die denn früher?" Ist die Kaufentscheidung dann gefallen, verlässt mich diese Wahrnehmung wieder und ich nehme meine Umwelt wieder „normal" wahr. Frauen, die sich ein Kind wünschen, nehmen plötzlich überall schwangere Frauen oder Familien mit Kinderwägen wahr.

Diese Beispiele zeigen, dass unsere bewusste Wahrnehmung ständig aus dem Pool der unbewusst eintreffenden Sinnesreize diejenigen herausfiltert, auf die im Moment unsere Aufmerksamkeit gerichtet ist. Das sind nach neurowissenschaftlichen Aussagen durchschnittlich sieben Sinneseindrücke gleichzeitig pro Sekunde, und das sind je nach persönlicher Mischung sehr unterschiedliche. Nur so lassen sich beispielsweise die verschiedenen Zeugenaussagen von Menschen erklären, die alle denselben Vorfall miterlebt haben. Jeder hat etwas anderes gesehen, gehört, gespürt und wahrgenommen. Wenn wir davon ausgehen, dass wir in ein und derselben Sekunde gleichzeitig etwa 10 000 Informationen unbewusst aufnehmen – als Stromimpulse der Haut –, dann wird auch verständlich, wie wichtig es ist, worauf wir unsere bewusste Aufmerksamkeit richten: Um auf diese Weise diejenigen Sinneseindrücke herauszufiltern, die für uns relevant sind und die uns zufriedenstellen – und um gleichzeitig die nicht wichtigen Informationen auszublenden.

> *Wenn die Entscheidung getroffen ist, sind die Sorgen vorbei!*«

Marcus Tullius Cicero (106–43 v. Chr.),
römischer Politiker und Philosoph

Unsere Werte – Begleiter zur stimmigen Entscheidung

Beschäftigen wir uns genauer mit dem Thema, dann erkennen wir, dass wir unsere Entscheidungen, ob bewusst oder unbewusst, an unseren wichtigsten Werten ausrichten. Und die wiederum sind – je nach Persönlichkeit – unterschiedlich.

Gut zu wissen

Was ist Ihnen wichtig? Werden Sie sich Ihrer wichtigsten Werte bewusst!

Der Begriff „Werte" fasst all die Gefühle, Situationen und Vorstellungen zusammen, die Ihnen ein Wohlgefühl, ein Gefühl von Sicherheit und innerer Stimmigkeit vermitteln. Das können sowohl traditionelle Werte wie Treue, Gerechtigkeit, Sicherheit und Zuverlässigkeit sein als auch Werte wie Spaß, Lachen, Kommunikation und Freundschaft. Auch Geld ist für viele ein wichtiger Wert, obwohl wir eigentlich wissen, dass Geld nicht unbedingt etwas damit zu tun hat, wie glücklich und zufrieden ein Mensch ist. Es geht in diesem Kapitel darum herauszubekommen, was für Sie persönlich „wert-voll" ist. Was hat in diesem Moment für Sie einen Wert? Welchen Wert geben Sie Ihrer Arbeit oder Ihrer eingesetzten Zeit?

Wenn Sie sich mit diesem Thema näher beschäftigen, werden Sie merken, dass das auch unmittelbare Auswirkungen auf Ihren „Selbst-Wert" hat. Über die Beschäftigung mit Ihrem Selbstwert kommen Sie automatisch wieder gut in Kontakt mit sich selbst. Ihnen wird wieder bewusst, wer Sie ursprünglich sind. Je mehr sie Ihre wichtigsten Werte kennen und in möglichst vielen Alltagssituationen leben,

Die persönlichen Werte finden

ÜBUNG

Ziel

Erkennen, was Ihnen im Moment wirklich wichtig ist und die eigene Aufmerksamkeit darauf richten.

So geht's

1. Schritt　Suchen Sie sich bitte aus der Werteliste im Anhang (Seite 219) acht bis zehn Werte aus, die Ihnen im Moment wichtig sind. Fehlt ein für Sie wichtiger Wert in der Liste, nehmen Sie ihn einfach dazu. Nehmen Sie für die Übung bitte Werte, die Sie gut unterscheiden können, also beispielsweise nicht „Freude", „Lachen", „Spaß" und „Humor" jeweils einzeln, sondern den in diesem Moment für Sie passendsten Wert.

Beispiel: Meine wichtigsten Werte

Hartmut:　Erfolg, Selbstbewusstsein, Einfluss, Mut, Anerkennung, Zielstrebigkeit, Begeisterung, Herausforderung, Stärke, Leidenschaft.

Karla:　Sicherheit, Gerechtigkeit, Geduld, Treue, Verantwortung, Ehrlichkeit, Zuverlässigkeit, Kompetenz, Disziplin, Weisheit.

Yvonne:　Freiheit, Freundschaft, Freude, Humor, Optimismus, Leichtigkeit, Gelassenheit, Kreativität, Spontanität, Flexibilität.

Sebastian:　Harmonie, Geborgenheit, Friede, Sinnhaftigkeit, Vertrauen, Liebe, Respekt, Toleranz, Mitgefühl, Wertschätzung.

Welches sind im Moment Ihre wichtigsten Werte?

2. Schritt: Lehnen Sie sich entspannt zurück, schließen Sie Ihre Augen und lassen Sie sich von einer zweiten Person jeweils zwei Ihrer Werte nennen. Fangen Sie beim ersten Wert an. Sie entscheiden spontan, welcher Wert Ihnen im Moment wichtiger ist. Dieser Wert bekommt einen Punkt. Dies machen Sie bitte für alle Werte-Kombinationen auf Ihrer Liste.

3. Schritt: Nehmen Sie den Wert, der nach der Werte-Hierarchie am meisten Punkte bekommen hat; haben zwei Werte die gleiche Punktzahl, entscheiden Sie sich für den im Moment attraktivsten. Beantworten Sie folgende Denkfragen zu Ihrem „Top-Wert":

_____ bedeutet für mich: _____

Wenn ich mich _____ fühle, kann ich _____ .

Wann ich mich das letzte Mal _____ gefühlt habe und was das konkret ausgelöst hat: _____

Eine Person, die mir ein Gefühl von _____ schenkt: _____

Ein Ort, an dem ich mich _____ fühle: _____

Ein Symbol für _____ ist für mich: _____

Sie können diese Denkfragen auch für die nächsten Werte in Ihrer persönlichen Werteskala beantworten, denn je genauer Sie die Ihnen wichtigen Werte definieren, desto eher können Sie diese auch im Alltag umsetzen.

Ergebnisse

Hartmut
Höchster Wert im Moment bei Hartmut ist Begeisterung. Hier seine
Antworten:

- **Begeisterung bedeutet für mich, ...** dass ich mich selbst spüre, mich freuen kann, andere Menschen mitreiße; wenn es für mich morgens beim Aufstehen nichts Schöneres gibt, als daran zu denken, was ich heute wieder alles aktiv gestalten kann. Meine Zellen sind wie elektrisch geladen und alles vibriert in mir. Ich strotze vor Energie und weiß gar nicht wohin mit dieser geballten Energie.

- **Wenn ich begeistert bin, kann ich ...** die Welt aus den Angeln heben, alles ist möglich.

- **Wann ich mich das letzte Mal begeistern konnte und was das konkret ausgelöst hat:** Ein bewegender Moment der Begeisterung war, als ich meinen ersten Marathon lief und die Menge mich begeistert gefeiert hat.

- **Eine Person, die mir ein Gefühl von Begeisterung schenkt:** Meine gesamte Außendienstmannschaft; wenn ich das Gefühl habe, dass wir alle an einem Strang ziehen.

- **Ein Ort, an dem ich mich begeistert fühle:** Begeisterung durchströmt mich immer, wenn ich auf dem Gipfel eines Berges stehe und die Größe der Natur um mich herum wahrnehme.

- **Ein Symbol für Begeisterung ist für mich:** Ein Feuerwerk.

Karla
Höchster Wert im Moment bei Karla ist Ehrlichkeit. Hier ihre Antworten:

- **Ehrlichkeit bedeutet für mich,** so zu sein wie man ist, sich nicht zu verstellen und eine andere sein zu wollen; ganz natürlich, die Dinge beim Namen nennend.

- **Wenn ich ehrlich bin, kann ich** mir selbst jeden Tag guten Gewissens im Spiegel in die Augen schauen.

⚫ **Wann ich das letzte Mal ehrlich war und was das konkret ausgelöst hat:** Meine Freunde wissen, dass ich es ehrlich mit ihnen meine; es freut mich immer, wenn sie mich nach meiner ehrlichen, unverblümten Meinung fragen.

⚫ **Eine Person, die mir ein Gefühl von Ehrlichkeit schenkt:** Mein Mann, denn wir haben eine ehrliche Basis im Umgang miteinander gefunden.

⚫ **Ein Ort, an dem ich mich ehrlich fühle:** Meine Familie und mein Freundeskreis, da darf ich so sein, wie ich bin.

⚫ **Ein Symbol für Ehrlichkeit ist für mich:** Das Lächeln eines Babys.

Yvonne
Höchster Wert im Moment bei Yvonne ist **Freude**. Hier ihre Antworten:

⚫ **Freude bedeutet für mich,** ausgelassen sein, Spaß haben, mit fröhlichen Menschen etwas zusammen tun, lachen, tanzen, spielen, Kind sein, dumme Sachen machen, das gefällt mir.

⚫ **Wenn ich mich freue, kann ich** fast alles; ich trage dann die Sonne im Herzen und gehe beschwingt durch die Welt; so beschwingt packe ich dann auch meine Aufgaben an.

⚫ **Wann ich mich das letzte Mal freuen konnte und was das konkret ausgelöst hat:** Wenn ich mich richtig freue, bin ich für andere ansteckend, ich schaffe es dann sogar, meine Freunde, denen es nicht so gut geht, wieder froh zu stimmen.

⚫ **Eine Person, die mir ein Gefühl von Freude schenkt:** Alle meine Freunde, die mich zum Lachen bringen.

⚫ **Ein Ort, an dem ich mich freue:** In meiner kleinen Wohnung, die ich ganz nach meinem individuellen Geschmack gestalte; ich habe dort mein Lieblingseck mit Erinnerungsstücken meiner vielen Reisen.

⚫ **Ein Symbol für Freude ist für mich:** Ein Strauß bunter Blumen.

ÜBUNG

Sebastian

Höchster Wert im Moment bei Sebastian ist Liebe. Hier seine Antworten:

🔶 Liebe bedeutet für mich, dass ich mich geborgen fühle, mit einem Menschen zusammen bin, dem ich vertraue, der mich respektiert und für den ich da sein kann; sich hingeben, fallen lassen können, sich verbunden fühlen.

🔶 Wenn ich liebe, kann ich mein Herz öffnen; dann fühle ich mich wertvoll und ganz, spüre, dass ich lebe und mein Leben einen Sinn hat.

🔶 Wann ich das letzte Mal Liebe gefühlt habe und was das konkret ausgelöst hat: Das ist noch nicht lange her; bei meinem letzten Freund; das hat jedoch dazu geführt, dass ich mich selbst nicht mehr respektiert und geliebt habe und der Liebe wegen mich selbst vernachlässigt habe.

🔶 Eine Person, die mir ein Gefühl von Liebe schenkt: Bei meinen Eltern spüre ich, dass sie mich lieben; auch zu meinen Geschwistern habe ich ein liebevolles Verhältnis.

🔶 Ein Ort, an dem ich mich geliebt fühle: Zu Hause und überall dort, wo ich mich wohlfühle.

🔶 Ein Symbol für Liebe ist für mich: Ein Herz.

Was meinen Sie dazu?

desto zufriedener und vor allem auch sinnvoller erscheint Ihnen Ihr Leben. Außerdem können Sie Ihre Ziele wesentlich klarer ausrichten, wenn Sie sich Ihrer persönlichen Werte bewusst sind und sie konkret benennen können.

Gut zu wissen

Können wir unsere Werte im Arbeitsleben und im Privatleben gleichermaßen verwirklichen, spricht man von Work-Life-Balance.

143

Wie finden wir unsere Werte?

Stellen Sie sich einfach in Ruhe die folgenden Fragen:
- Was ist mir wichtig im Leben?
- Was ist mir in Beziehungen wichtig?
- Was ist mir bei meiner Arbeit wichtig?
- Welche Werte waren in meiner Herkunftsfamilie wichtig?
- Welche Werte kann ich in positiven Situationen leben?
- Welche Werte fehlen mir in negativen Situationen?

Um herauszufinden, welche Werte Ihnen ganz persönlich wichtig sind, ist die Übung auf Seite 138 hilfreich.

Hindernisse und Gefahren bei der Umsetzung

Wenn Sie das Kapitel bis hierhin aufmerksam gelesen haben, stellen Sie vielleicht fest, dass das Thema „Entscheidungen" gar nicht so schwierig ist. Warum tun sich jedoch viele Menschen trotzdem so schwer damit? Einige Stolpersteine, die auf dem Weg zur stimmigen Entscheidung ausgeräumt werden wollen, finden Sie als nachfolgende Impulse.

1. „Ich bin noch nicht so weit"
Irgendwie ist bis jetzt noch nicht der richtige Zeitpunkt gekommen. Kommen Ihnen folgende Aussagen auch irgendwie bekannt vor?
- Wenn ich mal groß bin, dann …
- Wenn ich im Lotto gewinne, dann …
- Wenn ich meinen Traummann gefunden habe, dann …

Die andere Variante lautet beispielsweise folgendermaßen:
- Erst wenn ich noch mindestens zwei Zertifikate nachweisen kann, dann …
- Erst wenn ich Vorstand des Unternehmens bin, dann …
- Erst wenn ich alle meine Probleme beseitigt habe, dann …

Selbstreflektion

ÜBUNG

Ziel

Sich bewusst werden, welche Hindernisse einem gesunden, erfolgreichen, glücklichen und zufriedenen Leben im Weg stehen.

So geht's

Die Frage lautet: „Darf ich in meinem Leben gleichzeitig gesund, erfolgreich, glücklich und zufrieden sein?"
Nehmen Sie Papier und Stift und notieren Sie sich alle Gedanken und Empfindungen, die aufkommen, auch alle Widerstände und Einwände, die sich melden, nachdem Sie den oben stehenden Abschnitt und die Eingangsfrage gelesen haben. Schreiben Sie auch Ihre „inneren Sätze" zum Thema Gesundheit, Erfolg, Glück und Zufriedenheit auf.

Ergebnis

Hartmut: Erfolgreich und gesund? Na klar! Glücklich und zufrieden? Muss nicht sein, sonst lege ich mich nur noch auf die faule Haut und mache nichts mehr. Bei mir gibt es keine widersprüchlichen Entscheidungen. Einmal so entschieden, immer so entschieden, es braucht eine klare Linie. Alles andere gilt als Schwäche. „Vertrauen ist gut, Kontrolle ist besser" ist meine Devise. Ich vertage selten Entscheidungen.

Karla: Gesund und zufrieden? Auf jeden Fall! Erfolgreich dürfen die anderen sein, das ist so anstrengend. Glücklich wäre ich ja gern, aber was würden die anderen über mich denken, wenn ich nur noch lächelnd durch die Gegend rennen würde? Im Umgang mit meinen Kindern ertappe ich mich zwischendurch bei widersprüchlichen Entscheidungen, das gibt mir kein gutes Gefühl, da ich gerne konsequenter wäre. Das Vertagen kenne ich bei unangenehmen Dingen und wenn es um mich geht. Meine Bedürfnisse stelle ich gerne zurück.

Yvonne: Glücklich und gesund, das ist es! Ein bisschen Erfolg und Zufriedenheit passt auch, aber nicht so viel, dass ich mich nicht mehr bewege und verändern will, meine Neugier soll bleiben. Die widersprüchlichen Entscheidungen haben mir schon oft das Genick gebrochen, die sind verantwortlich dafür, dass ich fast alles abbreche, was ich anfange, da sich die ursprüngliche Entscheidung nach einiger Zeit nicht mehr gut anfühlt. Und Verschieben? Naja, das kenn ich auch. Den Traummann such ich noch, auf die Lottomillion warte ich noch und eigentlich denke ich, ich muss doch erst einmal erwachsen werden.

Sebastian: Ja, das würde ich schon alles eigentlich gerne wollen; ich bin in allen Belangen jedoch so weit weg davon, dass ich nicht weiß, wie ich es anstellen soll. Wenn ich psychisch wieder etwas stabiler bin und etwas zufriedener, dann passt es schon; erfolgreich und glücklich klingt für mich wie ein anderes Universum. Widersprüchliche Entscheidungen gibt es bei mir nicht sehr viele, da ich eher keine treffe; das Verschieben gilt für mich zu hundert Prozent. Damit ist jetzt jedoch Schluss!

Was meinen Sie dazu?

>> *Ich habe einen ganz einfachen Geschmack. Ich bin immer mit dem Besten zufrieden.«*

Oscar Wilde (1854–1900),
irischer Schriftsteller

- Wenn ich mal in Rente bin, dann kann ich …
- Wenn ich fünf Kilo abgenommen habe, dann…
- Nur wenn ich mich gesund ernähre, dann …

Gesundheit, Glück, Zufriedenheit oder Erfolg werden an Bedingungen geknüpft, die in der Zukunft liegen. Möglichst an unerfüllbare Bedingungen und meist in eine Zukunft, die so nie kommen wird. Aber warum tun wir das? Ganz einfach: Damit haben wir immer eine gute Entschuldigung, dass wir uns heute nicht entscheiden können und müssen.
Eine weitere Variante lautet so:

- Weil ich kein Geld habe, …
- Weil ich noch nicht so gescheit bin, …
- Weil ich alleine bin, …
- Weil ich zu dick, zu dünn, zu alt, zu jung, zu krank usw. bin, …

… geht das für mich im Moment nicht.
Häufig sind das bewusste oder unbewusste Ausreden, um die Verantwortung für das eigene Leben nicht übernehmen zu müssen. Auf diese Weise können wir ganz wunderbar unseren aktuellen Lebensumständen die Schuld geben – das ist manchmal sehr praktisch.
Denn mit jeder Entscheidung geht die Verantwortung für diese Entscheidung einher. Deshalb bedeutet sich entscheiden auch, mehr Eigenverantwortung zu übernehmen und immer mehr Dinge selbst in die Hand zu nehmen.
Die Gegenwart ist in dem Augenblick vorüber, in dem Sie über sie nachdenken. Sobald Sie also darüber nachdenken, ob Sie sich entscheiden sollen oder nicht, ist der Augenblick zur Entscheidung häufig bereits wieder vorüber. Was uns bleibt, ist das Jetzt! Sobald Sie denken „Ich sollte mich entscheiden …", ist der Moment gekommen: *Jetzt* ist der beste Augenblick, zu entscheiden und den ersten Schritt auf Ihr Ziel loszugehen.

 Auch eine Reise von tausend Meilen beginnt mit dem ersten Schritt.«

Chinesisches Sprichwort

2. Ich muss mich immer „richtig" entscheiden

Auch diese Aussage ist menschlich. In einem Fall entscheiden wir aus vollem Herzen, weil es sich gut anfühlt, in einem anderen Fall, weil es vom Verstand her richtig erscheint. Was spricht dagegen? Bei vielen ist es ein täglicher Kampf, der zwischen Kopf und Bauch stattfindet, wie Kriegsschauplätze, bei denen es um Gewinnen und Verlieren geht. Und jede Seite versucht, Sie zu sich hinüber zu ziehen. Beide Seiten sind wichtige Anteile von Ihnen. Sie zeigen nur die zwei Seiten „Ihrer" Medaille. Manchmal kann es notwendig sein, die eine Seite zu leben, ab und zu die andere. Eine gute Führungskraft zum Beispiel braucht die Fähigkeit, Vertrauen und Kontrolle je nach Situation wohl dosiert einsetzen zu können. Außerdem besteht das Leben nicht nur aus Schwarz und Weiß, sondern aus vielen Farbtönen. Ziel ist es, in unsere Mitte zu kommen. Wie soll das jedoch beim Entscheiden umgesetzt werden? Es bedeutet auf keinen Fall, sich *nicht* zu entscheiden, was ja theoretisch auch die Mitte sein könnte. Vielmehr geht es darum, aus der Vielfalt der möglichen Entscheidungen die auszuwählen, die in der jeweiligen Situation passt. In Verbindung mit der eigenen Persönlichkeit, also ganz authentisch. Das bedeutet auch nicht, dass man seine Entscheidungen ständig revidieren soll, um auch „die andere Seite" kennenzulernen. Es bedeutet lediglich, sich auch zu erlauben, einmal Neues auszuprobieren. Es bedeutet, auch einmal Entscheidungen zu treffen, die sich im Nachhinein als falsch oder schwierig erweisen. Denn nur durch solche Erfahrungen lernen wir und werden irgendwann reifer.

Gut zu wissen

Scheitern macht gescheit!

3. Ich darf mich nicht umentscheiden!

Für viele Menschen gilt der Grundsatz: „Wenn ich mich einmal entschieden habe, dann darf ich mich auf gar keinen Fall umentscheiden!" Sie erlauben es sich nicht, eine einmal getroffene Entscheidung zu verändern. Vielmehr denken sie, dass sie die Konsequenzen dieser Entscheidung tragen müssen – bis zum bitteren Ende. Viele fühlen sich bei Entscheidungen deshalb wie die Maus vor der Schlange: Lasse ich mich sofort fressen oder später? Für sie gilt das Motto: „Wer „a" sagt, muss auch „b" sagen!"

Aber warum eigentlich? Eine einmal getroffene Entscheidung kann am Anfang durchaus richtig gewesen sein; im Laufe der Zeit hat sich jedoch manches verändert und das erfordert eine neue, veränderte Entscheidung. Auswege, andere Perspektiven und Möglichkeiten sind immer gegeben – vorausgesetzt, wir lassen uns bei unseren Entscheidungen nicht unter Druck setzen oder setzen uns gar selbst unter Druck.

 Es ist besser, unvollkommene Entscheidungen durchzuführen, als ständig nach vollkommenen Entscheidungen zu suchen, die es niemals geben wird.«

Charles de Gaulle (1890–1970),
französischer Staatspräsident (1958–1969)

4. Das habe ich nicht verdient

Sie möchten ein glückliches, zufriedenes, gesundes und erfolgreiches Leben führen? Aber dürfen Sie das überhaupt? Haben Sie sich das verdient? Meistens erlauben wir uns eine Sache: Wir dürfen gesund sein, aber doch bitte nicht gleichzeitig erfolgreich. Glücklich ja, aber kann man dann auch noch gesund sein? Erfolg und Zufriedenheit schließen sich doch aus, oder? Dürfen wir etwa alles haben? Die Antwort ist: Ja! Wichtig ist jedoch, dass wir es uns

Mit sich selbst verhandeln – Verhandlungs-Reframing

(Die folgende Übung ist eine häufig angewendete Grundübung aus dem NLP. Ich habe sie ergänzt und etwas abgewandelt.)

Ziel

Interne und externe Konflikte lösen, Handlungsblockaden aufheben bei Entscheidungsproblemen oder „Hin-und-Hergerissen-Sein".

So geht's

1. Schritt (Auswählen): Wählen Sie zwei sich widerstreitende Werte, Bedürfnisse oder Persönlichkeitsanteile, die Sie gerne in Einklang bringen möchten.
Beispiel: „Soll ich lieber Urlaub am Meer machen oder einen Städtetrip?"

2. Schritt (Kontakt aufnehmen): Nehmen Sie nacheinander Kontakt mit dem Persönlichkeitsanteil auf, der für den jeweiligen Wert verantwortlich ist. Halten Sie Ihre Hände mit der Handfläche nach oben. Wenn jeder Anteil in einer Ihrer Hände liegen würde, welcher würde in welcher Hand liegen?
Beispiel: Urlaub am Meer in der rechten Hand, Städtetrip in der linken Hand.

3. Schritt (Danken): Danken Sie den Persönlichkeitsanteilen dafür, dass sie sich Ihnen zeigen.

4. Schritt (Wahrnehmen): Wenden Sie sich dem einen Persönlichkeitsanteil in Ihrer Hand zu und nehmen Sie genau wahr, wie er sich anfühlt, wie er aussieht. Gibt es etwas zu hören? Will Ihnen der Teil etwas mitteilen? Wofür steht dieser Teil? Es kann sich dabei um konkrete Situationen – etwa Verhaltensweisen oder Meinungen – handeln oder auch um Symbole dafür.

5. Schritt (Würdigen): Sagen Sie dem Persönlichkeitsanteil, dass Sie seine positiven Absichten würdigen und bitten Sie ihn, Ihnen diese mitzuteilen.

6. Schritt (Danken): Danken Sie dem Persönlichkeitsanteil für all das, was er für Sie tut.

7. Schritt: Vollziehen Sie die Schritte vier bis sechs nun für den anderen Persönlichkeitsanteil.
Beispiel: Die rechte Hand (Urlaub am Meer) steht für Ruhe und Entspannung; die linke Hand (Städtetrip) steht für Neugier und neue Erfahrungen. (Eine Werteliste finden Sie auf Seite 219.)

8. Schritt (Verhandeln): Abwechselnd fragen Sie jede Seite: „Ist Dir das, was Du für mich tun möchtest, so wichtig, dass Du bereit bist, mit dem anderen Teil zu verhandeln?" – Warten Sie das „Okay" ab und fragen Sie weiter: „ Findest Du, dass die positive Absicht der anderen Seite etwas Sinnvolles für mich ist?" – Fragen Sie die Persönlichkeitsanteile, ob sie bereit sind, zusammenzuarbeiten, sodass ihre positiven Absichten mindestens genauso gut wie vorher erfüllt werden. Danken Sie für das „Ja". Für ein eventuelles „Nein" erfragen Sie die Einwände und räumen Sie sie aus.

9. Schritt (Vereinbaren): Beide Teile können sich gegenseitig in ihrer jeweils eigenen Funktion bestehen lassen und erkennen, dass sie gemeinsam mit den positiven Absichten des anderen Teils sogar die eigene Sache erfolgreicher verwirklichen können.

10. Schritt (Integrieren): Bitten Sie mit dieser Vereinbarung die beiden Teile, eine gemeinsame Lösung zu finden, durch ein gegenseitiges Abkommen oder durch Kreieren eines neuen dritten Teils, der alle Eigenschaften der beiden anderen Teile enthält: Das können Sie auf unbewusster Ebene geschehen lassen, indem Sie Ihren beiden Händen erlauben, sich voneinander angezogen zu fühlen, bis sie sich aufeinander zu bewegen und sich schließlich ineinander legen. Spüren Sie in diese neue Situation hinein und stellen Sie fest, welche neue Qualität oder Alternative sich ergibt.
Beispiel: Sie suchen sich entweder einen Ort am Meer, an dem eine Stadt in der Nähe ist. Oder Sie buchen einen Städtetrip, bei dem Sie sich auch zwischendurch entspannen können.

149

ÜBUNG

❯❯ *In jedem Entscheidungsprozess gibt es dunkle, verschlungene Pfade.«*
John F. Kennedy (1917–1963), 35. Präsident der USA (1961–1963)

erlauben, glücklich, gesund, zufrieden und erfolgreich zu sein – und zwar gleichzeitig!

Um das „Sich Erlauben" zu lernen, hilft Ihnen die Übung auf Seite 144.

> *In ihrem Klagen verbrüdern sich die Menschen. In ihren Visionen und ihrem Streben zum Guten sind sie häufig allein."*

Franz A. Koch, schweizerischer Autor,
aus: Die Kraft der Absicht, Seite 93f.

5. Ich bleibe lieber im gewohnten Hamsterrad

Es ist immer wieder verwunderlich, wie stark sich viele Menschen sträuben, ihr liebgewonnenes Gefängnis oder ihr sich viel zu schnell drehendes Hamsterrad zu verlassen. Es ist ihnen vertraut; hier fühlen sie sich wie zu Hause. Sie können sich häufig überhaupt kein anderes Leben mehr vorstellen, da sie das Leben zum Teil nie anders erfahren haben.

Es wird deshalb auch als ganz normal angesehen, weil es viele Kolleginnen und Kollegen im näheren Umfeld gibt, denen es auch nicht besser geht. Gedanken wie: „Da komm' ich vom Regen in die Traufe!", „Das Leben ist halt so!" oder „Geteiltes Leid ist halbes Leid!" lassen sie die Situation kurzfristig erträglich erscheinen. Auf lange Sicht betrachtet sind das jedoch lähmende Ausreden, um an der aktuellen Lebenssituation nichts verändern und auch keine Verantwortung für eine Veränderung übernehmen zu müssen (siehe auch Seite 11).

6. Ich will nicht egoistisch sein

Wenn ich mich immer für das Beste für mich entscheide, was werden dann die anderen sagen? Bin ich dann nicht egoistisch? Eine oft gestellte Frage, denn häufig setzen wir selbstbestimmt mit egoistisch gleich und lassen uns lieber fremdbestimmen, nur um nicht als egoistisch zu gelten. Selbstbestimmt leben hat jedoch nichts mit Egoismus zu tun, vielmehr geht es um einen ehrlichen Umgang und eine achtsame Verbindung mit sich selbst. Der respektvolle Umgang mit anderen ergibt sich daraus dann ganz von selbst.

Eine Geschichte

Die Allegorie der Frösche Es war einmal eine Gruppe von Fröschen, die einen Wettlauf machen wollten. Ihr Ziel war es, die Spitze eines hohen Turmes zu erreichen. Viele Zuschauer hatten sich bereits versammelt, um diesen Wettlauf zu sehen und die Frösche anzufeuern. Von den Zuschauern glaubte jedoch niemand so recht daran, dass die Frösche diesen hohen Gipfel erreichen könnten. Was man hören konnte, waren Aussprüche wie: „Ach, wie anstrengend! Die werden sicher nie ankommen!" oder: „Das können sie gar nicht schaffen, der Turm ist viel zu hoch!"

Die Frösche begannen, zu resignieren. Außer einem, der kraftvoll weiterkletterte. Die Leute riefen weiter: „Das ist viel zu anstrengend! Das kann niemand schaffen!" Immer mehr Frösche verließ die Kraft – sie gaben auf. Aber der eine Frosch kletterte immer noch weiter. Er wollte einfach nicht aufgeben! Am Ende hatten alle aufgehört, weiterzuklettern, außer diesem einen Frosch, der mit enormem Kraftaufwand als Einziger den Gipfel des Turmes erreichte.
Jetzt wollten die anderen Mitstreiter natürlich wissen, wie er das denn schaffen konnte? Einer von ihnen ging auf ihn zu, um ihn zu fragen, wie er es geschafft hatte, diese enorme Leistung zu erbringen und bis ans Ziel zu kommen. Es stellte sich heraus: Der Gewinner war taub …!

Verfasser unbekannt

Kennen Sie das auch? Wie oft lassen wir uns von anderen Menschen beeinflussen? Viele haben die Gewohnheit, sich skeptisch und negativ zu äußern. Lassen Sie sich davon nicht von Ihren Träumen und Visionen abbringen, sondern machen Sie es wie der Frosch in der Geschichte. Gehen Sie Ihren Weg. Und fragen Sie nicht, ob Sie das auch dürfen oder verdient haben. Die anderen wollen Sie vielleicht genau an der Stelle behalten, an der Sie heute sind. Denn wenn Sie sich verändern, müssten sie sich eventuell ja auch verändern – und das macht vielen Angst.

Erfahrungen und Fragen aus der Praxis

Karla: Ich kann mich immer noch ganz schlecht entscheiden, woran liegt das?

Antwort: Manchmal hilft ein kleiner psychologischer Trick. Bevor Du entscheidest, überlege Dir mindestens drei Alternativen. Haben wir nämlich nur eine Lösung für ein Problem parat, entsteht schnell der Druck, dass diese Lösung auch unbedingt funktionieren muss. Finden wir zwei Alternativen, bekommen wir Schwierigkeiten beim Entscheiden, da wir denken, wir müssten die „bessere" Alternative nehmen. Erst bei drei Alternativen haben wir den Eindruck der „freien Wahl".

Yvonne: Wie ich festgestellt habe, liegt es bei mir nicht daran, dass ich zu wenig Wahlmöglichkeiten habe, sondern eher zu viele. Mich interessiert fast alles. Was kann mir helfen, mich leichter zu entscheiden? Denn manchmal sehe ich den Wald vor lauter Bäumen nicht.

Antwort: Es ist für Dich wichtig, bei der Vielzahl Deiner Interessen den Zugang du Deinem Herzen und damit zu Deiner Intuition, Deiner inneren Stimme zu bekommen. Solange Dein Verstand und Dein Unterbewusstsein gewohnheitsmäßig entscheiden, was sie wollen, wirst Du an der Oberfläche Deiner Bedürfnisse bleiben. Erst wenn Du tiefer in Dich hineinspürst, wirst Du schneller bemerken, was Du wirklich willst. Außerdem: Wer sagt Dir denn, dass Du Dich nicht für mehrere

Dinge gleichzeitig entscheiden darfst? Überprüfe doch einmal ganz in Ruhe Deine Glaubenssätze in Bezug auf das Thema Entscheidungen.

Sebastian: Was mache ich, wenn zwei Bedürfnisse in mir miteinander streiten, die sehr unterschiedlich sind? Zum Beispiel der Teil, der in einer Streitsituation Harmonie will und der Teil, der sich wehren möchte? Für wen soll ich mich denn dann entscheiden?

Antwort: Situationen wie diese kennen wir alle; es fühlt sich dann häufig so an, als ob ein Teil von uns dabei „auf der Strecke bleibt". Eine klassische Übung aus dem NLP-Baukasten ist hierfür das Verhandlungs-Reframing (Seite 148): dabei verhandeln die beiden widerstrebenden Teile miteinander, um gemeinsam eine Lösung des Problems zu finden (mehr zum Reframing siehe Seite 162).

Zusammenfassung

Sobald Sie anfangen, immer mehr Entscheidungen bewusst und selbstbestimmt in Verbindung mit Ihrer Intuition zu treffen, werden Sie feststellen, dass sich auch Ihr Selbstvertrauen verändert. Sie fangen an, mehr auf sich selbst zu hören und sich mehr Selbstachtung zu schenken. Das verändert ganz allmählich Ihre innere Welt und dadurch automatisch auch die Welt im Äußeren.
- Was habe ich gelernt?
- Was will ich ab sofort bei mir verändern?
- Wie gehe ich dabei vor?

Hartmut: Ich habe mir mein Leben bisher viel zu schwer gemacht. Alles selbst entscheiden müssen ist ganz schön anstrengend. Vielleicht könnte ich mir ja mal Hilfe oder Unterstützung holen und vielleicht muss ich mich ja nicht immer bei den schwierigsten Aufgaben melden? Manches darf und kann sicher auch mal ein anderer machen. Meine Begeisterungsfähigkeit will ich aber auf jeden Fall behalten.

Karla: Ich habe mich bisher zu viel um andere gekümmert, mache mir zu viele Sorgen, die unnötig sind. Meine Bedürfnisse habe ich so weit nach hinten gestellt, dass ich überhaupt nicht weiß, welche ich habe. Ich darf auch mal etwas für mich entscheiden. Ehrlich und authentisch leben ist mein Wunsch.

Yvonne: Ich dachte immer, ich würde alles selbst und für mich entscheiden. Langsam habe ich den Verdacht, dass ich mich bisher mehr von den Umständen habe beeinflussen lassen als mir lieb ist. Ich möchte herausfinden, was ich wirklich will und was mich langfristig glücklich macht. Ich will weg vom kurzfristigen Spaß hin zur langfristigen Freude.

Sebastian: Ich bekomme meinen Eindruck von mir selbst voll bestätigt: Ich war bisher immer das „Opfer", die anderen haben in der Regel für mich entschieden. Das ist mein Knackpunkt. Ich brauche aber noch mehr Wissen, wie ich selbstbestimmt entscheiden kann. Meine Angst ist größer denn je. Dieser Angst werde ich mich jetzt aber stellen, um der Liebe in mir und meinem Leben mehr Platz einzuräumen.

Was meinen Sie dazu?

 Gott gebe mir die Gelassenheit,
Dinge hinzunehmen, die ich nicht ändern kann,
den Mut, Dinge zu ändern, die ich ändern kann,
und die Weisheit, das eine vom anderen zu unterscheiden.«

Reinhold Niebuhr (1892–1971),
amerikanischer Theologe und Philosoph

Wie geht's weiter?

Entscheidungen sind die Voraussetzung dafür, dass wir ein freies und selbstbestimmtes Leben führen können. Nachdem in den ersten Kapiteln der Zugang zu unseren Gedanken, Gefühlen und echten Bedürfnissen geöffnet wurde, können wir jetzt aus der Fülle wählen und entscheiden, was gut für uns ist, was wir brauchen und wohin wir in unserem Leben gehen möchten. Mit dem Entscheiden ist jedoch noch nicht das Ende unseres Entwicklungsprozesses erreicht; sich entscheiden können ist vielmehr immer wieder ein ganz zentraler Punkt auf unserem Weg der Veränderung und Bewusstwerdung. Nachdem wir gelernt haben, uns zu entscheiden, ist es jetzt wichtig, zu lieben was ist und uns mit dem Bestehenden auszusöhnen: Mit unserem Leben, in dem wir in diesem Moment gerade stecken.

 Man sage nicht, das Schwerste sei die Tat; das Schwerste dieser Welt ist der Entschluss.«

Franz Grillparzer (1791–1872),
österreichischer Dichter und Dramatiker

>> *Liebe ist das einzige, was nicht weniger wird, wenn wir es verschwenden.*«

Ricarda Huch (1864–1947),
deutsche Schriftstellerin, Dichterin,
Philosophin und Historikerin

TrauDich ...
zu lieben!

Beim Thema Liebe gehen Meinungen und Reaktionen der Menschen
weit auseinander. Das Wort allein –
Liebe – löst bei jedem Menschen andere Gefühle aus. Frauen tun sich
mit dem Thema erfahrungsgemäß
leichter als Männer, da sie meist anders erzogen wurden und einen anderen Umgang mit Gefühlen haben.
Für manche ist die Liebe ein Bereich, der ihnen sehr stark am Herzen liegt; für andere wiederum ist
die Liebe ein Tabuthema, das ähnlich wie die Sexualität möglichst
nicht angesprochen werden sollte.
Was heißt das also konkret für uns –
zu lieben?

Sich für andere freuen

Es ist nicht leicht, alle Situationen und Lebensumstände so anzunehmen, wie sie sind. Doch was bringt es uns, sie abzulehnen? Es vergiftet unsere Gedanken, wir empfinden negative Gefühle und aus dieser negativen Stimmung heraus behandeln wir uns und andere schlecht. Der Schritt heraus aus der Negativspirale fällt einem vor allem dann besonders schwer, wenn man neidvoll auf das Glück der anderen blickt. Auf den Nachbarn, der sich schon wieder einen Urlaub leisten kann. Auf die Freundin, die es geschafft hat, wieder in ihre alte Jeans zu passen. Auf den Sohn, der es genießt, eine Stunde in der Sonne zu liegen anstatt Hausaufgaben zu machen. Sobald Sie es aber schaffen, sich mit den anderen zu freuen, geht es Ihnen selbst viel besser. Denn indem Sie sich mit den anderen über deren Glück freuen, gehen Sie mit ihnen in Resonanz und nehmen deren hohe Schwingungen auf.

Aloha

....

Lieben heißt, glücklich sein mit ...   *5. Huna-Prinzip*

....

Schön, dass dieses Huna-Prinzip den Weg bis hierher gefunden hat. Die hawaiianische Aloha-Begrüßung mit einem Blumenkranz steht bei uns in der westlichen Welt stellvertretend für eine Lebensart, in der wir uns friedlich, achtsam und liebevoll begegnen. Dabei sind nicht nur die Begegnungen mit anderen gemeint, sondern vor allem auch mit uns selbst. Denn erst indem wir lernen, uns selbst immer mehr so anzunehmen wie wir sind, können wir unser Leben in eine positive und sinnvolle Richtung lenken. Die genaue, ursprüngliche Bedeutung des Wortes „aloha" ist das freudige („oha") Teilen („alo") von Lebensenergie („ha") in der Gegenwart.

Persönliche Standortbestimmung

Fragt man Menschen danach, was Liebe für sie bedeutet, werden viele bei dieser Frage ganz verlegen. Wir sind es nicht gewohnt, darüber zu reden; wer es dennoch tut, wird schnell als gefühlsduselig abgestempelt. Wenn es dann auch noch darum geht, sich selbst zu lieben, ist das für viele gar nicht mehr auszuhalten, da es so ungeübt und vermeintlich „unnatürlich" ist. Dabei sollte es für uns alle das Selbstverständlichste dieser Welt sein. Wenn Sie sich auf die folgenden Fragen einlassen, können Sie eventuell sehr viel Neues über sich selbst entdecken.

Was lieben Sie an sich ganz besonders?

Hartmut: Seit einiger Zeit nicht mehr sehr viel. Wenigstens noch meinen Körper, mein Aussehen, meine Wirkung auf Frauen. Früher waren es meine Stärke, meine Begeisterung, meine Sicherheit im Auftreten und mein Selbstbewusstsein.

Karla: Ich bin froh, dass ich einen wachen Verstand habe, der mich auf dem Boden der Tatsachen stehen lässt und der mich Dinge meist richtig einschätzen lässt. Dass mich nichts so schnell aus der Ruhe bringt und ich auch in turbulenten Zeiten der Fels in der Brandung bin.

Yvonne: Ich kann mich immer mehr damit anfreunden, dass ich sehr neugierig bin, immer wieder bereit, etwas Neues zu lernen, dass mich Vieles interessiert. Ich komme schnell mit Menschen in Kontakt und habe viele Freunde, das ist für mich sehr wichtig. Ich liebe an mir meine optimistische, frische und jugendliche Art.

Sebastian: Das ist für mich nicht einfach zu beantworten. Ich weiß, dass ich so in Ordnung bin, wie ich bin, aber liebe ich mich? Da bin ich noch weit davon entfernt. Was ich am meisten an mir mag ist, dass ich sehr tolerant und respektvoll bin und ein ehrliches Leben führen möchte, was immer das auch ist.

Was meinen Sie dazu?

> *Wer nicht zufrieden ist mit dem, was er hat, der wäre auch nicht zufrieden mit dem, was er haben möchte.«*
>
> Berthold Auerbach (1812–1882),
> deutscher Schriftsteller

Was fällt Ihnen eher schwer, an sich zu akzeptieren?

Hartmut: Meine schwache Seite, meine Weichheit, meine Unsicherheit finde ich sehr schwierig zu akzeptieren. Wenn ich mutlos bin und nicht mehr weiß, wie es weitergehen soll. Wenn ich um Hilfe bitten muss, ich es alleine nicht schaffe, das finde ich schlimm. Dass andere auch Recht haben.

Karla: Manchmal meine Nörgelei, wenn mich alles stört und ich merke, dass ich nur noch kritisierend durch die Welt laufe. Dann gehe ich auch sehr selbstkritisch mit mir um, finde nur noch Fehler an mir, das ist nicht lustig. Auch, dass ich mir viel zu viele Sorgen mache und dann sehr negativ werde.

Yvonne: Eigentlich nichts. Ich nehme mich meistens so, wie ich bin. Manchmal bin ich unersättlich, weiß nicht, wann Schluss ist und was das richtige Maß für mich ist. Dann sehe ich, dass die schönen Dinge des Lebens recht schnell ins Gegenteil verkehrt werden und sie mir schnell zu viel werden. Am meisten noch meine Unbeständigkeit und dass ich mich manchmal gehetzt und getrieben vorkomme.

Sebastian: Dass ich mir über Gott und die Welt Gedanken mache, mir alles sehr zu Herzen nehme und mich vieles zu sehr berührt. Dass ich mich schlecht abgrenzen kann und viel zu wenig auf meine eigenen Bedürfnisse achte. Dass ich meinen Sinn des Lebens und meine Berufung noch nicht gefunden habe.

Was meinen Sie dazu?

Welche aktuellen Lebenssituationen wünschen Sie sich gerne anders?

Hartmut: Alle. Nein, stimmt nicht ganz, beruflich bin ich ganz zufrieden. Am wichtigsten ist es, dass ich wieder ganz gesund werde, das Kranksein ist für mich am Schlimmsten. Die Beziehung zu meinem Sohn wünsche ich mir näher.

Karla: Ich würde mich freuen, wenn meine vier Männer zu Hause mehr Verantwortung übernehmen würden. Dass nicht alles an mir hängen bleibt. Ich wüsste gerne, wie ich an einen guten Job rankomme und wie ich es schaffe, meine Kinder loszulassen, das fällt mir momentan sehr schwer.

Yvonne: Wenn ich es mir genauer überlege, ist das eine Frage, die mich ständig antreibt, denn ich wünsche mir fast immer alles anders. Deshalb lebe ich vorwiegend in Veränderung, lege mich nicht fest und halte mir alle Türen offen. Ich wünsche mir sehr, dass sich dass verändert und ich mehr Beständigkeit entwickle.

Sebastian: Allem voran wünsche ich mir natürlich, dass ich bald wieder ein eigenes Zuhause habe, meine eigenen vier Wände. Ich wünsche mir sehr, dass ich mit meinen 38 Jahren endlich erwachsen werde und eine erfüllte Partnerschaft auf Augenhöhe führe. Dabei wünschte ich mir, ich wäre selbstbewusster.

Was meinen Sie dazu?

Wer sollte sich ändern?

Hartmut: Meine Ex-Frau sollte mir jetzt, da es mir nicht so gut geht, mit den Unterhaltszahlungen entgegenkommen. Mein Sohn sollte mir etwas mehr Zeit einräumen und meine Mitarbeiter sollten nicht so fordernd sein.

Karla: Mein Mann sollte mir mehr zuhören und die Arbeit, die ich für ihn mache, honorieren. Meine Kinder sollten sich mehr im Haushalt beteiligen und ihre Sachen aufräumen. Meine Mutter sollte nicht so viel klagen.

Yvonne: Keiner. Jeder darf so sein, wie er ist. Ich kann die Menschen um mich herum so nehmen, wie sie sind. Wir sind alles Individuen mit unterschiedlichen Talenten und auch Schwächen.

Sebastian: Meine Eltern sollten mich nicht wie ein kleines Kind behandeln. Mein Vater sollte selbstbewusster und mir ein besseres Vorbild sein. Meine Mutter sollte nicht so viel weinen. Mein Chef und meine Kollegen sollten mich besser behandeln und mich nicht so drängeln.

Was meinen Sie dazu?

159

Wovor haben Sie Angst?

Hartmut: Dass ich aus dem Schlamassel, in dem ich gerade stecke, nicht mehr herauskomme. Dass ich eventuell gesundheitlich einen Schaden zurückbehalte. Dass ich meine Macht verliere und keine Anerkennung mehr bekomme, dass ich allein bleibe.

Karla: Manchmal fressen mich meine Sorgen auf und es macht mir Angst, dass sie größer werden und ich keine Freude mehr im Leben empfinden kann. Ich habe Angst, dass ich Fehler mache, mich falsch entscheide. Ich habe auch oft Angst vor der Zukunft.

Yvonne: Meine größte Angst ist, dass ich nie zur Ruhe komme, mich immer mehr getrieben fühle und auch im Alter noch auf allen Hochzeiten mittanze. Mir macht es jedoch auch Angst, wenn ich mir vorstelle, dass ich in einem Hafen ankomme und dass ich dann zufrieden bin. Hoffentlich kann ich dann noch meine Segel setzen und in See stechen.

Sebastian: Wo soll ich anfangen? Nein, so schlimm ist es nicht mehr. Ich kenne meine Ängste, deshalb fürchte ich sie nicht mehr. Am schlimmsten finde ich es, in der Angst stecken zu bleiben. Heute weiß ich, dass Angst nur ein Gefühl ist und wieder vergeht, wenn ich es zulasse.

Was meinen Sie dazu?

Wie groß ist Ihre Selbstliebe?
(Auf einer Skala von 1 bis 10:
 1 = ich liebe mich nicht,
10 = ich liebe mich vollkommen)

Was meinen Sie dazu?

Hartmut: [7] Karla: [6] Yvonne: [9] Sebastian: [3]

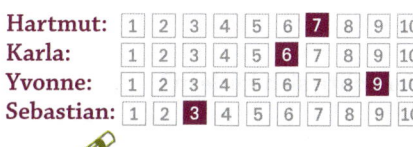

Wie sehr lieben Sie sich selbst?

Beginnen wir bei uns selbst. Die wenigsten von uns können sagen, dass sie sich zu hundert Prozent selbst lieben. Wie aber kommen wir dahin, uns selbst mehr zu lieben?

Machen Sie die nebenstehende Übung vor einem möglichst großen Spiegel. Wenn Sie es bisher gewohnt waren, nur flüchtig in den Spiegel zu schauen, kann das eine ganz neue und spannende Erfahrung werden. Es kann sein, dass Sie es am Anfang nur kurz aushalten, sich fest in die Augen zu sehen. Je mehr Übung Sie darin bekommen, desto länger können Sie Ihren eigenen Blicken Stand halten und mit der Zeit auch Spaß daran bekommen.

> … nur wenige wissen, dass die Fähigkeit, andere zu lieben, erst durch die Liebe zu sich selbst ermöglicht wird.«
>
> Wayne Dyer (geb. 1940), amerikanischer Psychotherapeut und Autor

Auch wenn Ihnen ein „Ich liebe Dich!" zu sich selbst noch kindisch und albern vorkommt, lade ich Sie ein, es auszuprobieren – es lohnt sich. Sie werden mit sich selbst immer weniger kritisch, dafür sanfter und wohlwollender umgehen und dies auch in Ihren Alltag mitnehmen. Sie werden sich selbst mehr und mehr mögen. Das erhöht Ihr Selbstwertgefühl. Mit der Zeit können Sie über Ihre „kleinen Fehler" sogar lachen. Sie werden entspannter und können auf diese Weise liebevoller auf andere Menschen zugehen. Sie erlauben sich mit der Zeit, sich immer mehr als Sie selbst zu zeigen. Vielleicht wundern Sie sich irgendwann, warum andere Menschen auf einmal so gerne mit Ihnen zusammen sind. Das liegt daran, dass Sie eine innere Zufriedenheit ausstrahlen, die ansteckend wirkt. Lassen Sie sich also ein auf die Begegnung mit dem Menschen, der Ihnen am nächsten steht: mit sich selbst.

Gut zu wissen

So bekommt der biblische Aufruf „Liebe Deinen Nächsten wie Dich selbst!" einen ganz neuen Sinn: Erst wenn wir uns selbst annehmen und so lieben wie wir sind, können wir andere wirklich bedingungslos lieben.

Sich selbst lieben lernen

Ziel
Mit einer einfachen Übung vor dem Spiegel sein Selbstwertgefühl steigern.
Mit guten Gefühlen frische Energie tanken.

So geht's

1. Schritt: Sorgen Sie dafür, dass Sie ungestört sind. Stellen Sie sich vor einen großen Spiegel und bauen Sie sich ganz groß davor auf.

2. Schritt: Nehmen Sie eine Haltung ein, als wären Sie ein berühmter oder angesehener Mensch. Denken Sie dabei an eine Ihnen bekannte Persönlichkeit, die Sie mögen. Ihr Oberkörper ist hoch aufgerichtet. Die Schultern hängen locker herunter. Ihr Kopf ist gerade, Ihre Brust herausgestreckt. Sie atmen tief in Ihren Bauch hinein. Achten Sie darauf, dass Ihr Bauch nicht eingeengt ist. Tragen Sie Kleidung, in der Sie sich wohlfühlen.

3. Schritt: Werfen Sie sich zunächst einmal ein verschmitztes Grinsen oder ein liebevolles Lächeln zu. Genießen Sie dieses Anlächeln für einige Minuten.

4. Schritt: Sagen Sie zu Ihrem Spiegelbild in den liebevollsten und schönsten Worten, die Ihnen jetzt spontan einfallen: „Du bist vollkommen okay." – „[Ihr Name], Du bist echt schwer in Ordnung!" – „Du bist auf einem guten Weg." – „Ich mag dich! – „Weiter so!" – und so weiter. Dann ersetzen Sie das „Du" durch ein „Ich". Spüren Sie hinein, wie es sich anfühlt. Am Anfang fühlt es sich vielleicht noch etwas seltsam an, es wird Ihnen jedoch von Mal zu Mal leichter fallen.

5. Schritt: Sprechen Sie auf diese Weise mindestens einige Minuten lang. Spielen Sie mit Ihrer Stimme, lassen Sie sie immer noch liebevoller klingen. Schmelzen Sie dahin vor Freude an Ihrem Spiegelbild. Fließen Sie über vor Freude an sich selbst.

6. Schritt: Wiederholen Sie die Übung am besten täglich – besonders dann, wenn es Sie Überwindung kostet, sie durchzuführen, aber auch dann, wenn sie bereits sehr angenehm ist. Es lohnt sich! Mit der Zeit werden Sie sich immer wohler mit sich selbst fühlen und vieles wird Ihnen leichter fallen.

Hinweis: Diese Übung ist auch ideal geeignet, wenn Sie sich für bestimmte wichtige Ereignisse in eine „Top-Stimmung" bringen möchten, zum Beispiel für eine mündliche Prüfung, eine Verabredung oder ein Vorstellungsgespräch.

ÜBUNG

In einen neuen Rahmen stellen – das Reframing

Wie lerne ich, eine Sache, ein Verhalten, eine Situation lieben zu lernen, die ich normalerweise ablehne? Im letzten Kapitel haben Sie gelernt, wie Sie zwei unterschiedliche Anteile in Ihnen dazu bringen, zu verhandeln und gemeinsam eine Lösung zu finden. Ihre zwei inneren Anteile haben gelernt, dass es zusammen besser geht als allein und konnten die positive Absicht des jeweils anderen würdigen (siehe Übung Seite 148).

„Reframing" – ein zentraler Baustein aus dem NLP – ist ein wirksames Mittel, um etwas, das man bisher nur als negativ oder destruktiv betrachtet hat, aus einer zum Teil komplett anderen Perspektive wahrzunehmen. Durch unsere Wahrnehmung erschaffen wir einen festen Rahmen (engl. = „frame"), in dem wir etwas subjektiv beurteilen. Durch das Um- oder Neurahmen (engl. = „reframing") lenken wir unsere Wahrnehmung auf einen anderen Teil der Wirklichkeit. Man unterscheidet:

- **Kontext-Reframing:** Ein Verhalten, eine Fähigkeit oder ein Glaubenssatz wird in einem anderen Zusammenhang (Kontext) betrachtet, in dem dieses Verhalten nützlich ist.

Beispiel: Sie ärgern sich manchmal über sich selbst, weil Sie in Verhandlungen nicht so spontan und schlagfertig reagieren wie manche Ihrer Kollegen. In einem anderen Kontext bringt Ihre Art, über Dinge zunächst nachzudenken, bevor Sie sich dazu äußern, jedoch große Vorteile.

- **Bedeutungs-Reframing:** Einem Verhalten, das bisher Schwierigkeiten gemacht hat oder einer Situation, die bisher als belastend erfahren wurde, wird eine andere Bedeutung gegeben. Dabei kann es sinnvoll sein, die positive Absicht des Verhaltens beziehungsweise der Situation herauszufinden.

Beispiel: Eine Mutter beklagt sich über ihre Tochter, dass diese überhaupt nicht mehr folgt und sie sich immer öfter mit ihr auseinandersetzen muss. Sobald es der Mutter gelingt zu sehen, dass ihre Tochter dabei lernt, eine eigene Meinung zu entwickeln, sich zu wehren und konstruktiv zu streiten, kann sie die nächste Streitsituation mit ihrer Tochter anders erleben – die Bedeutung hat sich verändert.

Gut zu wissen

. . . .

Reframing benötigt etwas Übung. Meistens gelingt es leichter, wenn Sie es zunächst für andere Menschen einsetzen, um ihnen damit eine Brücke zu einer neuen Sichtweise zu bauen. Sobald Sie bemerken, wie erleichtert und entspannt andere darauf reagieren, werden Sie fähiger, es nach und nach auch bei sich selbst anzuwenden.

. . . .

Einfache Reframing-Tipps[*]

Je größer Ihr Repertoire an Möglichkeiten ist, Dinge, Situationen und Verhaltensweisen anders zu betrachten, desto flexibler werden Sie. Suchen Sie sich von den genannten Beispielen die aus, die am besten zu Ihnen passen und probieren Sie sie bei der nächstbietenden Gelegenheit aus.

- **Reframing mit Mimik:** Wenn es Ihnen schlecht geht oder Sie sich gerade über etwas ärgern, schenken Sie sich selbst ein Lächeln. Ihr Körper wird am Anfang noch etwas verwirrt sein, er hat jedoch keine Chance als Ihnen ein besseres Gefühl zu vermitteln.

- **Reframing mit der Körperhaltung:** Wenn Sie sich gerade frustriert und niedergeschlagen fühlen, richten Sie sich bewusst auf, heben Sie Ihren Kopf und ziehen Sie Ihre Schultern nach oben. Dadurch öffnet sich der Zugang zu Ihren positiven Gefühlen (denken Sie an den Cartoon von Seite 88).

- **Reframing durch ein „noch":** Wenn Sie wieder einmal denken: „Ich bin nicht so weit wie die anderen!" und sich durch den Vergleich schlecht fühlen, dann bauen Sie einfach ein „noch" in Ihren Satz ein: „Ich bin *noch* nicht so weit wie die anderen!" Spüren Sie, wie sich Ihr Gefühl dabei verändert.

- **Reframing durch eine positive Absicht:** Wenn eine Situation, in der Sie im Moment stecken oder ein Verhalten, dem Sie im Moment ausgesetzt sind, Stress bei Ihnen auslöst, sagen Sie sich folgenden Satz: „Wer weiß, wozu es gut ist!" Spüren Sie, wie sie sich wieder entspannen. Erfolgreiche Reframer haben den Satz verinnerlicht.

Reframing durch den Einsatz hilfreicher Fragen

Oft hilft es einem in verzwickten Situationen schon, an die eine oder andere der folgenden Fragen nur zu denken, damit sich das eigene Gefühl verändert. Beantwortet man sie dann auch noch, hat man bereits den Fokus verändert und „neu gerahmt". Auch bei den folgenden Beispielen finden Sie sicher die Fragen, die für Sie am stimmigsten sind.

- **Inwiefern ist das, was gerade passiert, genau das Richtige für mich?** Diese Frage erlaubt uns, unser Bewerten und Beurteilen – was ist falsch, was ist richtig? – für einen Moment aufzugeben. Müssen wir immer alles „richtig" machen? Und woher wissen wir überhaupt, was genau in diesem Moment für uns das „Richtige" ist? Manche zunächst als schlimm wahrgenommene Ereignisse entpuppen sich später vielleicht als Segen – wie beispielsweise in der Geschichte von Seite 165. Allein durch das Annehmen einer Situation kann sich die Tür zur Lösung unserer Probleme öffnen.
  Beispiel: Sie verpassen den Zug und treffen dann am Bahnsteig eine gute Freundin, die Sie schon seit Jahren nicht mehr gesehen haben.

- **Welche Chance bietet sich für mich in dieser Angelegenheit?** Die Frage hängt sehr stark mit der vorherigen zusammen: Wenn es uns gelingt, eine schwierige Situation als richtig anzusehen, fällt viel Stress von uns ab und wir können die Chancen und Möglichkeiten darin entdecken. In Katastrophensituationen ist das natürlich nicht einfach. Manchmal braucht es Zeit, bis wir auf Abstand gehen und eine andere Sichtweise einnehmen können.

163

---

[*] zusammengefasst aus dem Buch von Richard Bandler und John Grinder: Reframing. Paderborn 2010.

Beispiel: Sie machen eine Fernreise und kommen nach zwölf Stunden Flug erschöpft am Flughafen Ihres Ferienortes an. Verärgert stellen Sie fest, dass Ihre Koffer nicht mitgekommen sind. Sie kaufen sich nach dem ersten Ärger das Notwendigste für den Urlaub neu und stellen fest, dass Sie trotz „Notausstattung" Ihren Urlaub genießen können.

⚑ **Was kann ich daraus lernen?** Im Leben geht es darum, das wir Erfahrungen machen und durch unsere Erfahrungen Erkenntnisse gewinnen. Das lässt uns reifen und wachsen. Nehmen Sie alles, was Ihnen zustößt, als eine wichtige Erfahrung an. Als Gelegenheit zu lernen, zu reifen und sich zu entwickeln. Indem Sie diese Frage bewusst stellen, lässt sich manche Situation leichter ertragen.

Beispiel: Ein junger Jurist schickt seine Bewerbungsunterlagen direkt nach dem Examen hoffnungsvoll an verschiedene bekannte Kanzleien, bekommt aber nur Absagen. Anstatt an seinen Fähigkeiten zu zweifeln und die Flinte ins Korn zu werfen, stellt er die Frage nach der Lektion, die er daraus lernen soll und gibt sich selbst folgende Antwort: Ich lerne, mit Ausdauer „dranzubleiben" und auch in widrigen Umständen meinen Selbstwert zu bewahren.

⚑ **Welcher Sinn steckt dahinter?** Die Frage nach dem Sinn hilft uns, zu verstehen, warum etwas passiert ist. Wenn wir es verstehen können, können wir es auch leichter annehmen. Ungeachtet dessen, was dieses „Etwas" ist, das in dieser Weise wirkt: Wichtig ist, dass Sie durch die Frage nach dem Sinn anders mit dem umgehen, was Ihnen zustößt. Indem Sie darüber nachdenken, warum Ihnen etwas passiert, befassen Sie sich automatisch mit sich selbst und reflektieren ein stückweit Ihr Verhalten.

Beispiel: Sie erleben einen Tag, den Sie am besten vergessen würden. Sie haben verschlafen und jetzt lässt Sie auch noch die Bahn im Stich. Ihr Kunde kommt zu spät zum vereinbarten Termin, Sie müssen warten. Beim Einkaufen geht gerade vor Ihnen in der Schlange die Kasse kaputt, Sie müssen sich woanders anstellen, wo es noch länger dauert. In Ihrem Lieblingsrestaurant ist soeben das Essen aus, auf das Sie sich gefreut haben. Alles hat sich scheinbar gegen Sie verschworen. Das soll Sinn machen? Die Sinnhaftigkeit für all die Verzögerungen könnte zum Beispiel darin liegen, dass Sie langsamer werden sollen. Vielleicht wird Ihnen gerade durch die Vielzahl der Verzögerungen bewusst, wie gehetzt und gestresst Ihr Leben verläuft und Sie kommen zu der Einsicht, dass die Zeit reif ist für eine Umkehr. Es erinnert Sie daran, dass Sie den Tag in Zukunft ruhiger angehen lassen sollen.

⚑ **Wie könnte ich das auch noch sehen?** Mit dieser Frage öffnen Sie sich für neue Sichtweisen. Sie hinterfragen damit Ihren stressvollen Zustand und werden offen für andere Gedanken über Situationen und Ereignisse. Sie gewinnen neue, positive Perspektiven.

Beispiel: Sie treffen nach langer Zeit einen alten Freund und freuen sich über den gemeinsamen Abend. Da Sie ein guter Zuhörer sind, sind Sie offen für seine Geschichten aus der Vergangenheit. Mit jeder Stunde, die verstreicht, werden Sie jedoch immer ärgerlicher, da er Sie bisher noch gar nicht gefragt hat, wie es Ihnen geht. Sie halten ihn in dem Moment für unhöflich und wenig aufmerksam und fühlen sich bei diesem Gedanken merklich schlecht. Wenn Sie sich jetzt die Frage stellen: Wie könnte ich das auch noch sehen, und zwar positiv? Dann kämen Sie vielleicht auf den Gedanken, dass er Ihnen ziemlich viel Vertrauen entgegenbringt, indem er Ihnen so viel anvertraut. Das mildert Ihren Ärger ab und Sie werden dadurch fähiger, von sich aus von sich selbst zu erzählen.

Eine Geschichte

Glück oder Unglück, wer weiß … Ein alter Mann lebte in einem Dorf. Er war sehr arm, aber selbst Könige waren neidisch auf ihn, denn er besaß ein wunderschönes weißes Pferd. Sie boten phantastische Summen für das Pferd, aber der Mann sagte zu ihnen: „Dieses Pferd ist für mich kein Pferd, sondern ein Mensch. Und wie könnte man einen Menschen, einen Freund verkaufen?" Eines Morgens fand er sein Pferd nicht im Stall. Da sagten die Leute: „Du dummer, alter Mann! Wir haben immer gewusst, dass das Pferd eines Tages gestohlen würde. Es wäre besser gewesen, es zu verkaufen. Welch ein Unglück!" Der alte Mann sagte: „Geht nicht soweit, das zu sagen. Sagt einfach: Das Pferd ist nicht im Stall. So viel ist Tatsache; ob es ein Unglück ist oder ein Segen, weiß ich nicht, weil dies ja nur ein Bruchstück ist. Wer weiß, was darauf folgen wird?" Die Leute lachten den Alten aus.
Nach fünfzehn Tagen kehrte das Pferd plötzlich zurück. Es war nicht gestohlen worden, sondern in die Wildnis ausgebrochen. Und – es brachte noch ein Dutzend wilder Pferde mit. Wieder sagten die Leute: „Alter Mann, du hattest recht. Es war kein Unglück, es hat sich tatsächlich als Segen erwiesen." Der Alte entgegnete: "Wieder geht ihr zu weit. Sagt einfach: Das Pferd ist zurück. Wer weiß, ob das ein Segen ist oder nicht? Es ist nur ein Bruchstück, Ihr lest nur ein einziges Wort in einem Satz. Wie könnt Ihr das ganze Buch beurteilen?" Dieses Mal wussten die Leute nicht viel einzuwenden, aber innerlich wussten sie, dass der Alte unrecht hatte: Zwölf herrliche Pferde waren gekommen.
Der alte Mann hatte einen einzigen Sohn. Der begann, die Wildpferde zu trainieren. Schon eine Woche später fiel er vom Pferd und brach sich die Beine. Wieder urteilten die Leute: „Du hattest Recht – es war ein Unglück! Dein einziger Sohn kann jetzt seine Beine nicht mehr gebrauchen und er war die einzige Stütze deines Alters. Jetzt bist Du ärmer als je zuvor." Der Alte antwortete: „Ihr seid besessen von Urteilen. Geht nicht zu weit. Sagt nur, dass mein Sohn sich die Beine gebrochen hat. Niemand weiß, ob dies ein Unglück oder ein Segen ist. Das Leben kommt in Fragmenten und mehr bekommt Ihr nie zu sehen."

Ein paar Wochen später begann das Land einen Krieg. Alle jungen Männer des Ortes wurden zum Militär eingezogen. Nur der Sohn des alten Mannes blieb zurück, weil er verkrüppelt war. Der ganze Ort klagte und man wusste, dass die meisten der jungen Männer nicht nach Hause zurückkehren würden. Sie kamen zu dem alten Mann und sagten: „Du hattest Recht, alter Mann – es hat sich als Segen erwiesen. Dein Sohn ist zwar verkrüppelt, aber immerhin ist er noch bei Dir. Unsere Söhne sind für immer fort." Der alte Mann antwortete wieder: „Ihr hört nicht auf, zu urteilen. Sagt nur dies: Dass man Eure Söhne in die Armee eingezogen hat und dass mein Sohn nicht eingezogen wurde. Wer weiß, ob dies ein Segen oder ein Unglück ist?"

Nach einer alten taoistischen Parabel

Lieben was ist – die Arbeit mit „The Work"[*]

In einem Kapitel mit der Überschrift „TrauDich … zu lieben!" ist es ein Muss, von Byron Katie und „The Work" (engl. = die Arbeit) zu berichten. „The Work" ist ein Weg, die Stress erzeugenden Gedanken, die alles Leiden in der Welt verursachen, zu identifizieren und zu hinterfragen. Es ist die vielleicht effektivste Art, unseren Verstand zu klären. Ein klarer Verstand klärt unsere Gefühle und öffnet unser Herz. Dann erkennen wir, dass die Welt viel freundlicher ist als unsere Geschichte, die uns all die Jahre in eine mehr oder weniger leidvolle Trance versetzt hat. „The Work" ist ein Weg, der zum inneren Frieden und zum Frieden mit der Welt führt. Sowohl alte wie junge, kranke wie gesunde, gebildete wie ungebildete Menschen – alle Menschen mit einem offenen Geist können diese Arbeit machen.

Die amerikanische Lehrerin und Autorin Byron Katie entdeckte, dass sie litt, wenn sie glaubte, etwas sollte anders sein als es ist („Mein Ehemann sollte mich mehr lieben." – „Meine Kinder sollten mich schätzen.") und dass sie im Gegensatz dazu Frieden empfand, wenn sie diese Gedanken *nicht* glaubte. Sie erkannte, dass nicht die Welt um sie herum Ursache für ihr Leiden war, sondern ihre Überzeugungen über die Welt. In einem Geistesblitz erkannte sie, dass wir uns in unserer Suche nach Glück in die falsche Richtung begeben. Anstatt den hoffnungslosen Versuch zu starten, die Welt so verändern zu wollen, wie sie unseren Gedanken gemäß sein „sollte", können wir diese Gedanken hinterfragen. Und indem wir der Wirklichkeit so begegnen, wie sie ist, erfahren wir unvorstellbare Freiheit und Freude.

---

[*] Die Seiten 166 bis 171 sind – mit freundlicher Genehmigung des Verbandes für The Work of Byron Katie (vtw) – übernommen und zusammengefasst aus dem Buch von Byron Katie: Lieben was ist. Wie vier Fragen Ihr Leben verändern können. Arkana 2002. Siehe auch www.thework.com.

Nichts außerhalb von Dir kann Dir je das geben, wonach Du suchst."

Byron Katie (geb. 1942), amerikanische Autorin
und Gründerin von „The Work",
aus: Lieben was ist, Seite 258.

„The Work" ist erstaunlich einfach für Menschen in jedem Alter und mit jedem Hintergrund. Es erfordert nichts weiter als Stift, Papier und einen offenen Geist. Katie erkannte, dass es wenig brachte, wenn sie Menschen ihre Einsichten und Antworten vermittelte – stattdessen gab sie einen Untersuchungsprozess weiter, der Menschen zu ihren eigenen Antworten führt. Die ersten Menschen, die „The Work" gemacht haben, berichteten, dass es ihr Leben transformiert habe.

 Du entfernst Dich total von der Wirklichkeit, wenn Du glaubst, dass es einen legitimen Grund gibt zu leiden."

Byron Katie, aus: Lieben was ist, Seite 346.

Sie möchten, dass die Wirklichkeit anders ist als sie ist? Genauso gut können Sie versuchen, einer Katze das Bellen beizubringen. Sie können es versuchen und versuchen – am Ende wird die Katze zu Ihnen aufschauen und „Miau" sagen. Die Wirklichkeit anders haben zu wollen als sie ist, das ist hoffnungslos.

Wenn Sie darauf achten, werden Sie bemerken, dass Sie täglich Dutzende solcher Gedanken denken: „Die Menschen sollten freundlicher sein." – „Kinder sollten sich benehmen." – „Mein Ehemann (meine Ehefrau) sollte mit mir übereinstimmen." Mit diesen Gedanken möchten wir die Wirklichkeit anders haben als sie ist. Sie haben das Gefühl, das sei bedrückend? Sie haben Recht. Jeder Stress, den wir fühlen, beruht oft darauf, dass wir uns mit der Wirklichkeit anlegen. Menschen, für die „The Work" neu ist, sagen oft: „Wenn ich die Wirklichkeit einfach so annehme, wie sie ist, werde ich passiv, dann verliere ich vielleicht jede Motivation zu handeln." – Katie antwortet ihnen mit einer Frage:

„Kannst Du wirklich wissen, dass das wahr ist?" – Was bringt uns wieder mehr in unsere Kraft: Der Satz „Ich wünschte, ich hätte meinen Job nicht verloren" oder der Satz „Ich habe meinen Job verloren, was kann ich jetzt tun?" – „The Work" offenbart uns, dass das, wovon wir denken, dass es nicht hätte geschehen sollen, geschehen musste. Es musste geschehen, weil es geschehen ist und kein Denken in der Welt kann dies ändern. Das heißt nicht, dass wir es dulden oder gutheißen. Es bedeutet lediglich, die Dinge ohne Widerstand und ohne die Verwirrung von innerer Abwehr zu sehen. Niemand möchte, dass sein Kind krank wird oder jemand stirbt, den er liebt – aber wenn diese Dinge geschehen, wie könnte es da hilfreich sein, wenn wir uns mental mit ihnen anlegen und sie nicht akzeptieren? Obwohl wir dies eigentlich wissen, tun wir es dennoch, weil wir nicht wissen, wie wir damit aufhören können. „The Work" ist harte Arbeit. Das hat nichts damit zu tun, dass wir nicht um gestorbene Menschen und schreckliche Ereignisse trauern sollen. Es geht um den Unterschied zwischen dem Satz „Ich bin traurig, weil er gestorben ist" und dem Satz „Ich akzeptiere nicht, dass er gestorben ist."

In der eigenen Angelegenheit bleiben

Für Byron Katie gibt es nur drei Arten von Angelegenheiten, mit denen wir uns befassen: Meine, Deine und Gottes. Für sie bedeutet das Wort Gott „Realität".

> *Die Realität ist Gott, weil sie regiert. Alles, was weder ich noch Du noch ein anderer Mensch kontrollieren kann, nenne ich Gottes Angelegenheit.«*
>
> Byron Katie (geb. 1942), amerikanische Autorin

Ein großer Teil unseres Stresses entsteht, wenn wir uns gedanklich außerhalb unserer eigenen Angelegenheit befinden. Wenn wir denken, „Du musst eine Arbeit finden." – „Ich möchte, dass Du glücklich bist." – „Du solltest pünktlich sein." – und so weiter, dann sind wir in den Angelegenheiten der anderen. Wenn ich mich sorge über den Zeitpunkt meines Todes, bin ich in Gottes Angelegenheit. Bin ich mental in der Angelegenheit von anderen Menschen oder von Gott, bewirkt das Trennung. Wenn Sie Ihr Leben leben und ich in meinen Gedanken auch Ihr Leben lebe – wer lebt in diesem Moment dann *mein* Leben? Mich gedanklich in die Angelegenheit eines anderen einzumischen, hält mich davon ab, für meine eigenen Belange ganz präsent zu sein. Weiß ich, was für mich das Richtige ist? Das ist meine einzige Angelegenheit! Das kann ich als erstes anpacken, bevor ich versuche, die Probleme anderer zu lösen. Wenn wir die drei Angelegenheiten gut genug verstehen, um in unserer eigenen Angelegenheit zu bleiben, könnte dies unser Leben in einer Art befreien, die wir uns noch nicht einmal vorstellen können. Wenn Sie das nächste Mal Stress oder Unbehagen empfinden, dann fragen Sie sich einfach einmal, in wessen Angelegenheit Sie sich gerade befinden – und vielleicht werden Sie lauthals lachen. Diese Frage kann Sie zu sich selbst zurückbringen. Und vielleicht entdecken Sie, dass Sie nie wirklich gegenwärtig waren, dass Sie gedanklich Ihr ganzes Leben in anderer Menschen Angelegenheiten verbracht haben. Das einfache Bemerken, dass Sie sich in einer fremden Angelegenheit befinden, kann Sie zu sich selbst zurück bringen.

Den eigenen Gedanken mit Verständnis begegnen

Gedanken sind harmlos – es sei denn, wir *glauben* sie. Es sind nicht unsere Gedanken, die Leiden verursachen, es ist unser Anhaften an sie. Einem Gedanken anhaften bedeutet, zu glauben, dass er wahr ist, ohne ihn zu hinterfragen. Eine Überzeugung ist ein Gedanke, dem wir – vielleicht über Jahre – anhaften. Die meisten Menschen denken, sie seien das, was ihre Gedanken ihnen vermitteln. Eines Tages fiel Katie auf, dass sie nicht atmete – sie wurde geatmet. Dann stellte sie zu ihrem Erstaunen auch fest, dass sie nicht dachte – sondern dass sie tatsächlich gedacht wurde und dass dieses Denken an sich nicht persönlich war.

Mit vier Fragen das eigene Leben verändern

(nach „The Work" von Byron Katie)

Ziel

Überprüfen von Gedanken. Lernen, zu lieben, was ist.

So geht's

Byron Katie hat einen einfachen, jedoch wirkungsvollen Untersuchungsprozess entwickelt, der „The Work" genannt wird, und der diese Veränderung (Transformation) ermöglicht. Machen Sie das bitte am besten schriftlich. Byron Katie spricht auch von einer „schriftlichen Meditation".

1. Schritt: Sie sprechen Ihren Gedanken laut aus und schreiben ihn auf.
   Beispiel:
   ♙ Hartmut: „Ich muss hart arbeiten."
   ♙ Karla: „Die Menschen sollten ihre Versprechen halten."
   ♙ Yvonne: „Ich muss eine Entscheidung treffen."
   ♙ Sebastian: „Ich bin nicht gut genug."

2. Schritt: Anschließend überprüfen Sie den Gedanken anhand der folgenden vier Fragen:
   1. Ist dieser Gedanke wahr? (Ja / Nein) Ist die Antwort „Nein", machen Sie weiter mit Frage 3.
      Beispiel: Harmut, Karla, Yvonne, Sebastian: „Ja!"
   2. Können Sie zu hundert Prozent sicher sein, dass der Gedanke wahr ist?
      Beispiel:
      ♙ Hartmut: „Ja!"
      ♙ Karla: „Ja!"
      ♙ Yvonne: „Ich bin mir nicht sicher!"
      ♙ Sebastian: „Es stimmt nicht immer!"
   3. Wie reagieren Sie, wenn Sie diesen Gedanken denken?
      Beispiel:
      ♙ Hartmut: „Ich stelle mich bei jedem Projekt darauf ein, dass ich 150% geben muss, um meine Arbeit zu bewältigen."
      ♙ Karla: „Ich verspreche fast nie etwas, da ich mir oft nicht sicher bin, dass ich es auch halten kann. Ich werde dagegen von anderen oft enttäuscht, weil dies für viele nicht gilt."

ⓐ Yvonne: „Der Gedanke macht mir Druck und Stress. Ich habe Angst, mich falsch zu entscheiden."

ⓐ Sebastian: „Ich fühle mich schlecht und versuche, ein anderer zu sein als der, der ich bin."

4. Wer wären Sie ohne diesen Gedanken?

Beispiel:

ⓐ Hartmut: „Ich könnte verantwortungsbewusst meine Arbeit erledigen. Ich wäre in meiner Stärke, jedoch ohne diese ständige Anspannung."

ⓐ Karla: „Ich wäre nicht so enttäuscht, würde nicht so viel von den anderen und mir erwarten. Ich wäre ausgeglichener."

ⓐ Yvonne: „Ich wäre offener und könnte ohne Zeitdruck den Weg nehmen, der sich mir zeigt."

ⓐ Sebastian: „Ich würde mich wertvoller, wertgeschätzter fühlen. Meine Selbstachtung würde steigen."

3. Schritt: Kehren Sie diesen ursprünglichen Gedanken um! Überprüfen Sie ihn: Ist der umgekehrte Gedanke genauso wahr oder sogar stimmiger wie der ursprüngliche? Können Sie weitere Umkehrungen finden? Welcher Satz passt zu Ihnen?

Beispiel:

ⓐ Hartmut: „Ich muss nicht hart arbeiten." – „Ich darf es mir leicht machen!" Das hört sich gut an. Dann kann ich mich endlich auch bei den Projekten melden, die schnell und einfach gehen.

ⓐ Karla: „Die Menschen sollten ihre Versprechen nicht halten." – „Ich sollte meine Versprechen halten". – „Ich sollte meine Versprechen nicht halten." Es stimmt, manchmal gibt es Lebenssituationen, die eintreten, in denen frühere Versprechen keinen Sinn mehr machen. Das Gegenteil ist auch wahr.

ⓐ Yvonne: „Ich muss mich nicht entscheiden." – „Ich darf mir Zeit lassen in meinen Entscheidungen." Das klingt gut. So habe ich die Wahl und kann eher selbstbestimmt entscheiden.

ⓐ Sebastian: „Ich bin gut genug." – „Ich bin genau so richtig, wie ich bin." Tatsächlich: Wenn ich mich mit meinen Gedanken und meiner Aufmerksamkeit auf diese Wahrheit konzentriere, geht es mir sehr viel besser.

Ergebnis

Über „The Work" wird sehr deutlich, wie unsere Gedanken unsere Gefühle beeinflussen. Durch die Umkehrung unserer Gedanken sehen wir, dass wir immer die Wahl haben, aus welchem Blickwinkel wir die Wirklichkeit betrachten und was wir als wahr erachten.

ÜBUNG

Wenn Sie am Morgen erwachen und zu sich selbst sagen: „Heute werde ich nicht denken." – Zu spät, Sie denken bereits! Gedanken tauchen auf. Sie kommen aus dem Nichts und verschwinden im Nichts – wie Wolken, die über den Himmel ziehen, wie eine sanfte Brise oder Regentropfen, die fallen. Sie kommen, um zu gehen, nicht um zu bleiben. Sie richten keinen Schaden an, solange wir nicht glauben, sie seien wahr. Würden Sie sich mit einem Regentropfen anlegen? Regentropfen sind nicht persönlich und ebenso wenig sind es die Gedanken. Bisher war niemand fähig, sein Denken zu kontrollieren, obwohl manche Menschen behaupten, sie könnten es. Lassen Sie Ihre Gedanken nicht einfach so los – begegnen Sie ihnen vielmehr mit Verständnis, und dann erst lassen Sie sie los. Sobald Gedanken auftauchen, können wir sie untersuchen und uns dadurch mit ihnen anfreunden. Wenn wir einem Problem zunächst einmal mit Verständnis begegnen, finden wir es vielleicht sogar interessant, wenn es das nächste Mal auftaucht. Was zuvor ein Albtraum war, ist jetzt einfach nur spannend. Wenn es das nächste Mal auftaucht, finden wir es vielleicht lustig. Und beim nächsten Mal bemerken wir es vielleicht gar nicht mehr.

Das Ungeliebte integrieren*

In der Regel vermeiden wir es, unangenehme Gefühle, Ängste, Befürchtungen, Verletzungen oder negative Erlebnisse wahrzunehmen und zuzulassen. Vielleicht, weil es zu schmerzlich ist oder wir uns von diesen Gefühlen überfordert fühlen. Wer will schon etwas Unangenehmes durchleben? Verdrängung und Ablehnung mag als reine Überlebensstrategie sehr erleichternd sein. Leider wird das Thema oder das Problem damit nur „geparkt" und nicht wirklich aufgelöst. Rollt eine große und heftige emotionale Welle auf uns zu, haben wir Angst, von ihr verschlungen zu werden. Um beim Bild mit der Welle zu bleiben: Mit der Übung auf Seite 172 schaffen Sie es, die emotionale Welle zu „reiten", anstatt in ihr unterzugehen. So können wir abgespaltene Anteile von uns wieder integrieren, das heißt in uns aufnehmen, uns mit ihnen verbinden und sie dadurch auflösen.

Hindernisse und Gefahren bei der Umsetzung

Wie hat es bei Ihnen funktioniert? Bitte seien Sie gerade bei diesen Übungen, die im wahrsten Sinne des Wortes ans Herz gehen, mit sich selbst geduldig. Es kann manchmal bereits zu Beginn, manchmal auch zwischendurch, zu Blockaden oder Widerständen kommen, die dazu führen, dass es gerade nicht klappt. Vielleicht entdecken Sie einen „Ihrer" Stolpersteine im folgenden Abschnitt.

---

* Dieser Abschnitt und die Übung auf Seite 172 sind entnommen aus dem Buch von Kurt Zyprian Hörmann: Fühlen ist klüger als Denken. Kamphausen 2011.

Das Herz öffnen – Herz-Integration

(nach Kurt Zyprian Hörmann)

Ziel

Alte Verhaltensmuster und Schutzmechanismen auflösen und die dahinter verborgenen negativen Gefühle integrieren.

So geht's

Die Herz-Integration funktioniert am besten, wenn Sie die Übung wie ein Ritual in Ihr Leben einbinden. Es ist nicht notwendig, sich vorher in einen meditativen Zustand zu bringen. Sie müssen auch keine weiteren Vorbereitungen treffen. Sprechen Sie den nachfolgenden Text wie eine Formel laut aus. Verschränken Sie dazu die Arme vor Ihrer Brust und klopfen Sie mit den Fingern auf Ihre beiden Oberarme, während Sie sprechen:

1. Schritt: „Ich sehe (oder auch „Ich fühle, höre, schmecke, rieche, spüre ...") mein Thema ... und ich korrigiere." Sprechen Sie Ihre Wahrnehmung genau so aus, wie Sie sie empfinden, zum Beispiel „... meine Angst vor ...", – „... meinen Glaubenssatz ...", – „... meine Überzeugung ...", – „... meine Verletzung ...", – „... meine Unsicherheit ...", – „... meine Traurigkeit ..." und so weiter. Beispiel: „Ich sehe meine Angst, wenn ich einen Vortrag halten soll." Dieser erste Schritt dient der Anerkennung dessen, was integriert werden soll. Sie erkennen an, dass da etwas Unangenehmes ist und dass Sie etwas tun möchten. Gleichzeitig stellt der Satz: „Ich sehe ..." bereits die Einladung dar, mit der dieser nicht integrierte Anteil ins Körper-Geist-System zurückkehren kann.

2. Schritt: „Ich segne ... (mein Thema) ... und ich korrigiere." Segnen hat in diesem Fall nichts mit dem kirchlichen Segnen zu tun. Es geht vielmehr darum, dass Sie Ihre Absicht, Ihr Thema, angehen und bekräftigen wollen. Sie drücken mit diesem Satz Ihre Ernsthaftigkeit, daran zu arbeiten, und Ihre Achtsamkeit aus. Beispiel: „Ich segne meine Angst, wenn ich einen Vortrag halten soll."

3. Schritt: „Ich nehme … (mein Thema) … dankbar an und ich vergebe mir."
Mit diesem Satz nehmen Sie Ihr Thema – den nicht integrierten Anteil – wieder zu sich zurück, und übernehmen erneut die volle Verantwortung dafür.
Beispiel: „Ich nehme meine Angst, wenn ich einen Vortrag halten soll, dankbar an."

4. Schritt: „… und gebe … (meinem Thema) … einen Platz in meinem Herzen zur Heilung." In diesem Schritt findet nun die Integration, Transformation und Heilung statt. Das Herz wirkt dabei wie eine „energetische Waschmaschine", die alles verwandelt.
Beispiel: „… und ich gebe meiner Angst, wenn ich einen Vortrag halten soll, einen Platz in meinem Herzen zur Heilung."

5. Schritt: Formulieren Sie einen positiven Verstärker für die Zukunft
Zum Schluss geht es darum, Ihrem Thema einen guten Abschluss zu geben, indem Sie es für die Zukunft in einem positiven Bild verankern. Achten Sie deshalb auf positive Formulierungen.
Beispiel: „Ich erlaube mir, die/der zu sein, die/der ich in Wahrheit bin, gottgewollt, glücklich und zufrieden. Ich freue mich darauf, dass ich jetzt einen Vortrag halten darf, dafür habe ich lange geübt."

Ergebnis

Wenn Sie diese fünf Schritte vollzogen haben, erleben Sie sofort Erleichterung, inneren Frieden und Gelassenheit, die sich meistens mit einem tiefen Atemzug einleiten.

> Das Öffnen des Herzens ist nicht etwas, das man tun kann, sondern etwas, das geschieht. Der Schlüssel dazu ist Bereitschaft. Sobald Sie bereit sind, etwas anzunehmen, öffnen sich die Türen Ihres Herzens, und zwar so weit, wie Ihre Bereitschaft reicht.«

Safi Nidiaye (geb. 1951), deutsche Schriftstellerin und Meditationslehrerin; aus: Das Tao des Herzens

173

ÜBUNG

1. Zu viel reframen

Selten kommt es vor, dass Menschen in schwierigen, sehr belastenden Lebenssituationen reframen, obwohl es genau hier besser wäre, dies nicht zu tun. Sie verlieren dadurch die reale Sicht der Dinge aus den Augen und finden auch noch eine Rechtfertigung für das üble Verhalten des anderen.

Beispiel: Eine Frau wird jahrelang von ihrem Ehemann geschlagen und misshandelt. Sie kommt in die Beratung und stellt nüchtern fest: „Er meint es ja nicht so. Eigentlich ist er eine ganz liebe Person." Hier wird Reframing dazu benutzt, um der eigenen Verantwortung aus dem Weg zu gehen. Die Sicht der Dinge wird verklärt wahrgenommen und die eigene Handlungsfähigkeit ist wie gelähmt.

2. Nicht lieben können

Es gibt Lebenssituationen, die haben Erfahrungen für uns parat, auf die wir liebend gerne verzichten würden. In diesen schlimmen Situationen oder auch eine Zeit lang danach sind wir oft noch nicht in der Lage, etwas Positives daran zu finden, geschweige denn diese Themen zu integrieren. Wenn Sie in der Herz-Integration stecken bleiben oder spüren, dass Ihr Thema nicht endgültig gelöst ist, braucht es noch eine weitere Erkenntnis, um ganz frei zu werden: eine Gelegenheit

der Vergebung und der Versöhnung (siehe auch Kapitel 6).

3. Das Thema auf die leichte Schulter nehmen

Das fünfte Kapitel klingt leicht und einfach, sodass Sie vielleicht geneigt sind, es schneller zu lesen als die anderen, oder die Übungen dieses Kapitels später zu machen. Vorsicht, denn dies ist bereits ein erstes Anzeichen, dass sich ein Teil in Ihnen nicht den Themen stellen möchte, die hier auf Sie warten. Liebe und alles, was mit unserem Herzen zu tun hat, geht uns sehr nahe. Deshalb ist es wichtig, dass Sie sich gerade für dieses Thema viel Zeit nehmen. Geduldiges Üben und die Regelmäßigkeit der Anwendung führen hier zum Erfolg.

4. Techniken und Methoden mischen

Herz-Integration, Selbstliebe, The Work, Reframing – bei der Vielzahl der Methoden kann es einem schnell schwindlig werden. Bitte achten Sie darauf, dass Sie die einzelnen Methoden und Übungen nicht miteinander vermischen, das heißt, Teile aus der einen Übung in eine andere einbauen. Jede Übung ist in ihrem Aufbau sinnvoll und stimmig. Probieren Sie die Übungen einfach nacheinander aus und finden Sie heraus, welche für Sie am besten geeignet ist.

Erfahrungen und Fragen aus der Praxis

Karla: Ich habe die Herz-Integration mehrmals ausprobiert. Bei „schwächeren" Themen funktioniert sie auch ganz gut. Wenn ich jedoch an meine stark emotionalen Themen komme, spüre ich oft Ängste und Widerstände. Was tun?

Antwort: Das ist ganz normal. Gerade bei sehr alten Verhaltensmustern oder tiefliegenden Emotionen, die wir transformieren möchten, können sich Widerstände, Blockaden und Ängste zeigen. Das ist sogar gut, denn dann können diese gelöst und integriert werden. Solange Du den positiven Verstärker im fünften Schritt nicht oder nur sehr schwer aussprechen kannst, fang am besten wieder von vorne an. Oder Du integrierst zuerst Deinen Widerstand, das Festhalten oder die Weigerung, dieses Thema jetzt anzuschauen und bearbeiten zu wollen. Danach folgt wieder die ursprüngliche Herz-Integration. Manchmal kann es passieren, dass eine Herz-Integration bis zu siebenmal wiederholt werden muss, bis das Thema tatsächlich fühlbar gelöst ist. Das gilt auch für den Fall, dass Du bereits während der Integration Probleme damit hast, die Sätze auszusprechen. Dranbleiben und Wiederholen ist hier sehr wichtig.

Hartmut: Für mich sind diese Themen alle ganz neu. Wo soll ich denn am besten anfangen?

Antwort: Verbinde die Themen des fünften Kapitels (TrauDich zu lieben) mit den Themen des zweiten (TrauDich zu fühlen). So kommst Du am besten in die Welt der Gefühle. In Verbindung mit Deiner Intuition erreichst Du am besten die Herzebene. Wenn Du zu sehr in den Kopf rutschst, kannst Du die Übung aus „The Work" machen (siehe Seite 169) und damit Deine Gedanken überprüfen. Wichtig ist für Dich, dass Du klar lernst, zu erkennen: Was ist ein Gefühl, was sagt mein Kopf und wann meldet sich mein Herz?

Yvonne: Das Thema finde ich total spannend. Ich kenne mich jedoch und weiß, dass ich nicht sehr viel Geduld besitze. Was hilft mir dabei, dranzubleiben?

Antwort: Erlaube Dir im ersten Moment, die verschiedenen Methoden und Übungen auszuprobieren. Vermische sie aber inhaltlich nicht miteinander (siehe Seite 174, Punkt 4). Bleibe bei der Übung, die Dir am meisten Spaß macht oder wechsle zwischen den einzelnen Übungen, je nachdem, wie es Dir geht. Erlaube Dir Deine Sprunghaftigkeit.

Sebastian: Ich finde es am schwierigsten, mich im Spiegel anschauen zu müssen. Was kann mir da helfen?

Antwort: Es kann sein, dass Du Dich dabei schämst und es Dir deshalb unangenehm ist. Das Thema Scham wird im nächsten Kapitel bearbeitet. Mach die Spiegelübung einfach anschließend noch einmal und nimm wahr, was sich verändert.

Zusammenfassung

Oft beklagen wir uns, wie schlecht andere mit uns umgehen und vergessen dabei, wie schlecht wir uns selbst behandeln: durch Urteilen, Bewerten, Kritisieren. Indem wir beginnen, uns und unsere Umstände zu akzeptieren, bekommen wir Zugang zu unserer inneren Kraft. So können wir unseren Teil zur positiven Veränderung der Welt beitragen, anstatt Opfer der Umstände zu bleiben.

- Was habe ich gelernt?
- Was will ich bei mir ab sofort verändern?
- Wie gehe ich dabei vor?

Hartmut: Das wird für mich die stärkste Herausforderung. Bisher bin ich mit mir sehr schlecht umgegangen. Mich selbst lieben war immer an Leistung und Erfolge gebunden. Dass ich liebenswert bin, so wie ich bin, fällt mir schwer zu glauben, und Tatsachen, die mich aufregen, einfach zu akzeptieren, braucht noch viel Übung.

Karla: Dass es so einfach sein soll, finde ich sehr erleichternd. Meine größte Aufgabe ist es, meine Ängste zu integrieren. Ich spüre mein Herz zum ersten Mal seit langer Zeit wieder. Das schmerzt und fühlt

sich traurig an. Gleichzeitig kommt eine unbändige Lebensfreude durch.

Yvonne: Ich werde mir neue Rituale schaffen und in meinen Alltag integrieren. Mir ist wichtig, dass ich das, was ich hier lerne, auch wirklich anwende und umsetze. Ich habe in der Vergangenheit schon viel gemacht und nie lange durchgehalten. Das soll jetzt anders werden.

Sebastian: Die Spiegelübung finde ich sehr herausfordernd. Ich werde sie machen und meine restlichen Schuld- und Schamgefühle dabei mit der Herz-Integration transformieren. Ich bin sehr eng mit meinem Herzen verbunden. Das zeigt mir, dass ich auf einem guten Weg bin.

Was meinen Sie dazu?

Wie geht's weiter?

Unsere Selbstliebe und die Liebe zum Leben sind die Grundlagen, die uns Zugang verschaffen zur unendlichen, universellen Lebensenergie. Die Liebe kommt zu uns durch die Natur, etwa beim Anblick des nächtlichen Sternenhimmels. Wenn wir uns selbst lieben, sind wir auch bereit, Liebe zu empfangen und zu geben. Zum Thema Liebe finden Sie auf der nebenstehende Seite noch eine achtsame

Meditation von Louise Hay, die Sie mit ins nächste Kapitel nehmen können.
Was aber hindert uns noch daran, unsere Liebesenergie frei fließen zu lassen? Häufig sind es Situationen oder Erlebnisse, die wir einfach nicht vergeben können. Wir erlauben uns nicht, uns zu ent-schulden. Der Weg zur Freiheit führt jedoch durch das Tor der Vergebung. Und davon handelt das nächste Kapitel.

Behandlung durch Liebe

Tief in der Mitte meines Wesens sprudelt ein unendlicher Quell der Liebe. Ich erlaube nun, dass diese Liebe zur Oberfläche emporwallt. Sie erfüllt mein Herz, meinen Körper und mein Denken, mein Bewusstsein und mein innerstes Sein, und sie strahlt von mir aus in alle Richtungen, um mit vermehrter Kraft zurückzukehren. Je mehr Liebe ich übe und gebe, desto mehr habe ich zu geben; der Nachschub ist grenzenlos. Wenn ich Liebe übe, fühle ich mich wohl; das ist der Ausdruck meiner inneren Freude.

Ich liebe mich, und deshalb sorge ich liebevoll für meinen Körper. Liebevoll ernähre ich ihn mit guten Speisen und Getränken, pflege und kleide ihn liebevoll. Mein Körper dankt mir dafür mit Liebe, strahlender Gesundheit, Vitalität und Energie.

Ich liebe mich, deshalb bereite ich mir ein behagliches Zuhause, das alle meine Bedürfnisse erfüllt, und wo mir der Aufenthalt ein Vergnügen ist. Ich durchtränke alle Räume mit Schwingungen der Liebe, sodass alle, die sie betreten – auch ich selbst – diese Liebe spüren und sich von ihr gestärkt fühlen werden.

Ich liebe mich, deshalb arbeite ich an einem Platz, wo ich die Arbeit wirklich genieße, wo meine schöpferischen Begabungen und Fähigkeiten zum Einsatz kommen. Ich arbeite mit und für Menschen, die ich liebe und die mich lieben, und ich verdiene damit ein gutes Einkommen.

Ich liebe mich, deshalb verhalte ich mich liebevoll gegenüber allen Menschen und denke liebevoll an sie, denn ich weiß, dass alles, was ich gebe, vermehrt zu mir zurückkehren wird. Ich ziehe in meine Welt nur liebevolle Menschen an, denn sie sind ein Spiegel dessen, was ich bin.

Ich liebe mich, deshalb vergebe ich und löse mich völlig von der Vergangenheit und allen Erlebnissen in der Vergangenheit, und ich bin frei.

Ich liebe mich, deshalb lebe ich täglich im Jetzt und erlebe jeden Augenblick als gut. Ich weiß, dass meine Zukunft licht, freudvoll und sicher ist, denn ich bin ein geliebtes Kind des Universums, und das Universum sorgt liebevoll für mich, jetzt und immerdar.

Und so ist es.
Ich liebe mich!

Louise L. Hay (geb. 1926), amerikanische Autorin,
aus dem Buch: Heile deinen Körper – Liebe deinen Körper.

177

>> *Der Schwache kann nicht verzeihen.*
Verzeihen ist eine Eigenschaft des
Starken.«

Mahatma Gandhi (1869–1948),
indischer Rechtsanwalt und Pazifist

6

STUFE

TrauDich ...
zu vergeben!

„Was kommt denn jetzt noch auf mich zu?", werden Sie sich vielleicht fragen. Nachdem Sie im letzten Kapitel festgestellt haben, wie wichtig es ist, sich selbst und die aktuelle Lebenssituation zu lieben und zu akzeptieren, fehlt noch ein letzter Schritt in die Freiheit: Lernen Sie, sich und anderen zu vergeben. Dadurch können alte Wunden geheilt werden und Versöhnung kann stattfinden.

Wer ist schuld?

Die Arbeit an unserer Persönlichkeit bleibt häufig beim Thema Schuld stecken. Schuldgefühle wirken wie emotionales Gift – sie machen uns klein und unwürdig. Fühlen Sie sich in Ihrem Inneren schuldig, ziehen Sie unweigerlich in Ihrem Umfeld Situationen an, die diese Schuld spiegeln und zwar in Form von Konflikten, Erniedrigung, Aggression oder Bestrafung. Sie können die Aggression und Bestrafung auch gegen sich selbst richten (Autoaggression und Selbstbestrafung).

Oft wird dadurch ein Selbstzerstörungsprozess wie Krankheit oder Suchtverhalten ausgelöst. Oder Sie erlauben sich bewusst oder unbewusst nicht, gleichzeitig glücklich und zufrieden, erfolgreich und gesund zu sein. Das kann viele Gründe haben; an oberster Stelle der „Hitliste der Gründe" stehen meist die Schuldgefühle. Erst wenn der Leidensdruck zu hoch ist – etwa aus der Notwendigkeit einer Krankheit heraus – beschäftigt man sich mit dem Thema Versöhnung.

Mana

Alle Macht kommt von innen.

6. Huna-Prinzip

Von Kapitel zu Kapitel arbeiten wir uns weiter nach innen, bis hin zu unserem Wesenskern. Dort befindet sich der Sitz unserer inneren Stimme; dort liegen auch unsere kostbarsten Schätze, unsere Talente und Ressourcen. An diesem Ort bekommen wir Zugang zu unserer inneren Kraftquelle, die es uns letztendlich ermöglicht, unsere ureigene Bestimmung zu finden und unserem Leben Sinn zu geben. Die

Grenzen sind fast aufgelöst, vor uns liegt der Zugang zu unserer Freiheit – wenn da nicht noch ein paar uralte Geschichten auf uns warteten, die uns bis heute blockieren. Doch nun ist die Zeit gekommen, auch diese „Altlasten" zu erkennen, zu reinigen und loszulassen, um wirklich frei in Liebe und im Vertrauen auf sich selbst in die Welt zu gehen. Sind Sie bereit, auch dafür jetzt die Verantwortung zu übernehmen?

 Die Suche nach Sündenböcken ist von allen Jagdarten die einfachste.«

Dwight D. Eisenhower (1890–1969), 34. Präsident der USA (1953–1961)

Eine Geschichte

Die größte Kraft des Universums Es war einmal vor sehr langer Zeit, da hatten die Götter zu entscheiden, wo sie die größte Kraft des Universums verstecken sollten, damit der Mensch diese nicht finden könne, bevor er nicht reif sei, mit dieser Kraft verantwortungsbewusst umzugehen. Einer der Götter schlug vor, die größte Kraft des Universums auf der Spitze des höchsten Berges zu verstecken. Doch die Götter erkannten, dass der Mensch den höchsten Berg ersteigen würde, noch bevor er so weit wäre, die gefundene größte Kraft des Universums verantwortungsbewusst einzusetzen. Ein anderer Gott befand, dass es eine gute Idee sei, die Kraft auf dem Grund des Meeres zu verstecken. Aber wieder erkannten die Götter alsbald, dass der Mensch auch diese Region erforschen und die größte Kraft des Universums finden würde, bevor er dazu reif sei. Es folgten viele weitere Vorschläge, die alle wieder verworfen wurden, denn die Götter waren sicher, dass der Mensch die Verstecke fände, bevor er dafür bereit wäre. Schließlich sprach der weiseste aller Götter: „Ich weiß, was zu tun ist: Lasst uns die größte Kraft des Universums im Menschen selbst verstecken. Er wird niemals dort danach suchen, bevor er reif genug ist, den Weg nach innen zu gehen."

Die Götter befanden diesen Vorschlag für den besten und versteckten die größte Kraft des Universums im Menschen selbst. Und so tragen die Menschen die größte Kraft des Universums in sich – ohne es zu wissen. Doch manchmal gibt es einen Menschen, der die größte Kraft des Universums entdeckt und weise von ihr Gebrauch machen kann, weil er den Weg in seine innere Welt beschritten hat.

Nach einer orientalischen Legende

181

Verzeihen, vergeben und sich versöhnen

Häufig werden die Begriffe Verzeihen, Vergeben und Versöhnen oder Aussöhnen verwendet. Aber was ist eigentlich der Unterschied?

Verzeihen und **Vergeben** werden häufig synonym verwendet. Das Wort Vergebung kommt dabei eher aus dem religiösen Bereich. Was für beide Prozesse gilt: Es ist wichtig vor allem für denjenigen, der jemand anderen verletzt hat, sich in den anderen einzufühlen und anzuerkennen, dass er ihm Schmerz zugefügt hat. Aber auch der Verletzte muss seinem Gegenüber Verständnis und Mitgefühl entgegenbringen und vor allem das Gewesene loslassen und verzeihen können. In diesem Buch werden die Begriffe „vergeben" und „verzeihen" gleichbedeutend verwendet.

Wahres Vergeben und Verzeihen ist eine Handlung aus unserem Herzen heraus. Sie können sehr schnell bei sich bemerken, ob Sie wirklich vergeben haben, denn dann ist Ihr innerer Seelenfrieden wieder hergestellt. Der Akt der Vergebung beinhaltet, sowohl anderen zu vergeben als auch sich selbst, was für viele oft noch schwieriger ist. Zum Vergeben und Verzeihen gehören immer zwei: Der „Täter", also derjenige, der den anderen verletzt hat, muss erkennen, dass seine Handlung eine Verletzung hervorgerufen hat und das auch deutlich machen – zum Beispiel durch ein „Es tut mir leid." Das „Opfer", also der Verletzte, muss seine Verletzung loslassen können und das ebenfalls deutlich machen – etwa durch ein „Ich verzeihe/vergebe Dir." Verzeihen und Vergeben kann daher nie einseitig geschehen. Hat Vergebung stattgefunden, kann in einem nächsten Schritt auch **Versöhnung** oder **Aussöhnung** stattfinden.

Was passiert, wenn ich mich versöhne oder aussöhne? Der Wortstamm „Söhnen" ist eine Nebenform von „Sühnen" und bedeutet so viel wie „mit jemandem wieder einig werden, mit dem man bisher in Uneinigkeit lebte". Sich aussöhnen ist stärker als sich wieder vertragen. Menschen, die lediglich durch eine Meinungsverschiedenheit voneinander getrennt waren, können sich wieder vertragen. Versöhnung ist dann nötig, wenn sich die Kontrahenten vorher beleidigt haben, in Feindschaft lebten oder sich sogar gegenseitig hassten. Aussöhnung ist auch immens wichtig für Beziehungen – ob zwischen Geschwistern, Eltern und Kindern, Ehegatten oder Freunden, denn diese können ohne wahre gegenseitige Liebe und ohne Aussöhnung nicht weiterbestehen. Das gilt auch für uns selbst: Viele Menschen bleiben ihr ganzes Leben lang in Schuldgefühlen hängen und können sich selbst nicht vergeben, obwohl der andere ihnen längst vergeben hat. Wenn man bisher mit sich selbst sehr uneinig gelebt hat, dann ist die Aussöhnung mit sich selbst nötig, um inneren Frieden zu finden.

Gut zu wissen

Verzeihen oder Vergeben ist die Voraussetzung für den Prozess der Versöhnung. Ohne Vergebung kann Versöhnung nicht stattfinden. Manchmal sind die Verletzungen jedoch so tief, dass zwar ein Prozess der Vergebung stattfindet, aber eine Aussöhnung nicht mehr möglich ist – in diesem Fall gehen Paare dann beispielsweise auseinander.

Persönliche Standortbestimmung

Bitte nehmen Sie sich für die Beantwortung der folgenden Fragen etwas Zeit. Dabei können alte Erinnerungen und Erlebnisse aus der Vergangenheit auftauchen. Lassen Sie das einfach zu. Es ist eine Möglichkeit, diese eventuell mit großen Schmerzen erlittenen Verletzungen jetzt endgültig zu heilen.

Was bedeutet es für Sie, zu vergeben?

Hartmut: Darüber habe ich mir noch keine Gedanken gemacht. Wenn ich einen Fehler begangen habe, dann entschuldige ich mich und das erwarte ich auch von meinem Gegenüber.

Karla: Es ist für mich nicht so einfach, zu vergeben. Wenn ich belogen oder betrogen wurde, kann ich sehr nachtragend sein. Ich vergesse nicht so schnell. Versöhnen fällt mir dann noch schwerer. Es ist doch passiert und ich bin dann sehr misstrauisch.

Yvonne: Ich vergebe meistens schnell, denn ich kenne es von mir, dass mal schnell etwas gesagt wird, das man nicht so meint. Bei mir selbst ist das nicht so einfach mit dem Vergeben, ich grüble häufig darüber nach und gehe dann schlecht mit mir um.

Sebastian: Für mich ist es wichtig, dass ich bei mir selbst anfange. Nach dem Motto: „Wer ohne Schuld ist, werfe den ersten Stein!" Ich habe sehr viel Verständnis für die Probleme der anderen und dass sie manchmal etwas machen, das meine Grenzen übertritt. Mir fällt es wesentlich schwerer, mir selbst zu vergeben. Ein Seminar zum Thema „Aussöhnung mit dem inneren Kind" hat mir dabei sehr geholfen. Seitdem gelingt mir das etwas besser.

Was meinen Sie dazu?

Wer ist Ihnen noch etwas schuldig in Ihrem Leben? Wem schulden Sie noch etwas?

Hartmut: Da fällt mir mein Vater ein. Er hätte mehr für mich da sein und mir ein besseres Vorbild sein sollen. In meiner alten Firma habe ich sehr gute Arbeit geleistet, die nicht in dem Maße anerkannt wurde. Ich schulde niemandem etwas, das ist mir wichtig!

Karla: Es ist mir niemand etwas schuldig. Ich kenne dieses Thema nicht stark. Wenn ich jemandem etwas schuldig bin, dann soll er es sagen Ich begleiche meine Schulden sofort.

Yvonne: Es gibt viele Situationen in meinem Leben mit Menschen, die sich für mich nicht ausgeglichen anfühlen. Das ist für mich jedoch nicht so wichtig, solange jeder das tut, was er für richtig hält.

Sebastian: Das Thema Schuld fällt bei mir auf bearbeiteten Boden. Früher habe ich mir sehr schnell die Schuld für alles Mögliche gegeben. Das hat sich gebessert, wobei ich immer noch einigen Lehrern, sogenannten Autoritätspersonen, die Schuld für mein fehlendes Selbstbewusstsein gebe. Sagten einige doch, dass aus mir nie etwas werden würde. Außerdem bin ich meinen Eltern etwas schuldig, da ich jetzt wieder bei ihnen wohne.

Was meinen Sie dazu?

Wofür fühlen Sie sich schuldig?

Hartmut: Ich bin schuld am Scheitern meiner Ehe und übernehme dafür die volle Verantwortung. Ich habe eindeutig zu viel gearbeitet. Außerdem bin ich daran schuld, dass es mit meiner Gesundheit bergab ging. Das ist mein Ding.

Karla: Ich denke, dass es zum Teil meine Schuld ist, dass meine Kinder so unselbstständig sind. Es ist auch meine Schuld, dass ich noch keine eigene Arbeit gefunden habe, ich hätte mich schon viel früher darum kümmern können.

Yvonne: Wenn ich genauer darüber nachdenke, gebe ich mir häufig selbst die Schuld für all die vielen kleinen alltäglichen Pannen, in die ich gerate. Ich fühle mich in meinem Leben aktuell nicht mehr wohl, dafür gebe ich mir persönlich die Schuld.

Sebastian: Ich trage die Schuld dafür, dass ich in meiner Arbeit ständig überfordert werde, da ich nicht Nein sagen kann. Ich fühle mich außerdem schuldig und habe ein schlechtes Gewissen, dass ich noch nicht erwachsen genug bin und für mich selbst sorgen kann.

Was meinen Sie dazu?

Wofür schämen Sie sich?

Hartmut: Früher hätte ich gesagt, dass ich mich für nichts schäme. Wenn ich ehrlich bin, fällt es mir nicht leicht, zuzugeben, dass ich selbst meinen engen Freunden verheimlicht habe, dass ich krank war.

Karla: Ich schäme mich dann, wenn ich etwas Verrücktes gemacht habe, etwas, das man normal nicht tut. Ich weiß, dass ich das gar nicht muss. Es ist aber so. Meine Freundin Claudia traut sich da viel mehr zu, ihr ist es egal, was die anderen sagen.

Yvonne: Ich schäme mich nicht so schnell. Es kommt eher in Situationen vor, die mich an die Zeit in der Kindheit erinnern, als ich in der Ecke stehen musste und mich schämen sollte. Ich habe mich damals immer gefragt, was das bedeutet. Heute finde ich es immer noch schlimm, wenn ich nicht „mitspielen" darf, das heißt wenn ich merke, dass mich manche Menschen einfach nicht „dabei haben" wollen.

Sebastian: Ich schäme mich dafür, dass ich immer noch nicht erwachsen bin. Dafür, dass ich wieder bei meinen Eltern wohne. Dafür, dass ich oft nicht meine Meinung sage aus Angst, anzuecken. Ich schäme mich teilweise noch wegen meiner Sexualität, dafür, anders zu sein, kein „richtiger Mann" zu sein.

Was meinen Sie dazu?

184

In welchen Situationen können Sie leicht verzeihen oder sich entschuldigen, in welchen eher schwer?

Hartmut: Mich zu entschuldigen ist nicht meine Stärke, das gebe ich zu. Wenn es sein muss und einem Ziel dient, kann ich das auch, mit knirschenden Zähnen. Auch das Verzeihen habe ich lernen müssen. Und auch, Verständnis für andere aufzubringen, sich in die Welt anderer zu begeben, um zu erfahren, dass sie es oft nicht böse meinen und nicht jede Meinungsverschiedenheit ein Angriff ist.

Karla: Situationen, in denen etwas aus Versehen geschehen ist, kann ich schnell verzeihen. Wenn etwas aus Vorsatz betrieben wurde, kann ich sehr unnachsichtig

sein. Ich entschuldige mich für ein Fehlverhalten oder für Fehler, die passiert sind, obwohl mir das nicht immer leicht fällt. Am liebsten wäre ich fehlerlos.

Yvonne: Menschen, die mir nahe stehen, kann ich leicht verzeihen. Bei Menschen, mit denen ich nicht verbunden bin, fällt es mir jedoch schwerer. Das ist mir auch nicht so wichtig. Ich entschuldige mich dann, wenn ich einsehe, dass ich etwas falsch gemacht habe, sonst nicht. Ich bin kein Sündenbock.

Sebastian: Wie gesagt fällt es mir eher leichter, anderen zu verzeihen als mir selbst. Ich meinerseits entschuldige mich leicht und eher zu häufig. Oftmals für etwas, das ich gar nicht getan oder gesagt habe, nur damit wieder Harmonie eintritt.

Was meinen Sie dazu?

Wie schuldig fühlen Sie sich?
(Auf einer Skala von 1 bis 10:
  1 = völlig schuldfrei,
10 = überwiegend schuldig)

Hartmut: 1 **2** 3 4 5 6 7 8 9 10
Karla: 1 2 3 4 **5** 6 7 8 9 10
Yvonne: 1 2 3 **4** 5 6 7 8 9 10
Sebastian: 1 2 3 4 5 6 **7** 8 9 10

Was meinen Sie dazu?

1 2 3 4 5 6 7 8 9 10

Übernehmen Sie Verantwortung für Ihr Leben – jetzt!

Im ersten Moment reagieren Sie eventuell wie viele meiner Klienten, wenn sie das Wort Verantwortung hören: „Oje, noch mehr Verantwortung, dabei trage ich doch schon so viel auf meinen Schultern." Es

geht jedoch gar nicht darum, sich noch mehr Last aufzuladen, sondern im Grunde genommen genau um das Gegenteil: sich von Lasten zu befreien. Denn was uns belastet, sind genaugenommen all die schmerzlichen Erfahrungen und Erinnerungen aus der Vergangenheit: Die Schuldgefühle, die uns immer noch quälen, weil wir irgendwann einmal etwas falsch gemacht oder unterlassen haben. Unsere Gedanken an und Gefühle für Menschen, denen wir nicht verzeihen können. Unsere alten Programme und Verhaltensmuster, die uns in unserem gegenwärtigen Alltag einfach nur noch blockieren.

Aktueller Stress resultiert immer aus Erfahrungen, die wir in der Vergangenheit gemacht haben. Unser Unterbewusstsein vergleicht mit früher. Es hat einen großen Speicher all unserer Erfahrungen und Erinnerungen angelegt, aus dem es sich speist. Unser Leben ist ist daher ein Wiederholen von erinnerten Erfahrungen. Wir sind es so gewohnt, unsere Altlasten mit uns herumzuschleppen, dass wir häufig gar nicht mehr bemerken, wie sehr wir darin gefangen sind und wie unglücklich sie uns machen. Die Schuldfrage wird immer wieder gestellt: Bin ich schuld? Wer ist schuld? Das kann sich nicht gut anfühlen. Und darum geht es letztendlich auch gar nicht. Es gibt nur einen Weg heraus aus der Schuldenfalle: Nicht die Schuld für etwas zu übernehmen, sondern die Verantwortung. Die Verantwortung für Ihr eigenes Leben – und zwar jetzt und zu hundert Prozent. Indem Sie sich vergeben und damit beginnen, sich selbst zu lieben und anzunehmen, so wie Sie sind.

 Es ist nicht Dein Fehler, aber es ist Deine Verantwortung!"

Joe Vitale, amerikanischer Autor und Seminarleiter

Das Vergebungsritual Ho'oponopono[*]

Der Ursprung von Ho'oponopono liegt in einer alten hawaiianischen Reinigungs- und Heilzeremonie. Durch ein traditionelles Ritual können alte und uns belastende Muster und Programme wieder „richtig gestellt" oder „zurechtgerückt" werden. Im modernen Gebrauch wird es vor allem zur gegenseitigen Aussöhnung und Vergebung eingesetzt. Nach der Überzeugung der hawaiianischen Weisen hängt alles im Leben miteinander zusammen. Die Welt um uns herum ist eine Projektion dessen, was in unserem Inneren geschieht. Geraten wir durch Ärger, Wut oder Schmerz aus dem Gleichgewicht, müssen wir unseren Blick nach innen wenden, weg von dem Objekt oder der Person im Außen, die unser Problem verursacht hat. Nach Auffassung der Kahunas können wir Probleme im Außen nur dann lösen, wenn wir unser Inneres heilen. Mit Ho'oponopono bringen wir die Dinge wieder in die perfekte, göttliche Ordnung. Durch die Harmonisierung sämtlicher Beziehungen wird Frieden im Innen und Außen, untereinander und mit der Natur geschaffen. Dadurch können wir uns von unserer Vergangenheit befreien, um die Person zu sein, die wir sind.

* Quelle: Huna-Forschungsgesellschaft Zürich (www.huna-europe.ch), siehe auch www.hooponopono.org.

Ursprung und Entwicklung

Im alten Hawaii gab es keine Gefängnisse; die auftretenden Konflikte wurden immer zeitnah innerhalb der Sippe gelöst. Es war wichtig, Konflikte zu schlichten, um Schande und weitere Störungen zu vermeiden. Der Kahuna – Hüter des verborgenen Wissens und Huna-Weiser – der Sippe übernahm dabei die Rolle des Vermittlers. In der westlichen Welt würden wir ihn heute „Mediator" oder „Streitschlichter" nennen. Sobald die Sippe zusammenkam, konnte das Ritual beginnen. Wichtig war, dass alle Mitglieder der Sippe die ganze Zeit über anwesend waren, um die Energie der Reinigung und Heilung aufrecht zu erhalten. Die Zeremonie konnte ein paar Stunden oder einige Wochen lang dauern – so lange, bis der Konflikt bereinigt war. Jeder Einzelne trug dabei die Verantwortung für die ganze Sippe.

Ho'oponopono heute

Bekannt geworden ist Ho'oponopono durch die Erfolge des hawaiianischen Therapeuten Dr. Ihaleakala Len (geboren 1952), der eine ganze Anstalt geistesgestörter Krimineller binnen einiger Monate „heilte", indem er in sich selbst die Ursache dafür suchte, dass die Insassen der Anstalt sich so verhielten. Dr. Len sagte: „Ich habe sie nicht geheilt. Ich habe den Teil in mir geheilt, der sie erschaffen hat." Dabei ist es nicht die Einzelperson, sondern „das Göttliche", das diese Arbeit vollbringt. Seit dem verbreitet sich Ho'oponopono rund um die Welt und ist auch in der westlichen Welt von jedermann erlern- und erfahrbar. Die Lehrerin, Seminarleiterin und Kahuna Morrnah Simeona (1913–1992) entwickelte in den 1980er-Jahren aus der traditionellen Form das moderne Ho'oponopono, das in seiner kurzen Form unserer heutigen Zeit gerecht wird. Sie nannte es das „Self-I-Dentity-Ho'oponopono" (Selbst-Identität durch Ho'oponopono).

Ho'oponopono im Alltag

Das Ritual beinhaltet vier grundlegende Schritte, mit deren Wirkung wir die Ursachen unserer erlebten Erfahrungen reinigen und unsere alten Muster auflösen können. Zur Verdeutlichung soll an dieser Stelle ein körperliches Symptom dienen, unter dem viele von uns heutzutage leiden: Rückenschmerzen.

1. Schritt: „Es tut mir leid."
Damit lenke ich meine Aufmerksamkeit bewusst auf die Situation, um die es geht.
Beispiel: „Es tut mir leid für mein inneres Programm des Schmerzes. Ich weiß nicht, woher es kommt und mit welchen Erinnerungen es zusammen hängt."

2. Schritt: „Bitte vergib mir."
Damit nehme ich Verbindung mit der Versöhnungsenergie in meinem Innern auf.
Beispiel: „Bitte verzeih oder vergib mir, dass ich Dich bisher nicht oder zu wenig beachtet habe."

3. Schritt: „Danke!"
Damit übernehme ich die Verantwortung für die Situation.
Beispiel: „Ich bin Dir dankbar, dass Du Dich zeigst und mir die Gelegenheit gibst, meine alten Erinnerungen zu reinigen."

4. Schritt: „Ich liebe dich!"
Durch die Energie der Liebe findet die Verwandlung und Transformation statt.
Beispiel: „Ich liebe Euch, liebe Erinnerungen, die ihr mir diese Schmerzen verursacht."

Der zentrale Schlüssel bei diesem Ritual ist die Liebe. Wenn Sie wenig Zeit haben, können Sie daher die ersten drei Schritte auch weglassen und als Kurzform einfach „Ich liebe Dich!" sagen oder denken. Spüren Sie die Wirkung der Worte und nehmen Sie die Kraft der Liebe in Ihrem Herzen wahr. Sie können das Ritual für alle schwierigen emotionalen Situationen durchführen, ebenso wie für alle stressvollen Gedanken, die plötzlich auftauchen. So entscheiden Sie in jedem Moment Ihres Lebens, worauf Sie Ihre Aufmerksamkeit richten.

Ho'oponopono hilft uns zu verstehen, dass wir die immer Wahl und damit die Macht haben: Die Wahl, unseren Mustern zu folgen oder aus ihnen auszusteigen. Die Wahl, unter vergangenen Situationen immer wieder zu leiden oder sie loszulassen und damit glücklich zu werden – jetzt und in jedem Moment unseres Lebens. Mit diesem Ritual der Vergebung gelingt es uns, unsere Muster zu durchbrechen und aufzulösen. Wir reinigen uns von unserem emotionalen und mentalen Müll und damit von unseren belastenden Erfahrungen. So werden die grauen Seiten in unserem Lebensbuch wieder weiß und wir können sie neu beschreiben.

Umsetzung

Das Ritual Ho'oponopono ist eine Einladung an das Göttliche, seine Umwandlungskräfte für uns einzusetzen, um uns zu helfen. Wir bitten die Göttlichkeit, das zu berichtigen und zu reinigen, was wir mit unserem menschlichen Bewusstsein in Unordnung gebracht haben. Damit haben wir ein einfaches Instrument an der Hand, das sich mit der Zeit durch Übung entwickelt und festigt.

Sie können Ho'oponopono bei allen Problemen und Konflikten anwenden – ob in der Beziehung oder am Arbeitsplatz, bei Geldsorgen oder Krankheiten. Sie können damit alles reinigen, auch Menschen und Dinge, Orte und Räume, Essen oder Dokumente. Sprechen Sie die Sätze wie ein Mantra oder ein Gebet. Sie wirken ähnlich wie ein Code, wie eine Art Türöffner in die Freiheit. Wichtig ist folgendes:

- Befreien Sie sich von Erwartungen.
- Urteilen Sie nicht.
- Die Reihenfolge der vier Schritte spielt keine Rolle. Finden Sie Ihre Reihenfolge.
- Alles ist, weil es sein soll.
- Agieren Sie nicht, es geht ums Geschehen-lassen.
- Machen Sie sich keine besonderen Vorstellungen, bleiben Sie möglichst neutral.
- Sie brauchen nichts zu tun, um den Prozess zu verstärken.
- Gehen Sie mit einer kindlichen Einstellung in den Prozess.
- Der Prozess darf unbewusst ablaufen.
- Erwarten Sie keine Veränderung bei anderen Menschen. Wir heilen nur den Teil in uns, der Anteil hatte.
- Wir reinigen nur uns selbst. Bei anderen Personen wird automatisch der Teil gelöscht, der mit uns zusammenhing.

Die Übung kann zum Beispiel im Wechsel mit oder direkt nach der Herz-Integration (siehe Seite 172) durchgeführt werden. Damit kann die Umwandlung (Transformation) des alten Gefühls oder Verhaltens noch verstärkt und unterstützt werden. Achten Sie jedoch bitte darauf, dass Sie die beiden Übungen nicht miteinander vermischen, sondern jede gesondert für sich durchführen.

Hindernisse und Gefahren bei der Umsetzung

Bitte geben Sie nicht auf, wenn die Übungen nicht sofort eine Wirkung in Form von Erleichterung oder Wohlgefühl erzielen. Bei den Themen Vergebung und Aussöhnung befinden wir uns teilweise in sehr alten Mustern und Verstrickungen, die manchmal über Generationen hinweg weitergegeben wurden. Das kann verschiedene Gründe haben.

1. Die religiöse Prägung. Wir wissen inzwischen, wie wichtig es ist, unsere Gedanken fest in die Richtung zu lenken, in die sich unser Leben ausrichten soll. Dabei spielen unsere „Glaubenssätze" eine zentrale Rolle. Viele unserer Überzeugungen erhalten wir durch unsere religiöse Ausrichtung, die uns bereits in die Wiege gelegt wurde. Sind wir in der westlichen Welt groß geworden und haben eine christliche Erziehung genossen, dann wurde uns früh beigebracht, dass wir hier auf Erden Sünder sind und die Erlösung später im Himmel auf uns wartet. Wir werden in dem Bewusstsein erzogen, nicht noch mehr Schuld auf uns zu laden und unser Leben in Demut zu verbringen. Sind wir dagegen in Asien aufgewachsen, werden wir schnell begreifen, dass es „Karma" gibt (von Sanskrit „karman" = Wirken, Tat) und wir deshalb in diesem Leben nicht aus unserer Rolle schlüpfen können. Wenn uns etwas passiert, liegt es eben an unserem Karma – wir haben es nicht besser verdient. Dass unser Glaube „Berge" versetzen kann, ist nicht zuletzt durch den Placebo-Effekt bekannt. Wichtig ist es, dass unser Glaube uns nicht zum Hindernis wird und uns bei der Entfaltung und Entwicklung unserer Persönlichkeit im Weg steht. Wenn Selbstliebe und Vergebung aus Glaubensgründen verboten sind, kann das ein Hinweis darauf sein, dass Sie auf diesem Weg nicht weiterkommen. Dann liegt es an Ihnen, zu klären, welchem Glauben Sie sich anvertrauen möchten, was für Sie ganz persönlich stimmig ist.

2. Nicht vergeben können. Es kann vorkommen, dass Sie zwar vergeben möchten, Sie beim Ritual jedoch bemerken, dass es nicht geht („Ich kann jetzt nicht vergeben!"). Fügen Sie hier bitte das Wörtchen „noch" ein, denn dann ist einfach noch nicht die richtige Zeit. Vergebung passiert im Herzen: wenn die Schmerzen unserer

Verletzung noch zu stark sind, dann können wir jetzt noch nicht vergeben. In diesem Fall ist es wichtiger, das anzunehmen und zu akzeptieren. Sie können dann die Herz-Integration (siehe Seite 172) mit Ihrem Schmerz machen und Ihr Nicht-Vergeben-Können integrieren.

3. Niemanden finden, dem man vergeben könnte. Manchmal sind die Menschen schon nicht mehr unter uns, deren Taten oder Worte uns damals verletzt haben. Vielleicht ist uns auch überhaupt nicht mehr bewusst, was passiert ist, weil die Verletzung lange vor unserer Geburt geschehen ist. Was bleibt, ist ein schlechtes Gefühl, ein Unbehagen. Wirkt ein

Schmerz generationsübergreifend nach, kann es sein, dass Sie in Ihrer eigenen Biographie nichts finden; der verletzende Vorfall kann schon Jahrhunderte her sein und mit Ihren Ahnen zusammenhängen. Über Familienaufstellungen oder andere systemisch orientierte Methoden können Sie einiges darüber erfahren.

Sie dürfen sich jedoch auch ohne das Kopfwissen erlauben, sich von alten eigenen oder generationsübergreifenden Themen zu trennen. Allein dadurch, dass Sie den Wunsch äußern und Ihr Herz darauf ausrichten, kann dieses „Wunder" geschehen. Machen Sie nur Ihren Kopf frei von der blockierenden Annahme, dass so etwas nicht geht.

Erfahrungen und Fragen aus der Praxis

Hartmut: Wenn ich alles vergebe und verzeihe, wo bleibt dann die Gerechtigkeit? Lade ich dann die Menschen in meinem Umfeld nicht dazu ein, alles tun und lassen zu dürfen, was Sie wollen? Nach dem Motto, es wird ihnen ja sowieso vergeben?

Antwort: Die Gerechtigkeit, von der Du sprichst, ist die menschliche Gerechtigkeit, das Urteilen über Gut und Böse. Davon wollen wir uns mit den Methoden hier befreien, um zur Gerechtigkeit im Herzen zu kommen, die intuitiv spürt, was für mich und das ganze System das Beste ist. Das ist der Weg von der Kontrolle hinein ins Vertrauen. Außerdem gilt immer noch die Devise „Was Du säst, das wirst Du ernten." Das Energiegesetz gilt überall.

Karla: Dass Vergebung wichtig ist, leuchtet mir ein. Womit ich jedoch größere Probleme habe, ist das Wort „Loslassen". Alle

sagen mir das, jedoch weiß ich immer noch nicht, was damit gemeint ist. Wie soll ich das machen?

Antwort: Das wird häufig missverstanden. Häufig wird Loslassen mit Fallenlassen verwechselt. Das ist aber damit nicht gemeint. Am besten kannst Du Dir den Unterschied merken, wenn Du Dir vorstellst, Du hältst etwas in der Hand, zum Beispiel einen Bleistift. Balle Deine Hand zu einer Faust. Du hast jetzt zwei Möglichkeiten, Deine Faust zu öffnen: Öffnest Du sie nach unten, fällt der Bleistift zu Boden, dann hast Du ihn fallengelassen. Öffnest Du Deine Faust nach oben, hast Du den Bleistift losgelassen. Er liegt jetzt frei in Deiner Hand. Ein anderes Beispiel. Deine Kinder sind fast erwachsen. Da hören wir als Eltern auch immer den Spruch: „Lass Deine Kinder los!" Gemeint ist, die Faust nach oben zu öffnen, sodass sie sich nun frei bewegen können, wir Ihnen aber weiterhin die Hand reichen können, wenn sie sie brauchen. Es ist nicht gemeint, dass wir unsere Kinder fallenlassen sollen. Das ist bei der Integrationsübung gemeint. Wir dürfen zum Beispiel unsere Angst loslassen, sodass wir sie sehen können und sie verschwinden kann. Halten wir sie mit unserer Faust gefangen, kann sie sich nicht bewegen und muss sich frei kämpfen.

Yvonne: Ich kenne so viele Menschen, die mit schweren Rucksäcken der Schuld beladen sind. Wie kann ich anderen dabei helfen, dass sie es sich leichter machen? Eine Freundin von mir entschuldigt sich schon vorher, wenn sie etwas sagt, weil sie davon ausgeht, dass es sowieso falsch ist.

Antwort: Das ist nicht einfach, denn wenn Ihr immer bewusster mit dem Leben und Euren Themen umgeht, werdet Ihr auch in Eurem Umfeld immer mehr wahrnehmen, wo Eure Freunde und andere Menschen sich im Weg stehen oder sich schwer tun. Ich halte jedoch wenig vom „Missionieren", denn damit sagt ihr den anderen nur wieder von außen, dass sie so, wie sie sind, nicht in Ordnung sind; sie hören von Euch, was gut für sie ist. Du kannst aber gar nicht wissen, was für Deine Freundin das Beste ist. Sei einfach ein gutes Vorbild, wende die Übungen für Dich an. Wenn sie wissen will, wie Du das machst, zeige ihr eine Übung und berichte ihr davon, wie Du selbst immer zufriedener und glücklicher wirst.

Zusammenfassung

Der Schritt der Vergebung und Versöhnung, egal ob sich selbst oder anderen gegenüber, steht bewusst nach der Liebe und als letzter Schritt vor der Freiheit und dem Eintritt ins Selbstvertrauen. Wenn Sie noch nicht hundertprozentig vergeben können oder bemerken, dass da noch eine Restschuld übrig ist: Bitte gehen Sie liebevoll und geduldig mit sich selbst um. Vergebung kann ein längerer Prozess sein, der durch die Übungen in diesem Kapitel angeregt wurde. Überfordern Sie sich nicht und lassen Sie Ihrem inneren Prozess die Zeit, die er benötigt.
- Was habe ich gelernt?
- Was will ich sofort bei mir verändern?
- Wie gehe ich dabei vor?

Hartmut: Das mit der Liebe im letzten Kapitel war für mich schon eine große Herausforderung – und jetzt auch noch

vergeben und verzeihen. Ich werde es versuchen und meine Erfahrungen damit machen. Ich bin noch etwas skeptisch, ob dadurch mehr Frieden in die Welt kommt oder nicht noch mehr Chaos. Ich lass mich aber gerne eines Besseren belehren.

Karla: Das Vergebungsritual mit der Herz-Integration zu verbinden scheint für mich eine ideale Übung zu sein, um meinen gefüllten Rucksack zu leeren. Es sind schon einige Steine rausgefallen, ich will ihn noch weiter entleeren und vor allem die Steine dorthin zurückbringen, wo sie hingehören. Ich habe viel von meinen Ahnen getragen. Das bekommen sie jetzt in Liebe zurück.

Yvonne: Was mir gut gefällt und guttut ist, dass Vergebung in beide Richtungen funktioniert. Ich weiß, dass ich durch meine etwas spontane Art schon manchen meiner Zeitgenossen auf den Schlips getreten bin. Das tut mir leid und ich kann mich dafür im Hier und Jetzt entschuldigen – und für alle Situationen, die mir nicht bewusst sind. Es passiert viel jeden Tag, was man gar nicht bemerkt.

Sebastian: Ich habe jetzt endlich eine Möglichkeit gefunden, meine Schamgefühle, meinen geringen Selbstwert und mein fehlendes Selbstbewusstsein zu bearbeiten und zu integrieren. Der Prozess der Transformation ist voll im Gange. Ich freue mich auf mein „freies, neues Ich".

Was meinen Sie dazu?

Wie geht's weiter?

Nachdem Sie durch das Tor der Versöhnung geschritten sind, steht Ihrem eigenen Leben, so wie es ursprünglich gedacht war, nichts mehr im Weg. Sie haben sich von Ihren Ängsten, Zweifeln und Sorgen, von negativen Gedanken, Mangelzuständen und Schuldgefühlen befreit, sodass Sie wieder oder sogar erstmalig „Sie selbst" sein können. Sie müssen nichts mehr dafür tun, denn Sie sind es bereits.

Sie müssen sich nichts mehr erarbeiten oder beweisen – es darf mit Leichtigkeit und Gelassenheit gehen. Und vor allem, Sie brauchen nicht mehr darauf zu warten und zu hoffen, dass es andere für Sie tun – Sie können es ganz alleine schaffen und Ihrem Leben den Sinn geben, der für Sie stimmig ist. Lassen Sie sich von der nebenstehenden Geschichte für das letzte Kapitel inspirieren!

Eine Geschichte

Der Adler, der nicht fliegen wollte Einst fand ein Mann bei einem Gang durch den Wald einen jungen Adler. Er nahm ihn mit nach Hause auf seinen Hühnerhof, wo der Adler bald lernte, Hühnerfutter zu fressen und sich wie ein Huhn zu verhalten. Eines Tages kam ein Zoologe des Wegs und fragte den Eigentümer, warum er einen Adler, den König aller Vögel, zu einem Leben auf dem Hühnerhof zwinge. „Da ich ihm Hühnerfutter gegeben und ihn gelehrt habe, ein Huhn zu sein, hat er nie das Fliegen gelernt.", antwortete der Eigentümer. „Er verhält sich genau wie ein Huhn, also ist er kein Adler mehr." – „Dennoch", sagte der Zoologe, „hat er das Herz eines Adlers und kann sicher das Fliegen lernen."
Nachdem sie die Sache beredet hatten, kamen die beiden Männer überein, zu ergründen, ob das möglich sei. Behutsam nahm der Zoologe

den Adler in die Arme und sagte: „Du gehörst den Lüften und nicht der Erde. Breite deine Flügel aus und fliege!" Doch der Adler war verwirrt; er wusste nicht, wer er war, und als er sah, wie die Hühner ihre Körner pickten, sprang er hinab, um wieder zu ihnen zu gehören.

Unverzagt nahm der Zoologe den Adler am nächsten Tag mit auf das Dach des Hauses und drängte ihn wieder: „Du bist ein Adler. Breite deine Flügel aus und fliege." Doch der Adler sprang wieder hinunter zu dem Hühnerfutter. Am dritten Tag machte sich der Zoologe früh auf und nahm den Adler aus dem Hühnerhof mit auf einen hohen Berg. Dort hielt er den König der Vögel hoch in die Luft und ermunterte ihn wieder: „Du bist ein Adler. Du gehörst ebenso den Lüften wie der Erde. Breite jetzt deine Flügel aus und fliege!"

Der Adler schaute sich um, zurück zum Hühnerhof und hinauf zum Himmel. Noch immer flog er nicht. Da hielt ihn der Zoologe direkt gegen die Sonne, und da geschah es, dass der Adler zu zittern begann und langsam seine Flügel ausbreitete. Endlich schwang er sich mit einem triumphierenden Schrei hinauf gen Himmel.

Es mag sein, dass der Adler immer noch mit Heimweh an die Hühner denkt; es mag sogar sein, dass er hin und wieder den Hühnerhof besucht. Doch soweit irgendjemand weiß, ist er nie zurückgekehrt und hat wieder das Leben eines Huhns aufgenommen. Er war ein Adler, obwohl er wie ein Huhn gehalten und gezähmt worden war.

James Aggrey, aus:
Der Adler, der nicht fliegen wollte

» *Bei der Kunst des Lebens ist der Mensch sowohl der Künstler als auch der Gegenstand seiner Kunst. Er ist der Bildhauer und der Stein, der Arzt und der Patient.*«

Erich Fromm (1900–1980),
deutsch-amerikanischer
Psychoanalytiker, Philosoph
und Sozialpsychologe

TrauDich ...
Du selbst zu sein!

Authentisch sein, authentisch
leben – was heißt das? Oder besser gefragt: Was bedeutet das für
Sie? Diese Frage können nur Sie
für sich beantworten, in jedem
Moment Ihres Lebens neu. Denn
Leben bedeutet Veränderung und
Sie verändern sich in jedem Augenblick mit. Das bedeutet auch, dass
Sie selbst dafür verantwortlich
sind, wie Ihr Leben aussehen soll
und wie Sie Ihr Leben gestalten.

Was ist Authentizität?

Authentisch sein heißt, das eigene Leben selbst zu bestimmen und sich gleichzeitig dem Fluss des Lebens anzuvertrauen, der immer wieder Lebenssituationen für einen bereithält, an denen man wachsen kann. Das erfordert eine große Portion an Vertrauen in die eigenen Kräfte, Selbstvertrauen und Vertrauen ins Leben. Aber erinnern Sie sich: Das Leben sorgt für Sie, wenn Sie es zulassen.

Gut zu wissen

Bitte erinnern Sie sich immer an eines: Sie sind bereits die Person, die Sie sein sollen! Sie müssen sich nicht dahin entwickeln, sondern können jetzt auf der Stelle entscheiden, dass Sie es sind!

Wenn Sie die Übungen und Fragen für sich bis hierher durchgeführt haben, werden Sie vielleicht bemerkt haben, dass manches wirkt und manches für Sie nicht besonders wertvoll war. Das ist völlig normal, denn durch unsere unterschiedliche Persönlichkeit gehen wir zu manchen Dingen sehr schnell in Resonanz und zu manchen überhaupt nicht. Wichtig ist, dass Sie mit der Zeit immer besser herausfinden, was zu Ihnen passt und was nicht. Wenn Sie mit diesen teilweise neuen Verhaltensweisen in die Welt hinausgehen, werden Sie von Ihren Mitmenschen eventuell gefragt: „Glaubst Du das wirklich alles, was Du mir erzählst?" oder „Muss ich daran glauben, dass es funktioniert?" – Wichtig ist, dass Sie immer daran glauben, was Sie für sich als stimmig festgestellt haben! Versuchen Sie dabei nicht, Ihre „Wahrheit" auf andere zu übertragen, deren Wirklichkeit noch aus anderen Wahrheiten besteht. Denn manches klingt für jemanden, der sich noch nicht lange mit dieser Thematik beschäftigt hat, ziemlich „ver-rückt".

 Es ist nie zu spät, der zu werden, der Du hättest sein sollen.«

George Eliot (1819–1880), englische Schriftstellerin

Was ist Wahrheit?

Fragen wir hundert Menschen nach ihrer Wahrheit, werden wir hundert unterschiedliche Antworten erhalten. Wie wir wissen, entwickelt sich „unsere Wahrheit" durch unsere Erfahrungen, unsere Glaubenssätze und unsere gesellschaftlichen Normen. Und die sind bei jedem Menschen bekanntlich anders. Trotzdem liegt uns Menschen viel daran, dass unsere Wahrheit auch von den anderen verstanden wird. Für einige Wahrheiten werden auch heute noch erbitterte Kriege geführt, manche davon finden im Außen, viele dagegen auch in unserem Inneren statt. Daran können wir erkennen, wie heikel das Thema ist. Menschen reagieren nicht immer mit Verständnis, wenn wir ihre Wahrheit in Frage stellen.

Die „absolute Wahrheit" gibt es demnach gar nicht. Wahrheit wird oft gleichgesetzt mit der Wirklichkeit, und die ist nun mal sehr persönlich und kann sich auch schnell ändern. In der Huna-Philosophie können viele Wahrheiten nebeneinander bestehen, denn für die Kahuna gibt es ebenso viele Wahrheiten wie es Menschen gibt.

Pono

· ·

Wirksamkeit ist das Maß der Wahrheit.   *7. Huna-Prinzip*

· ·

Als Gradmesser unserer persönlichen Wahrheit gilt alles, was wirkt und dazu dient, uns wieder heil und ganz werden zu lassen. Das bedeutet aber auch, dass wir uns die Wahrheiten von anderen zunutze machen dürfen, sofern sie uns dienen. Wir müssen das Rad nicht immer wieder neu erfinden. Wir alle haben jederzeit die Möglichkeit, unseren individuellen Weg zu wählen oder aber in die Fußstapfen eines Menschen zu treten, den wir bewundern, solange wir eine wichtige Regel beachten: Jeder Weg ist richtig, der keinen anderen Menschen körperlich, geistig oder seelisch verletzt. Wir sollen flexibel und spielerisch unsere Möglichkeiten im Leben ausprobieren und Erfahrungen sammeln.

Wenn ein Placebo hilft, warum nicht? Dazu gibt es unzählige Studien, eine davon mit zwei Gruppen von Studenten, an denen verschiedene Aufputsch- und Beruhigungsmittel getestet wurden: Es gab rote Aufputschpillen und blaue Beruhigungspillen – sie wirkten auch ganz hervorragend. Das erstaunliche dabei war, dass die Mittel vertauscht wurden, das heißt den Studenten wurden die Aufputschmittel mit der Information gegeben, es seien Beruhigungsmittel und umgekehrt.

Allein aufgrund der Überzeugung von der Wirkung der Mittel beruhigten die Aufputschmittel die eine Gruppe von Studenten, während die Beruhigungsmittel die andere Gruppe aufputschte. Ein anderes Beispiel: Was passiert, wenn ein Arzt einem Krebspatienten sagt, dass er nur noch wenige Monate zu leben hat? Wie viele Patienten, die indieser beängstigenden Lage stecken, haben die Kraft, *nicht* an die Aussage des Arztes zu glauben? Was ist also wahr? Wahr ist das, was wirkt.

Persönliche Standortbestimmung

Die folgenden Fragen und Antworten sollen Ihnen Impulse geben, anhand derer Sie Ihren ganz eigenen, persönlichen Lebenssinn finden und kreieren können. Lassen Sie sich von niemandem einreden, welchen Sinn Ihr Leben haben sollte. Darüber dürfen Sie ganz allein bestimmen. Da Beziehungen und Gemeinschaften unser Leben bereichern und ganz natürlich dazu gehören, können Sie sich Gleichgesinnte suchen, die an der gleichen oder ähnlichen Vision Freude haben. Diese Vision können Sie dann gemeinsam entwickeln und leben.

Was ist der Sinn Ihres Lebens?

Hartmut: Sinnvoll ist für mich alles, was ich tue, was ich erschaffe und was bleibt. Meine Erfolge, was ich geleistet habe, was ich mit dem Einsatz meiner Kräfte erbaut oder erreicht habe. Meine Ziele zu erreichen ist sinnvoll. Herausforderungen zu überwinden, Grenzen auszuloten und zu erweitern.

Was meinen Sie dazu?

Was möchten Sie am Ende Ihres Lebens von sich und Ihrem Leben sagen können?

Hartmut: Es soll erfolgreich verlaufen sein. Ich will meine Ziele erreicht haben, die mir wirklich wichtig sind. Ich habe etwas geschaffen, das bleibt und auf das ich stolz sein kann. Meine Begeisterung hat andere angesteckt.

Karla: Meine Familie gibt mir sehr viel. Eingebunden in meine Herkunft, meine Vorfahren und verbunden mit denen, die noch kommen werden, fühle ich mich wichtig und sinnvoll. Innerhalb der Gemeinschaft eine Aufgabe zu erfüllen, die zu meinen Fähigkeiten passt, das gibt mir Sinn.

Yvonne: Die Entfaltung meiner unendlichen Kreativität. Ich kann mein Leben gestalten, wie ich es möchte, mit den Ideen, die sich eröffnen. Ich kann mich frei bewegen, immer mehr zu der werden, die ich bin. Mich selbst erfahren, in allen möglichen Facetten und Ausprägungen. Von der Raupe zum Schmetterling.

Sebastian: Der Sinn des Lebens ist für mich, meinen Reichtum der Gefühle zu leben. Die Beziehungen zu meinen Mitmenschen und zu mir immer mehr zu leben und zu erfahren. Eine sinnvolle Aufgabe, die mich innerlich erfüllt. Liebe geben und empfangen, das einzig wirklich Wichtige hier auf Erden.

Karla: Ich möchte den Stab der Familie gut übergeben können. Ich möchte das Gefühl haben, dass ich ein guter Mensch war und die Welt durch mich ein wenig besser geworden ist. Ich möchte gerne zufrieden sein und mich an den kleinen Dingen des Alltags erfreuen können.

Yvonne: Es soll ein Feuerwerk gewesen sein. Ich möchte mit dem Gefühl gehen, es voll ausgekostet zu haben, bis auf den letzten Schluck. Ich will mir ganz sicher sein, nichts verpasst zu haben. All das erlebt zu haben, was mir wirklich wichtig war in meinem Leben.

Sebastian: Ich möchte am Ende meines Lebens sagen können: „I did it my way!" Es soll *mein* Leben gewesen sein, nicht das eines anderen. Ich habe Freunde um mich, die mich lieben wie ich bin.

Was meinen Sie dazu?

Was ist Ihre Bestimmung?
Was sind Ihre „Naturtalente"?

Hartmut: Ich kann immer wieder von vorn anfangen. Ich kann mich schnell für etwas begeistern und andere Menschen mitreißen. Ich bin mutig und stelle mich auch großen Herausforderungen. Ich sage meine Meinung und kann etwas bewegen. Ich setze mich für die Zukunft unserer Welt ein. Das ist meine Bestimmung.

Karla: Es fällt mir immer noch schwer, mich zu loben und etwas, das ich kann, als ein Talent zu sehen. Meine Bestimmung ist es, auf dem Boden der Tatsachen zu bleiben, Ordnung und Struktur in chaotische Zustände zu bringen und den Menschen um mich herum Sicherheit zu geben. Damit kann ich die Welt besser machen.

Yvonne: Ich bin froh, dass ich keine Bestimmung mehr brauche, denn es sind meine vielseitigen Talente, die ich einsetzen werde, um diese Welt etwas farbiger und bunter zu machen. Ich bin frei, jederzeit selbst zu bestimmen, was aus mir werden soll. Hauptsache, ich bleibe immer ich selbst und tue das, was in jedem Moment dran ist. Das ist das Wichtigste.

Sebastian: Früher hätte ich gesagt, dass ich zum Dienen geboren wurde, dass es auch Bauern braucht auf dem Schachbrett. Das sehe ich heute anders. Ich werde zwar immer noch Dienen, jedoch mit meiner ganzen Kraft, mit meiner ganzen Persönlichkeit, auf Augenhöhe und in Würde. Das ist meine Bestimmung. Dabei bringe ich als Talent mein großes Einfühlungsvermögen ein.

Was meinen Sie dazu?

Welche Menschen faszinieren Sie und warum?

Hartmut: Abraham Lincoln, der nach vielen Niederlagen Präsident wurde. Er hat sich nie von seinem Ziel abbringen lassen und ist immer wieder aufgestanden. Arnold Schwarzenegger, der es vom kleinen

Mann in Österreich zum Gouverneur in Kalifornien geschafft hat.

Karla: Florence Nightingale, die vor knapp 200 Jahren die moderne Krankenpflege gegründet und die ersten Pflegeheime eröffnet hat. Rosa Luxemburg vor allem durch ihren Einsatz für den Frieden.

Yvonne: Jeanne d'Arc als unermüdliche Kämpferin für die Freiheit, obwohl sie auf dem Scheiterhaufen ein wenig ruhmreiches Ende nahm. Madame Curie für ihre unendliche Neugier und ihren Wissensdrang, noch dazu in einer Männerdomäne.

Sebastian: Albert Schweitzer für sein Leben als Mediziner in Afrika und Europa, später für seine philosophische Lebensbetrachtung. Harvey Milk, er war der erste offen schwule Politiker der USA in San Francisco. Außerdem fasziniert mich das Leben von Nick Vujicic, der ohne Hände und Füße sein Leben meistert, durch die Welt reist und anderen Behinderten durch seine Vorträge und sein Beispiel Mut macht. Vor kurzem hat er sogar geheiratet.

Was meinen Sie dazu?

Was würden Sie tun, wenn Sie nicht scheitern könnten?

Hartmut: Ich würde meine Kraft dafür einsetzen, andere Menschen zu führen und Verantwortung zu übernehmen. Ich würde keine Energie in zeitaufwändige Auseinandersetzungen stecken, sondern meine Ziele nach meinen inneren Werten ausrichten und diese zielstrebig verfolgen.

Karla: Ich würde ein Generationenhaus bauen und leiten. Ein Haus für Jung und Alt, in dem Begegnung stattfindet. Jeder gibt freiwillig und eigenverantwortlich das, was er kann. Die Alten kümmern sich um die Jungen und umgekehrt.

Yvonne: Ich würde aus all meinen vielen Facetten und Fähigkeiten einen bunten Strauß binden, den ich anderen anbieten würde, damit sie sich daran erfreuen und das Leben mehr genießen. Ich würde den Menschen wieder zu mehr Lebensfreude verhelfen und ihre Lust am Leben stärken.

Sebastian: Ich würde mir eine längere Auszeit genehmigen, nur für mich. Ich würde meinen Job erst einmal an den Nagel hängen und mir die Zeit nehmen, um wirklich frei zu werden. Dann würde ich mich aus meinem tiefsten Inneren für das entscheiden, was zu mir passt und entschlossen an die Umsetzung gehen.

Was meinen Sie dazu?

Wie frei fühlen Sie sich?
(Auf einer Skala von 1 bis 10:
1 = völlig abhängig, 10 = völlig frei)

Was meinen Sie dazu?

Hartmut: 1 2 3 4 5 6 7 **8** 9 10
Karla: 1 2 3 4 5 6 **7** 8 9 10
Yvonne: 1 2 3 4 5 6 7 8 9 **10**
Sebastian: 1 2 3 4 **5** 6 7 8 9 10

1 2 3 4 5 6 7 8 9 10

Die Welt verändern

Ziel

Lernen, wie man durch die Visualisierung eines Idealbildes Schritt für Schritt die eigene Realität erschaffen kann und wie man auch als Einzelner etwas verändern kann.

So geht's

1. Schritt: Zeichnen Sie ein Dreieck auf ein Blatt Papier und beantworten Sie folgende Frage: Wenn Sie drei Dinge in der Welt ändern könnten, welche wären das? Schreiben Sie die drei Themen jeweils an eine Spitze des Dreiecks.

2. Schritt: Nehmen Sie sich jetzt jedes Thema einzeln vor. Tragen Sie alle Werte ein, die Sie hier gerne leben würden. Gehen Sie dabei von Ihrem Idealbild aus. Was ist Ihnen wichtig? Wie sieht das Miteinander aus? Wie fühlt es sich gut an? (Eine Werteliste finden Sie auf Seite 219.)

3. Schritt: Inwieweit leben Sie diese Werte bereits jetzt in Ihrem Leben? Was können Sie aktiv dafür tun, dass diese „Dreiecksspitzen" ausgefüllt werden? Wie viel verlagern Sie noch nach außen in der Hoffnung, dass es „bald" passieren soll?

4. Schritt: Je mehr Sie diese Werte leben und aktiv dafür sorgen, dass sie wachsen, desto mehr werden Sie sie im Außen kreieren. Die Welt ist ein Spiegelbild unseres Inneren. Ihr Idealbild – Ihre Vision – wird dadurch immer sichtbarer.

5. Schritt: Nutzen Sie die Kraft Ihrer Vision aktiv für Ihre Zukunft. Das wird Ihre Welt bewegen!

 Sei Du selbst die Veränderung, die Du Dir wünschst für diese Welt.«

Mahatma Gandhi (1869–1948),
indischer Rechtsanwalt und Pazifist

Work-Life-Balance[*]

Um ein Gleichgewicht zwischen Berufs- und Privatleben zu erreichen, müssen unterschiedliche Rollen, sowohl privat als auch beruflich, definiert werden. Die Definition dieser Rollen ist nicht nur von uns selbst abhängig. Vielmehr sind die Rollen geprägt von Familien-, kulturellen, gesellschaftlichen und globalen Werten und Glaubensvorstellungen. Work-Life-Balance und gleichwertige Beziehungen in Verbindung mit sich und anderen sind dann möglich, wenn wir uns gleichzeitig frei und geborgen fühlen können. Hierbei geht es nicht nur um das Streben nach Freude, Glück und Liebe. Es ist ebenso dringend notwendig, dass wir zum Beispiel trauern lernen oder den Mut haben, Ärger respektvoll auszudrücken. Die privat und beruflich unterschiedlich gelebten Rollen sind der Schlüssel zur Work-Life-Balance. Der „Flow"-Zustand (siehe Seite 87) hilft uns dabei, die bestmögliche Wahl zu treffen. Eine Work-Life-Balance wirkt sich positiv aus auf unsere Gesundheit, unsere innere Ausgeglichenheit, unsere Begeisterung als Frau oder Mann, unsere Ordnung im Berufs- und Privatleben, unsere Motivation und unseren positiven Umgang mit Stress und Druck. Sie verhilft uns zu Klarheit, wenn es darum geht, die verschiedenen Rollen zu leben.

Die verschiedenen Ebenen

In guten Beziehungen sind die folgenden fünf Ebenen – oder Rollen – im Privat- und Arbeitsbereich klar vorhanden und unterschieden (siehe Abbildung): Individuum, Frau/Mann, Umfeld, Hierarchie, Spielen. Klare Wertvorstellungen, Rollenbilder und Verhaltensmöglichkeiten für jede dieser Ebenen verhindern Schwierigkeiten, Schmerz und Verletzung; gleichzeitig erhöhen sie Resonanz und Lebensqualität.

Das 5-Rollen-Modell (Quelle: Kutscheracommunication©).

„Individuum": Wenn Sie diese Rolle leben, sind Sie in Resonanz mit sich selbst. Sie spüren Ihren Körper und wissen, was Sie brauchen. Sie leben die Vielfalt Ihrer Gefühle und wählen Ihre Gedanken frei. In der Partnerbeziehung fühlen Sie sich frei

---

[*] Die Seiten 202 bis 205 sind – mit freundlicher Genehmigung von Dr. Gundl Kutschera – aus folgenden Quellen übernommen und zusammengefasst: www.kutschera.org; Dr. Gundl Kutschera: Lebensqualität durch Work-Life Balance. April 2006. Weltkongress IANLP, Berlin 2006; www.resonanz-stiftung.de/dokumente/weltkongress_worklif.pdf.

und geborgen zugleich. In betrieblichen Aufgaben haben Sie Freude, Ihr Potenzial und Ihre Fähigkeiten zu leben und zu präsentieren.

„Frau/Mann": In dieser Rolle leben Sie als Frau in Resonanz mit Ihrer Weiblichkeit, als Mann in Resonanz mit Ihrer Männlichkeit. Sie genießen Ihre Schönheit und Attraktivität. In Ihrer privaten Beziehung bewahren und verfeinern Sie das lebendige Glücksgefühl des ersten Verliebtseins. Bei betrieblichen Aufgaben bereichern Sie sich als Frau beziehungsweise als Mann gegenseitig mit ihren speziellen Fähigkeiten – statt das jeweils andere Geschlecht zu bekämpfen. Darüber hinaus integrieren Sie die Anteile des jeweils anderen Geschlechts auch in sich selbst.

Hierachie (Rolle als „Gebender" und als „Nehmender"): In dieser Rolle leben Sie die Balance zwischen Geben und Nehmen. Sie leben als Führender beziehungsweise Sorgender in Resonanz und können sich aber auch führen und umsorgen lassen. Sie bekennen sich einerseits zu Verantwortung, lassen sich auf der anderen Seite auch gerne verwöhnen. In Ihren privaten Beziehungen bekennen Sie sich

zueinander, sorgen füreinander und nehmen gegenseitige Unterstützung gerne an. Im betrieblichen Umfeld nehmen Sie Führungsqualitäten an, übernehmen gerne und mit Leichtigkeit Verantwortung; Sie können aber auch Hilfe und Unterstützung von anderen annehmen.

Spielen (Rolle als „Freies Kind"): In dieser Rolle bewahren Sie sich die Neugierde und den spielerischen Entdeckungsdrang Ihrer Kindheit. In privaten Beziehungen können Sie fröhlich und ausgelassen sein. Im betrieblichen Umfeld sind Sie gleichwertiges Mitglied im Team und bringen Ihre individuellen Stärken ein.

Umfeld („Rolle im sozialen Umfeld"): In dieser Rolle leben Sie in Resonanz mit Ihrem sozialen Umfeld und mit der Natur. Sie wählen Ihre Freunde, sportlichen und kulturellen Aktivitäten und Ihr soziales Engagement selbst. Sie sind in privaten Beziehungen in das soziale Netz Ihres Umfeldes eingebunden (Freunde, Bekannte, Verwandte, Natur, Sport, Kultur, Politik). Im betrieblichen Umfeld sind Sie sich der ganzheitlichen Wechselwirkung zwischen Gesellschaft, Natur und Wirtschaft bewusst und handeln verantwortungsvoll.

 Zwei Seelen wohnen, ach! in meiner Brust, die eine wird sich von der anderen trennen.«

Johann Wolfgang von Goethe (1749–1832), deutscher Dichter; aus: Faust I

Die Rollen definieren

Alte Rollenbilder sind zerfallen und neue sind noch nicht vorhanden. Es ist nicht möglich, neue Rollenbilder im Labor zu

kreieren. Diese können nur von den betroffenen Personen selbst gefunden werden. Es hat in der ganzen Menschheitsgeschichte noch nie gleichwertige

Die persönlichen Rollen leben

ÜBUNG

Ziel

Die fünf Rollen sollten sowohl beruflich als auch privat von jedem persönlich definiert werden. Das bedeutet beispielsweise für die Frau/Mann-Rolle, dass von jedem einzelnen eine Vision gefunden werden muss, wie Frauen und Männer der Zukunft sein werden; welche Werte, welche inneren Einstellungen, welche Strategien und Verhaltensweisen in diesen neuen Rollen von Frau/Mann gelebt werden.

So geht's

Beantworten Sie die folgenden Fragen: Welche der fünf Rollen sind bei Ihnen vorhanden? Welche Rollen fehlen?

Rolle „Individuum": Wie geht es Ihnen, wenn Sie mit sich selbst alleine sind?

Rolle „Frau/Mann": Wie leben Sie Ihre Weiblichkeit/Ihre Männlichkeit – privat und beruflich?

Rolle Hierachie (als „Gebender" und als „Nehmender"): Welche Rolle fällt Ihnen leichter einzunehmen? Zu Führen oder geführt zu werden? Zu geben oder zu nehmen?

Rolle Spielen (als „Freies Kind"): Wie viel Zeit nehmen Sie sich, um – privat wie beruflich – Ihrem „Freien Kind" in sich mehr Ausdruck zu verleihen?

Rolle Umfeld („Rolle im sozialen Umfeld"): Wie viel Verantwortung übernehmen Sie in Ihrem privaten und beruflichen sozialen Umfeld?

Partnerbeziehungen gegeben, es gab immer Patriarchat oder Matriarchat, das heißt eine/r war oben und eine/r unten. Wir haben nun erstmals die Chance, zu entdecken, was gleichwertiges Miteinander heißt. Antworten darauf zu finden, ist eine große Herausforderung. Die Übung auf Seite 204 kann Ihnen dabei helfen.

Hindernisse und Gefahren bei der Umsetzung

Im letzten Kapitel geht es darum, sich von Hindernissen und Blockaden zu befreien, die bisher noch nicht erkannt oder aus dem Weg geräumt wurden. Diese Stolpersteine können in vielerlei Facetten und Ausprägungen auftauchen.

1. Hilfe – ich bin viele!

Sie haben sich in den vergangenen sechs Kapiteln immer besser kennengelernt und hatten eventuell am Anfang des Buches die Erwartung, dass Sie am Ende ein klares, eindeutiges Bild von sich bekommen. Das ist sicherlich auch zum Teil passiert. Auf der anderen Seite könnte es möglich sein, dass Ihr Bild von sich selbst um mehrere Facetten reicher geworden ist. Sie haben nie geahnte Seiten in und an sich entdeckt, die Sie bisher nicht gekannt haben. Neue und alte Persönlichkeitsanteile melden sich mit ihren Bedürfnissen zu Wort, die Sie bisher eher verdrängt oder einfach nicht beachtet haben.

Mit diesen Zusammenhängen hat sich der Psychologieprofessor Friedemann Schulz von Thun sehr ausführlich in seinen Büchern „Miteinander Reden" beschäftigt. Er hat dabei den Begriff des „Inneren Teams" für die Pluralität des menschlichen Innenlebens geschaffen. Das kann man sich vorstellen wie ein Theaterstück, das in unserem Inneren abläuft: Innere Stimmen – die „Mitspieler" – melden sich in jeder Lebenslage zu Wort und äußern ihre Ansprüche. Von Thun nennt sie etwa Stammspieler, Gegenspieler oder Verbannte. Je nach Persönlichkeit herrscht inneres Durcheinander oder geordnetes Miteinander; manchmal fordern die „Rebellen" ihr Recht ein, gehört zu werden. Manche dieser Mitspieler unseres inneren Teams agieren direkt auf unserer Lebensbühne, andere verstecken sich eher hinter dem Vorhang. Verbannt man Mitspieler und hört nicht, was sie zu sagen haben, kann das für das ganze Innenteam und damit auch für den eigenen inneren Frieden von Nachteil sein. Im Idealfall holt der „Innere Teamchef" alle Mitspieler an einen Tisch und lässt jeden einzelnen zu Wort kommen.

Faust beklagte, dass er zwei Seelen in seiner Brust habe. Ich habe eine ganze sich zankende Menge. Da geht es zu wie in einer Republik.«

Otto von Bismarck (1815–1898),
deutscher Politiker und Reichskanzler (1871–1890)

Kreativ entscheiden mit der Walt-Disney-Strategie

(Die folgende Übung ist eine häufig angewendete Grundübung aus dem NLP. Ich habe sie ergänzt und etwas abgewandelt.)

Ziel

Den eigenen Träumen und Visionen näher kommen. Die eigene Kreativität fördern und in den Alltag integrieren.

So geht's

1. Schritt: Definieren Sie ein Ziel oder ein Thema. Es kann auch eine Idee, eine Vision, Ihre Berufung oder Ihre Lebensaufgabe sein.

2. Schritt: Markieren Sie drei verschiedene Stellen im Raum in einem Dreieck. Achten Sie darauf, dass jeder Platz dem Typ entspricht, der in ihm nachdenken, visualisieren oder arbeiten soll:
   - Ein Platz für den kreativen Träumer/die kreative Träumerin.
   - Ein Platz für den realistischen Planer/die realistische Planerin.
   - Ein Platz für den konstruktiven Kritiker/die konstruktive Kritikerin.

   Durchlaufen Sie in den nächsten Schritten zügig die einzelnen Positionen, um einen ersten Eindruck zu gewinnen.

3. Schritt: Stellen oder setzen Sie sich auf den Platz des kreativen Träumers und nehmen Sie dessen Rolle ein. Erinnern Sie sich an eine Situation in Ihrem Leben, in der Sie kreativ und phantasievoll waren, in der Sie einen Traum entwickelt haben oder in der Ideen und Einfälle nur so gesprudelt sind. Versetzen Sie sich in diese Stimmung. Wenn Ihnen das schwerfällt, dann denken Sie an eine Person, die oft kreativ ist und überlegen Sie sich, wie diese Person das machen würde. Wichtig ist, dass Sie tatsächlich einen Zustand erreichen, in dem es Ihnen leichtfällt, zu träumen und kreative Ideen zu entwickeln. Lassen Sie Ihrer Phantasie freien Lauf. Egal, ob und wie Sie die Sache, um die es geht, überhaupt umsetzen können, ob es realistisch ist oder nicht, ob es nur ein Luftschloss ist oder nicht: Schreiben Sie es auf und hinterfragen Sie es in dieser Phase nicht. Dieser Teil der Persönlichkeit darf ungestört träumen, lassen Sie ihm genügend Zeit dafür.

4. Schritt: Bedanken Sie sich bei Ihrem inneren Träumer für die Information und verlassen Sie den Platz des Träumers. Atmen Sie tief durch und schütteln Sie sich, um wieder in einen neutralen Zustand zu kommen.

5. Schritt: Stellen oder setzen Sie sich auf den Platz des realistischen Planers und nehmen Sie dessen Rolle ein. Erinnern Sie sich an eine Zeit, in der es Ihnen leicht möglich war, realistisch und sorgfältig zu planen oder denken Sie an jemanden, der dies sehr gut kann. Fragen Sie sich, wie Sie Ihren Traum konkret realisieren können. Fragen Sie nicht, ob Sie das können, sondern wie. Das „ob" ist die Frage des Kritikers. Der Realist macht einen Plan, er notiert Maßnahmen, Termine, Mittel, Ressourcen. Entwerfen Sie also einen konkreten Plan zu Ihrem Traum. Denken Sie über die Ideen Ihres Träumers nach:

- Wie könnten Sie diese Idee verwirklichen?
- Welche Schritte sind notwendig?
- In welcher Reihenfolge müssen sie getan werden?
- Wie lange wird es dauern, bis das Ziel erreicht ist?
- Welche Zwischenziele sind dazu eventuell notwendig?

Der Realist hat die Aufgabe, den Traum des Träumers in die Tat umzusetzen. Ihn sollte dabei stets ein gutes Gefühl begleiten. Sobald seine Gefühlslage kippt, ist das ein untrügliches Zeichen dafür, dass sich bereits der Kritiker einschaltet. Bitten Sie in diesem Fall den Kritiker um Geduld, er ist im nächsten Schritt an der Reihe.

6. Schritt: Bedanken Sie sich bei Ihrem realistischen Planer für die Information und verlassen Sie den Platz des Realisten. Atmen Sie tief durch und schütteln Sie sich, um wieder in einen neutralen Zustand zu kommen.

7. Schritt: Stellen oder setzen Sie sich auf den Platz des konstruktiven Kritikers und nehmen Sie dessen Rolle ein. Erinnern Sie sich an eine Zeit oder eine Situation, in der Sie konstruktiv und kritisch waren, in der Sie Hindernisse und Einwände frühzeitig erkannt haben und genau wussten, wo Stärken und Schwächen eines Planes liegen. Oder denken Sie an eine Person, die über diese Fähigkeit verfügt. Versetzen Sie sich in diese Stimmung. Schauen Sie sich das Ergebnis des Träumers und des Planers an. Spüren Sie hinein und entwickeln Sie ein Gefühl für den Plan.

- Wo fehlt noch etwas?
- Was wurde noch nicht berücksichtigt?
- Können Sie mit diesem Plan Ihr Ziel erreichen?

207

ÜBUNG

ÜBUNG

Wichtig dabei ist, dass der Beitrag des Kritikers als ebenso wichtig und hilfreich akzeptiert wird, wie die Beiträge der beiden anderen Rollen. Der Kritiker überlegt konstruktiv, wie er zum guten Gelingen des Vorhabens des Realisten beitragen kann und deckt mögliche Fehlerquellen auf. Sobald der Kritiker destruktiv wird, sprechen Sie ihn sanft aber bestimmt an und verweisen ihn auf seine Aufgabe.

8. Schritt: Bedanken Sie sich bei Ihrem konstruktiven Kritiker für die Information und verlassen Sie den Platz des Kritikers. Atmen Sie tief durch und schütteln Sie sich, um wieder in einen neutralen Zustand zu kommen.

9. Schritt: Wenn Sie einen Durchgang durch die drei Positionen durchgeführt haben, beginnen Sie wieder mit dem Träumer. Wie reagieren Sie in dieser Position auf den Plan des Realisten und die Einwände des Kritikers? Fantasieren Sie weiter und finden Sie eine kreative Lösung darauf. Gehen Sie dann weiter zum Realisten und wieder zum Kritiker. Wiederholen Sie diesen Prozess so lange, bis Sie einen guten Plan haben, an dem Sie als Kritiker keine Mängel mehr feststellen und der dem Träumer auch hochfliegend genug ist.

Hinweis: Genauso wie Sie bei der Übung in Kontakt mit Ihrem inneren konstruktiven Kritiker, Ihrem kreativen Träumer und Ihrem realistischen Planer gekommen sind, können Sie das auch für andere Teile Ihrer Persönlichkeit machen. Geben Sie dem Teil einen Platz und stellen Sie ihm Fragen. Indem Sie ihm einen Raum zur Verfügung stellen, wird er beachtet. Laden Sie diesen Teil zur inneren Kommunikation ein und lernen Sie, immer mehr mit Ihren inneren Anteilen in Verbindung zu treten. So werden Sie immer schneller realisieren, welcher Teil in Ihnen sich meldet und was dieser braucht. Achten Sie darauf, dass Sie der Chef über Ihre Teile bleiben und benutzen Sie dafür auch Ihre Intuition. So können Sie leichter erkennen, wenn Ihnen Ihr Verstand etwas verkaufen möchte, was für Ihr Innerstes nicht stimmig ist.

>> *Träume nicht Dein Leben – lebe Deinen Traum!*«

**Walt Disney (1901–1966),
amerikanischer Filmproduzent**

Häufig ist uns jedoch gar nicht bewusst, welche Mitspieler auf unserem inneren Spielfeld agieren. Um das herauszufinden, gibt es ein wunderbares „NLP-Werkzeug": die „Walt-Disney-Strategie" (siehe Übung auf Seite 206). Sie hilft, die unterschiedlichen Persönlichkeitsanteile in uns zu finden, klar zu trennen und zu integrieren, sodass sie sich nicht länger gegenseitig blockieren, sondern sich vielmehr unterstützen, ergänzen und gegenseitig anregen.

Bei jedem Menschen können die drei Anteile unterschiedlich stark ausgeprägt sein. Deshalb ist es sehr wichtig, für jeden Teil einen gesonderten Platz einzunehmen. Dadurch bemerken Sie sehr schnell, wie die drei Akteure in der Vergangenheit miteinander umgegangen sind. Es könnte beispielsweise sein, dass der Kritiker ständig den Träumer kritisiert hat, sodass dieser gar keine Lust mehr hat zu träumen, und der Planer deswegen arbeitslos ist. Mit der Walt-Disney-Strategie werden unsere unterschiedlichen Persönlichkeitsanteile wieder ins Gleichgewicht gebracht; jeder Anteil bekommt den Raum, der ihm zusteht. Wenn Sie möchten, können Sie diese Übung auch in der Natur durchführen. Sie kann je nach Idee und Vision zwischen 30 Minuten und mehreren Stunden dauern. Lassen Sie sich von Ihren inneren Anteilen inspirieren; Sie werden überrascht sein, was alles in Ihnen steckt!

Gut zu wissen

. . . .

Walt Disney war einer der kreativen Visionäre des letzten Jahrhunderts. Als er danach gefragt wurde, wie er es denn anstelle, auch nach vielen Jahrzehnten seines Erfolges noch auf neue Ideen zu kommen und diese umzusetzen, verriet er tatsächlich sein Erfolgsgeheimnis.

. . . .

2. Ich bin doch nichts Besonderes!

„Ich habe doch gar kein besonderes Talent!" – Viele Menschen glauben, dass sie so, wie sie sind, nicht in Ordnung sind. Dass sie sich erst ein Talent aneignen müssen, um etwas Besonderes zu sein. Bitte vergessen Sie diesen Satz, denn er ist Ihr größtes Hindernis!

Ein treffendes Beispiel, wie wertvoll wir sind und dass jeder Mensch auch in seiner „Unvollkommenheit" vollkommen ist, gibt uns Nick Vujicic: Mit bewegenden Worten beschreibt er seinen Lebensweg. Wie er es geschafft hat, sich selbst so anzunehmen wie er ist – unvollkommen, in seinem Fall ohne Arme und Beine geboren. Heute gibt er Menschen, denen es ähnlich geht, Hoffnung und Anleitung, das auch zu schaffen, mit seinem Motto: „Ohne Arme und Beine ist nicht halb so schlimm wie ohne Hoffnung!" Mit dieser Kraft der Hoffnung und seinem ansteckenden Humor reist er durch die Welt und berichtet aus seinem Leben ohne Grenzen.

Jede und jeder von uns hat seine ganz eigenen Ticks und Verrücktheiten, aber die machen unser Leben eigentlich erst spannend – und vor allem so persönlich und unverwechselbar. Jede Person hat ihre Talente und Qualitäten, auch wenn man sie manchmal nicht gleich als solche erkennt. Das macht die folgende Geschichte deutlich.

Eine Geschichte

. . . .

Der Sprung in der Schüssel Es war einmal eine alte chinesische Frau, die zwei große Schüsseln hatte. Die hingen von den Enden einer Stange, die sie über ihren Schultern trug. Eine der Schüsseln hatte einen Sprung, während die andere makellos war und stets eine volle Portion Wasser fasste.

Am Ende der langen Wanderung vom Fluss zum Haus der alten Frau war die Schüssel mit dem Sprung immer nur noch halbvoll. Zwei Jahre lang geschah dies täglich: Die alte Frau brachte immer nur anderthalb Schüsseln Wasser mit nach Hause. Die makellose Schüssel war natürlich sehr stolz auf ihre Leistung, aber die arme Schüssel mit dem Sprung schämte sich wegen ihres Makels und war betrübt, dass sie nur die Hälfte dessen verrichten konnte, wofür sie gemacht worden war. Nach zwei Jahren, die ihr wie ein endloses Versagen vorkamen, sprach die Schüssel zu der alten Frau: „Ich schäme mich so wegen meines Sprungs, aus dem den ganzen Weg zu deinem Haus immer Wasser läuft." Die alte Frau lächelte. „Ist dir aufgefallen, dass auf deiner Seite des Weges Blumen blühen, aber auf der Seite der anderen Schüssel nicht? Ich habe auf deiner Seite des Pfades Blumensamen gesät, weil ich mir deines Fehlers bewusst war. Nun gießt du sie jeden Tag, wenn wir nach Hause laufen. Zwei Jahre lang konnte ich diese wunderschönen Blumen pflücken und den Tisch damit schmücken. Wenn du nicht genauso wärst, wie du bist, würde diese Schönheit nicht existieren und unser Haus beehren."

Nach einer chinesischen Legende

. . . .

3. Alle übrigen Hindernisse und Widerstände

 Mein Fall liegt ganz anders.
🔺 Ich bin noch nicht so weit.
🔺 Ich muss zuerst noch …
🔺 So einfach kann es doch nicht sein!
🔺 Was ist, wenn es nicht funktioniert?

🔺 Dafür habe ich keine Zeit!
🔺 Ich schaffe das nicht!
Falls sich hier noch ein weiterer Widerstand zeigen sollte, dann bedanken Sie sich bitte dafür, denn an dieser Stelle ist es notwendig, die letzten Bedenken zu erkennen und zu akzeptieren.

>> *Ich bin der Wahrheit verpflichtet, wie ich sie jeden Tag erkenne, und nicht der Beständigkeit.«*

Mahatma Gandhi (1869–1948),
indischer Rechtsanwalt und Pazifist

Erfahrungen und Fragen aus der Praxis

Karla: Kannst Du mir bitte den Satz „Wirksamkeit ist das Maß der Wahrheit" aus Deiner Sicht erklären? Ich verstehe das nicht. Was genau meinst Du damit?

Antwort: Für mich bedeutet „Wirksamkeit ist das Maß der Wahrheit" auch, dass es vollkommen egal ist, woran ich glaube. Meine Welt ist das, wofür ich sie halte. Das einzig Wirkliche – das heißt das, was sich auch verwirklicht (realisiert) – ist das, woran ich glaube. Sobald ich an etwas aus ganzem Herzen glaube, folgt die Energie der Aufmerksamkeit und das, woran ich glaube, beginnt sich zu realisieren. Wenn eine angestrebte Veränderung nicht eintritt, dann nicht deshalb, weil sie nicht eintreten *soll*. Wenn ein Projekt scheitert, dann deshalb, weil ich noch nicht das richtige „Werkzeug" benutze, noch nicht die richtige Methode anwende. Wichtig ist es dann, einfach eine andere Methode, eine andere Strategie auszuprobieren. Wenn allerdings eine Methode sogar „wider besseres Wissen" funktioniert hat, dann will ich diese nicht hinterfragen. Sie hat ja funktioniert, das heißt sie war wirksam, und daher ist sie wahr. Deshalb sagt man in der Huna-Philosophie auch: „Wenn es funktioniert, ist es Huna!" Ausgenommen sind hier ausdrücklich alle Methoden und Techniken, die der sogenannten „Schwarzen Magie" entstammen und die ebenfalls sehr machtvoll sein können. Da sie aber nicht aus der Liebe im Herzen entstanden sind, sind sie auch nicht Teil dieser Arbeit. Wichtig ist hingegen, dass wir uns durch die Anwendung der in diesem Buch beschriebenen Übungen vor unheilvollen Methoden gut schützen können.

 Ohne Arme und Beine ist nicht halb so schlimm wie ohne Hoffnung!«

Nick Vujicic (geb. 1982 ohne Arme und Beine), australischer Motivationsredner

Yvonne: Ich lerne hier viele neue Dinge und Erkenntnisse kennen. Wie kann ich andere Menschen, die mir in meinem persönlichen Umfeld wichtig sind, daran teilhaben lassen, ohne dass ich „missioniere"?

Antwort: Ganz einfach: Sei ihnen ein Vorbild! Wenn Du die für Dich gewonnenen Erkenntnisse in Dein Leben integrierst, werden Dich die Menschen in Deiner Umgebung automatisch fragen, was mit Dir passiert ist, weil Du Dich dadurch veränderst. Auch Dein Prozess bis hierher hat seine Zeit benötigt, daher ist es wichtig zu warten, bis sie Dich von sich aus danach fragen. Wenn Du nicht danach gefragt wirst, befindest Du Dich in den Angelegenheiten der anderen und manipulierst, selbst wenn Du es „gut" mit ihnen meinst. Andere von etwas überzeugen zu wollen, kostet Dich außerdem viel Energie. Deine einzige Aufgabe besteht darin, Dein eigenes Leben immer glücklicher und zufriedener zu gestalten. Denk immer wieder daran, dass Du Dich nicht im Außen verlierst, sondern mit der Zeit immer mehr

Spaß daran hast, Dich mit Dir selbst zu beschäftigen.

Sebastian: Geschichten wie die von Nick Vujicic oder anderen, die sich aus schwierigen Verhältnissen herausbewegt haben, faszinieren mich. Woher weiß ich jedoch, dass auch ich dieses Potenzial in mir trage? Warum schaffen es trotz Talent und gutem Willen viele nicht und verzweifeln?

Antwort: Das Leben gibt uns keinen Garantieschein. Auch erfolgreiche und zufriedene Menschen sind zwischendurch verzweifelt und haben schlechte Phasen. Es ist die Vision und ein unbändiger Glaube, der sie vorantreibt, auch wenn das Leben schwierig ist. Diesen Sinn zu finden ist meines Erachtens unsere Lebensaufgabe. So werden wir langfristig zufrieden. Das kann etwas ganz „Normales" oder etwas ganz „Außergewöhnliches" sein, das bestimmst Du. Das kann Dir auch niemand abnehmen. Und wie wir gesehen haben, ist auch ein „Sprung in der Schüssel" genau das Richtige. Wenn wir aufhören, alles bewerten zu müssen, dann ist der erste Schritt zum Glück getan.

Rückfahrt der vier Charaktere

Hartmut sitzt in seinem Cabrio, fährt – ganz gegen sein Naturell – mit 80 Stundenkilometern durch die Landschaft und lässt die Seminarwoche Revue passieren. Er macht sich Gedanken über die Abschlussfragen:

- Was habe ich gelernt?
- Was will ich ab sofort bei mir verändern?
- Wie gehe ich dabei vor?

Hartmut: Junge, Junge, das war ganz schön viel Input. Warum lernt man das eigentlich nicht schon in der Schule? Das sind doch wesentliche Erkenntnisse des Lebens, die jedem Kind schon beigebracht werden sollten!

Ich werde zuerst einen Gang zurückschalten und mein bisheriges Leben aus der Vogelperspektive betrachten. Überall, wo ich sehe, dass ich es mir zu schwer gemacht habe, werde ich mein Leben so verändern, dass es besser zu meinen Werten passt, die ich nun kenne. Erfolg darf mir leichter fallen als bisher. Ich werde meinen Mitmenschen, die andere Werte als ich haben, mit mehr Wertschätzung begegnen. Ich werde das „Kämpfen" aufgeben. Vor allem werde ich mehr delegieren. Ich muss nicht alles alleine machen, sondern darf mir auch Hilfe holen. Ich werde mit meinen Mitarbeitern neue Regelungen treffen, wie die Verantwortung so verteilt werden kann, dass ein kollegiales Miteinander zustande kommt.

Mit meinem Sohn werde ich die Werteübung machen, um zu erfahren, was in ihm vorgeht und was ihm wirklich wichtig ist. Dazu werden wir ein gemeinsames Wochenende planen. Außerdem will ich mit meinem verstorbenen Vater das Vergebungsritual durchführen, um mich mit ihm auszusöhnen. Dann muss ich ihm und mir nichts mehr beweisen. Das werde ich auch mit meiner Exfrau machen, denn ich habe in meiner früheren Beziehung sehr viel falsch gemacht. Mir ist klar geworden, dass ich in den letzten Jahren viel zu viel gearbeitet habe und dadurch viele Rollen in meinem Leben vernachlässigt habe. Das will ich nun Schritt für Schritt ändern. Ich werde mir neben dem Laufen ein Hobby zulegen, das einfach nur Spaß macht. Wo es nicht wieder nur um Leistung und Schnelligkeit geht. Außerdem werde ich einen alten Schulfreund anrufen, mit dem ich früher sehr viel unternommen habe. Seit 20 Jahren haben wir uns aus den Augen verloren. Und zu guter Letzt: vielleicht könnte ich ja auch mal wieder ausgehen und mein Tanzbein schwingen? Sollte sich dann nicht mit der Zeit wieder eine neue Liebe finden?

Hartmut lächelt verschmitzt und drückt das Gaspedal durch.

Karla steigt erleichtert in den ICE, denn die Befürchtungen, die sie auf der Hinfahrt hatte, sind nicht eingetreten. Sie hat sich mal wieder umsonst Sorgen gemacht. Wie viel leichter ist das Leben, wenn man sich keine Sorgen macht und mehr im Hier und Jetzt lebt! Sie hat viele neue Menschen kennengelernt, denen es auch so wie ihr geht und mit Yvonne sogar eine neue Freundin, von der sie ganz viel lernen kann. Sie haben gemeinsam vereinbart, dass sie einmal in der Woche telefonieren, um sich über ihre Fortschritte auszutauschen. Und in einem halben Jahr werden sie sich zu einem gemeinsamen Wellness-Wochenende treffen. Den Termin dafür haben sie beim Abschied schon vereinbart. Das gibt Karla ein gutes Gefühl. Nachdem sie sich einen ruhigen Platz im Abteil ausgesucht hat, kann sie sich weitere Gedanken über die Abschlussfragen machen:

- Was habe ich gelernt?
- Was will ich ab sofort bei mir verändern?
- Wie gehe ich dabei vor?

Karla: Ich habe gelernt, dass es keine Perfektion gibt und dass das mein größtes Hindernis in der Vergangenheit war. Gut ist besser als perfekt. Außerdem werde ich meine Disziplin so weit verändern, dass ich es mir in vielen Bereichen meines Lebens leichter mache, ohne dass ich Angst habe, sie zu verlieren. Ich darf die Verantwortung für mein eigenes Leben übernehmen und darf andere ihre eigenen Fehler machen lassen. Denn: Scheitern macht gescheit! Ich vertraue dem Leben und gebe meine Kontrolle auf, in dem Umfang und in dem Tempo, wie ich es zulassen kann. Meine Familie wird ganz schön überrascht sein. Ich werde mich nicht mehr in alle Entscheidungen einmischen. Ich hatte wirklich überhaupt keine Zeit mehr für Hobbys oder Freundschaften. Das wird sich ändern. Nächste Woche werde ich mal wieder ins Kino gehen. Vielleicht hat mein Mann ja Lust, mich zu begleiten. Das Wichtigste, was ich mir für die nächste Zeit vornehme ist, dass ich meine Träumerin in mir wieder aktiviere. Ich habe sie viel zu lange eingesperrt. Ich habe wieder Lust, zu malen und zu singen. Das Leben ist so schön. Sobald ich zu Hause angekommen bin, werde ich gleich schauen, welche Kurse bei uns in der Nachbarschaft angeboten werden.

Karla macht sich ein paar Notizen und spürt Dankbarkeit für das, was sie alles hat. Ein wohliges Gefühl der Liebe durchströmt sie. Sie freut sich auf ihre Familie.

>> *Ihr aber seht und sagt ‚Warum?‘ Aber ich träume und sage ‚Warum nicht?‘«*

George Bernard Shaw (1856–1950), irischer Dramatiker

Yvonne hat sich entschieden, noch zwei Tage zusätzlich an diesem schönen Ort zu bleiben. Normalerweise wäre sie mit der erstbesten Gelegenheit wieder nach Hause gefahren und hätte bereits wieder den nächsten Event mitgenommen. Doch sie hat sich vorgenommen, mehr auf ihr Bauchgefühl zu hören. Ihre innere Stimme, die sie nun immer mehr wahrnehmen kann, hat ihr zugeflüstert, dass es auch schön sein kann, etwas in Ruhe zu machen. Nachdem sie sich von den anderen verabschiedet hat, sitzt sie jetzt auf einer Bank in der Sonne. Sie macht die Augen zu und überlegt sich, wie sie die nächste Zeit angehen will:

 Was habe ich gelernt?

 Was will ich ab sofort bei mir verändern?

 Wie gehe ich dabei vor?

Yvonne: Ich habe Lust darauf, anderen von meinen Erfahrungen hier zu berichten, ohne dass ich sie belehren oder missionieren möchte. Ich habe gelernt, dass jeder Mensch für sein eigenes Glück verantwortlich ist und sich jeder, egal, in welcher schwierigen Situation er auch steckt, davon befreien kann. Da ich sehr gerne mit Menschen zusammen bin und es liebe, zu kommunizieren, werde ich mich darum kümmern, den Menschen immer mehr Impulse zur Lebensfreude zu geben. Vielleicht entwickelt sich daraus ja mein neues

Berufsfeld. Ich werde mir dazu einen Plan machen, den ich mit „positiver Disziplin" einhalten werde. Dazu werde ich der realistischen Planerin in mir die Gelegenheit geben, auch mal zum Zug zu kommen. Bisher wurde sie immer zwischen Träumerin und Kritikerin zerquetscht. Ich will nicht mehr nur verträumt mein Leben gestalten, sondern meine Träume realisieren. Die wöchentlichen Telefonate mit Karla werden mir dabei helfen. Wir werden voneinander lernen. Ich werde für mein Leben mehr Verantwortung übernehmen. Ganz konkret bedeutet das, dass ich mir einen Mann für meine zukünftige Familie suchen werde. Ich bin jetzt bereit dazu und werde daran arbeiten, meine getroffenen Entscheidungen, in Verbindung mit meiner Intuition, besser durchzuhalten.

Yvonne öffnet die Augen und ist ganz erstaunt über ihre letzten Gedanken, die sie gerade visualisiert hat: Wow, wer hätte das gedacht?

> »*Das Gestern ist fort – das Morgen nicht da. Leb' also heute!*«
>
> **Pythagoras von Samos (ca. 570–510 v.Chr.),**
> **griechischer Philosoph**

Sebastian fährt gemütlich mit dem Auto seiner Eltern nach Hause. Er hört sich seine Lieblings-CD an und summt genüsslich mit. Es geht ihm so gut wie schon lange nicht mehr. Er bemerkt, dass er sich im „Flow" befindet und drückt seinen Anker, um dieses tiefe Glücksgefühl noch zu verstärken. Gelassen denkt er an die Abschlussfragen:

 Was habe ich gelernt?

 Was will ich ab sofort bei mir verändern?

 Wie gehe ich dabei vor?

Sebastian: Für mich ist am wichtigsten, dass ich erkannt habe, dass ich so, wie ich bin, genau richtig bin. Und dass auch alle Umwege, Verwirrungen und Einbahnstraßen zu meinem Leben gehören. Ich werde daraus das Beste machen und meinen „Sprung in der Schüssel" dafür nutzen, die Welt erblühen zu lassen. Ich muss kein anderer mehr werden, sondern gebe mit meinen Fähigkeiten das, was ich zu bieten habe. Das erfüllt mich mit einem tiefen, inneren Frieden. Diesen „Flow" werde ich weitergeben. Wenn ich mich so annehme, wie ich bin, dann kann ich selbstbewusst und voller Selbstvertrauen mein Leben leben. Dann brauche ich mir auch wegen meiner Männlichkeit keine Gedanken mehr zu machen. Dann bin ich genauso männlich, wie ich sein soll. Das fühlt sich sehr stark an. Ich werde mir eine Auszeit gönnen und mir mehr zutrauen, meine Träume zu realisieren. Ich werde mir einen Job in der Schweiz suchen, dort wo es mir gefällt. Ich werde einen Partner finden, der mich respektiert und mit dem ich eine erfüllte Partnerschaft lebe. In der Arbeit werde ich mich nicht mehr aufopfern

und klein machen, sondern meinen Teil der Verantwortung übernehmen – und nicht mehr. Ich werde lernen, meine Grenzen zu erkennen und klar zu kommunizieren. Ich werde weniger Seminare besuchen und weniger Bücher lesen, und mich stattdessen mehr auf die Umsetzung konzentrieren.

Sebastian überlegt, ob er sich die Auszeit nicht eventuell schon in der Schweiz genehmigt und sich umschaut, wo er denn gerne wohnen würde. So bekäme sein Leben wieder Sinn und er könnte endlich seine Fähigkeiten leben.

 Die meisten Menschen sind so glücklich, wie sie es sich selbst vorgenommen haben.«

Abraham Lincoln (1809–1865),
16. Präsident der USA (1860–1865)

Hartmut, Karla, Yvonne und Sebastian haben das TrauDich-Seminar verlassen und für sich formuliert, welche Themen sie nun im Alltag umsetzen wollen. Nun sind Sie an der Reihe:
- Was haben Sie gelernt?
- Was wollen Sie bei sich verändern?
- Wie gehen Sie dabei vor?

Nehmen Sie sich ein wenig Zeit – Zeit ganz allein für sich! Lassen Sie sich inspirieren, wie Sie möglichst ab sofort in Ihrem Leben einige der gewonnenen Erkenntnisse und Vorschläge umsetzen können. Vielleicht möchten Sie etwas notieren, etwas zeichnen oder einfach dem Gelesenen nachspüren.

Wie geht's weiter?

Herzlichen Glückwunsch! Sie haben die sieben Stufen zu einem selbstbestimmten Leben erklommen und die TrauDich-Strategie durchgearbeitet. Wahrscheinlich sind Sie an manchen Stellen schneller vorangekommen als an anderen. Manche Kapitel haben vielleicht massive Widerstände in Ihnen erzeugt. Jetzt stehen Sie an einem Punkt in Ihrem Leben, an dem Sie neu starten können – mit vielen Ideen, neuen Visionen und bewusst getroffenen Entscheidungen. Den Sinn Ihres Lebens legen Sie ab jetzt jeden Tag aufs Neue fest. Ist das nicht herrlich? Sie sind nun frei, die oder der zu sein, die oder der Sie sind – von Tag zu Tag mehr. Gehen Sie nun mutig Ihren Weg – im Vertrauen auf das Leben und auf sich selbst. Ich wünsche Ihnen, dass es Ihnen jeden Tag ein Stückchen mehr gelingt.

217

>> *Vertrauen Sie auf sich selbst.*
Segnen Sie die Gegenwart.
Erwarten Sie das Beste.«
Alte Huna-Weisheit

Anhang

Die Übungen

Sie suchen eine ganz bestimmte Übung? Hier finden Sie alle Übungen aus dem Buch mit der entsprechenden Seitenzahl noch einmal aufgelistet.

Lösungsvorschläge zur Übung Seite 70
Hier finden Sie Vorschläge, wie Sie die Sätze jeweils positiv formulieren können:
1.   Das Glas ist noch halbvoll.
2.   Das mach ich gerne! – Passt schon!
3.   Das gelingt mir noch nicht. – Wenn ich will, kann ich es lernen.
4.   Ich will gesund leben.
5.   Da gibt es sicher eine einfache Lösung.
6.   Ich will mein Leben mehr genießen.
7.   Pass auf, da ist eine Stufe!
8.   Auf geht's, das schaffst Du!
9.   Beim nächsten Mal werde ich achtsamer sein.
10. Sei mutig!
11. Wie könntest Du Dich dazu motivieren?
12. Sie haben gut verkauft. Das nächste Mal können es noch x Prozent mehr sein.
13. Ich schau mal nach, wer Ihnen weiterhelfen kann.
14. Ich lerne, wie ich mich besser abgrenzen kann.
15. Wenn ich das nächste Mal früher loslege, werde ich früher fertig sein.
16. Jetzt bin ich für Sie da.

Es gibt je nach Situation mehrere positive Möglichkeiten. Sie werden merken, dass Sie mit der Zeit kreativer werden und nicht mehr die geläufige Alternative gebrauchen, die oft negativ formuliert ist.

Die Geschichten

Hat Ihnen eine Geschichte besonders gut gefallen? Hier finden Sie alle Geschichten im Überblick.

219

Menschliche Werte

In der folgenden Liste finden Sie wichtige menschliche Werte – oft auch als Bedürfnisse bezeichnet. Für jede und jeden sind andere Werte wichtig. Die Liste soll Ihnen eine Ahnung davon geben, welche Werte es gibt; sie erhebt aber keinen Anspruch auf Vollständigkeit. Lassen Sie sich von Ihren Bedürfnissen und Werten leiten. Sie können auch Ihre eigenen Bezeichnungen dafür finden.

Abenteuer
Abwechslung
Ästhetik
Aktivität
Anerkennung
Anpassung
Aufmerksamkeit
Aufrichtigkeit
Ausdauer
Authentizität
Beförderung
Begeisterung
Beharrlichkeit
Bequemlichkeit
Besonnenheit
Chaos
Durchsetzung
Effektivität
Effizienz
Ehrgeiz
Ehrlichkeit
Eigenständigkeit
Einfühlungsvermögen
Einheit
Engagement
Entfaltung
Entscheidungsfreiheit
Entwicklung
Erfolg
Ergebnisorientierung
Ermutigung
Fairness
Faszination

Flexibilität
Förderung
Freiheit
Freude
Freundschaft
Frieden
Führung
Glaube
Geduld
Gelassenheit
Geld
Genauigkeit
Gerechtigkeit
Gesundheit
Harmonie
Hartnäckigkeit
Herausforderung
Hilfsbereitschaft
Hingabe
Humor
Identifikation
Initiative
Kommunikation
Kompetenz
Konfliktfähigkeit
Konsequenz
Kontaktfreudigkeit
Korrektheit
Kraft
Kreativität
Lachen
Lebenslust
Leichtigkeit

Leidenschaft
Leistungsbereitschaft
Leistungsfähigkeit
Lernfähigkeit
Liebe
Lösungsorientierung
Loyalität
Macht
Menschlichkeit
Mitgefühl
Mut
Neugier
Ökologische Orientierung
Offenheit
Optimismus
Ordnung
Organisationstalent
Orientierung
Perfektion
Persönlichkeit
Phantasie
Präzision
Pünktlichkeit
Qualität
Respekt
Risikofreude
Routine
Ruhe
Schönheit
Selbstbewusstsein
Selbstkontrolle
Selbstvertrauen

Selbstverwirklichung
Selbstwert
Sicherheit
Sinnhaftigkeit
Sozialkompetenz
Spaß
Spiritualität
Spontanität
Stabilität
Stärke
Teamfähigkeit
Toleranz
Treue
Überzeugungsfähigkeit
Unabhängigkeit
Unterstützung
Verantwortung
Verbundenheit
Verlässlichkeit
Verständnis
Vertrauen
Vielfältigkeit
Vorbild
Wachstum
Wahrhaftigkeit
Weiterentwicklung
Wertschätzung
Wettbewerb
Wohlbefinden
Zielstrebigkeit
Zufriedenheit
Zusammenarbeit
Zuverlässigkeit

Literatur

Hier finden Sie ausgewählte Literatur, die auch in dieses Buch Eingang gefunden hat. Außerdem Empfehlungen für weiterführende Literatur, wenn Sie sich mit dem ein oder anderen Thema intensiver beschäftigen möchten.

Aggrey, James: Der Adler, der nicht fliegen wollte. Peter Hammer Verlag, Wuppertal 1998.

Asgodom, Sabine: Greif nach den Sternen, Kösel, München 2006.

Assagioli, Roberto: Psychosynthese. Rowohlt, Reinbek 1993.

Baer, Udo und Frick-Baer, Gabriele: Schuldgefühle und innerer Frieden. Beltz-Verlag, Weinheim/Basel 2011.

Bach, Richard: Die Möwe Jonathan. Ullstein, Berlin 1995.

Bandler, Richard & Grinder, John: Reframing. Junfermann, Paderborn 2010.

Banzhaf, Hajo: Der Mensch in seinen Elementen. Goldmann, München 1994.

Beattie, Melody: Kraft zum Loslassen. Heyne, München 1991.

Becker, Klaus Jürgen: Ho´oponopono – Die Kraft der Selbstverwirklichung. Riwei, Regensburg 2009.

Betz, Robert: Raus aus den alten Schuhen. Integral, München 2008.

Betz, Robert: Willkommen im Reich der Fülle. Koha, Burgrain 2008.

Brennan, Barbara Ann: Licht-Heilung. Goldmann, München 1994.

Buchholz, Michael H.: Alles was du willst. Omega, Aachen 2002.

Cameron, Julia: Der Weg des Künstlers, Knaur, München 1996.

Chamberlaine, Sally & Prince, Jan: Schritt für Schritt in die Unabhängigkeit. Junfermann, Paderborn 1998.

Chopich, Erika J. & Paul, Margaret: Aussöhnung mit dem inneren Kind. Ullstein, Berlin 2000.

Chopra, Dr. Deepak: Die heilende Kraft. Bastei-Lübbe, Bergisch-Gladbach 2001.

Chopra, Dr. Deepak: Die Quelle von Wohlstand und Glück. Integral, München 1995.

Csikszentmihalyi, Mihaly: Jenseits von Langeweile und Angst. Klett-Cotta, Stuttgart 1985.

Csikszentmihalyi, Mihaly: Flow: Das Geheimnis des Glücks. Klett-Cotta, Stuttgart 2010.

Dahlke, Dr. Rüdiger & Klein, Nicolaus: Das senkrechte Weltbild. Heyne, München 1999.

Dilts, Robert B.: Identität, Glaubenssysteme und Gesundheit. Junfermann, Paderborn 1991.

Dilts, Robert B.: Und dann geschieht ein Wunder … Tools of the Spirit. Junfermann, Paderborn 2004.

Egli, Francoise und René: Das LOLA-Prinzip. Editions d'Olt, CH–Oetwil 2007.

Eker, T. Harv: So denken Millionäre. Heyne, München, 2. Aufl. 2010.

Eliott, James: Licht auf den Alltag. Ansata, Interlaken 1992.

Feild, Reshad: Die Alchemie des Herzens. Aurum, Bielefeld 2006.

Ferrini, Paul: Denn Christus lebt in jedem von euch. Aurum, Bielefeld 2003.

Furmann, Ben: Es ist nie zu spät, eine glückliche Kindheit zu haben. Borgmann, Dortmund 2008.

Frankl, Viktor E.: …trotzdem Ja zum Leben sagen. dtv, München 1999.

Grabhorn, Lynn: Aufwachen – Dein Leben wartet. Goldmann, München, 18. Aufl. 2004.

Hay, Louise L.: Heile deinen Körper – Liebe deinen Körper. Lüchow Bielefeld 2005.

Hay, Louise L.: Wahre Kraft kommt von Innen. Heyne, München 1995.

Hay, Louise L.: Liebe das Leben wie dich selbst. Heyne München 1995.

Helmrich, Hermann E.: Kybalion: Eine Studie über die hermetische Philosophie des alten Ägyptens und Griechenlands. Die Bücher des Hermes Trismegistos, EDIS, Sauerlach 1997.

Hill, Napoleon: Denke nach und werde reich. Die 13 Gesetze des Erfolgs. Hugendubel (Ariston), Kreuzlingen/München 2000.

Hörmann, Kurt Zyprian: Fühlen ist klüger als Denken. Kamphausen, Bielefeld 2011.

Katie, Byron: Lieben was ist. Wie vier Fragen Ihr Leben verändern können. Ansata, München 2005.

Katie, Byron: „The Work", www.Thework.com

Kensington, Ella: Die 7 Botschaften unserer Seele. Lenz, Bochum 2001.

Kensington, Ella: Mary. Die unbändige, göttliche Lebenslust. Goldmann, München 2008.

Keyes, Ken Jr.: The Hundredth Monkey Effect. DeVorss & Co., Camarillo 1984.

King, Serge Kahili: Der Stadt-Schamane. Ein Handbuch der Transformation durch Huna, das Urwissen der hawaiianischen Schamanen. Alf Lüchow, Freiburg 1992.

King, Serge Kahili: Instant Healing. Lüchow, Berlin 2001.

Klein, Stefan: Die Glücksformel. Rowohlt, Reinbek 2002.

Koch, Franz A.: Die Kraft der Absicht. Omega, Aachen 2007.

Krishnamurti, Jiddu: Einbruch in die Freiheit. Aquamarin, Grafing 2000.

Krishnananda, Dr. Thomas Trobe: Liebeskummer lohnt sich doch. Koregaon, Herrsching 2000.

Krusche, Helmut: NLP und HUNA. Schirner, Darmstadt 2009.

Kuby, Clemens: Unterwegs in die nächste Dimension. Kösel, München 2003.

Kübler-Ross, Elisabeth & Kessler, David: Geborgen im Leben. Knaur, München 2001.

Küster, Fred: NLP + psychologische Astrologie – Die Verbindung von Teilpersönlichkeiten und innerem Team des NLP mit den archetypischen Planetenkräften der psychologischen Astrologie. Trainerarbeit, August 2003.

Kutschera, Dr. Gundl: Tanz zwischen Bewußt-sein & Unbewußt-sein. Junfermann, Paderborn 1995.

Liedloff, Jean: Auf der Suche nach dem verlorenen Glück. Beck, München 1999.

Lipton, Bruce: Intelligente Zellen. Koha, Burgrain 2006.

Littauer, Florence: Einfach typisch. Die vier Temperamente unter der Lupe. Schulte und Gerth, Asslar 1994.

Long, Max Freedom: Kahuna-Magie. Hermann Bauer, Freiburg 1995.

Long, Max Freedom: Geheimes Wissen hinter Wundern. Hermann Bauer, Freiburg 1996.

Lübeck, Walter: Handbuch des spirituellen NLP. Verlag Windpferd, Aitrang, 3. Aufl. 2003.

Lundin, Stephen C.: FISH! Ein ungewöhnliches Motivationsbuch. Ueberreuter, Wien/Frankfurt 2001.

Millman, Dan: Der Pfad des friedvollen Kriegers. Ansata, München 1996.

Millman, Dan: Erleuchteter Alltag. Ansata, München 1998.

Millman, Dan: Die Lebenszahl als Lebensweg. Ansata, München 1994.

Nidiaye, Safi: Das Tao des Herzens. Ullstein, Berlin 2004.

Nidiaye, Safi: Der entscheidende Schritt. Ullstein, Berlin 2010.

Norretranders, Tor: Spüre die Welt. Rowohlt, Reinbek 2000.

Peck, M. Scott: Der wunderbare Weg. Arkana, München 1997.

Redfiled, James: Die Prophezeiungen von Celestine. Heyne, München 1999.

Ruskan, John: Emotionale Klärung. Goldmann, München 2002.

Schaef, Anne Wilson: Leben im Prozess. Vollenweider, Adelberg 2004.

Schaible, Ulla: Dankbarkeit als Lebenshaltung. Publikation auf www.g-schaible.de, unter „Inspirierende Texte".

Schulz von Thun, Friedemann: Miteinander reden. Band 3: Das „Innere Team" und situationsgerechte Kommunikation. Rowohlt, Reinbek 2010.

Sheldrake, Rupert: Das schöpferische Universum. Die Theorie des Morphogenetischen Feldes. Ullstein, Berlin 2009.

Siegel, Dr. Bernie: Mit der Seele heilen. ECON, München 1999.

Silva, José & Miele, Philip: Silva Mind Control. Heyne, München 1990.

Spezzano, Chuck: Folge dem Ruf deines Herzens. Integral, München 2000.

Stahl, Karin & Küster, Fred: Die Glückssteine der 12 Tierkreiszeichen. Neue Erde, Saarbrücken 2007.

Stewart, Ian & Joines, Vann: Die Transaktionsanalyse. Eine neue Einführung in die TA. Herder, Freiburg 1990.

Taylor, Sandra Anne: Geheimnisse des Erfolgs. Goldmann, München 2009.

Tepperwein, Kurt: Das Huna-Geheimnis. Silberschnur, Güllesheim 2001.

Thomas, Bob: Walt Disney – Eine Biographie. Ehapa-Verlag, Berlin 1986.

Tolle, Eckhardt: JETZT! Die Kraft der Gegenwart. Kamphausen, Bielefeld 2004.

Vitale, Joe & Len, Ihaleakala Hew: Zero Limits: Mit der hawaiianischen Ho'oponopono-Methode zu Gesundheit, Wohlstand, Frieden und mehr. Wiley-VCH, Weinheim 2012.

Vujicic, Nick: Mein Leben ohne Limits: Wenn kein Wunder passiert, sei selbst eins! Brunnen, Gießen 2012.

Walsch, Neale Donald: Gespräche mit Gott. Goldmann, München 1998.

Watzlawick, Paul: Anleitung zum Unglücklichsein. Piper, München, 2009.

Wessbecher, Harald: Entfalte Deine Bestimmung. Heyne, München 2008.

Wiegel, Suzan H.: Die Botschaft der Kahunas. Kösel, München 2002.

Wilber, Ken: Eine kurze Geschichte des Kosmos. Fischer, Frankfurt a.M. 2001.

Wilber, Ken: Wege zum SELBST. Goldmann, München 1991.

Williamson, Marianne: Rückkehr zur Liebe. Harmonie, Lebenssinn und Glück durch „Ein Kurs in Wundern", München 1993.

Yogananda, Paramahansa: Autobiographie eines Yogi. Scherz, Bern/München 1997.

Zeland, Vadim: Transsurfing. Die Realität ist steuerbar. Silberschnur, Güllesheim 2007.

221

Ein Wort zum Schluss

Mein Dank geht zuerst an meine Familie und meine Freunde, die mich dabei unterstützt haben, dieses Buch zu schreiben, die an mich geglaubt und mir stets viel Mut und Selbstvertrauen gegeben haben. Ebenso danke ich den Teilnehmern meiner bisher durchgeführten Seminare, Ausbildungen und Einzelcoachings, von denen ich sehr viel gelernt habe und ohne die ich meine Erfahrungen nicht weitergeben könnte. Ein weiterer Dank gilt meinem Verlag und meiner Lektorin, die mir dabei geholfen haben, meine eigenen Ansichten und Meinungen niederzuschreiben, im Bewusstsein, dass ich nicht perfekt bin und selbst noch lerne. Und nicht zuletzt danke ich Ihnen, dass Sie Ihre wertvolle Zeit mit dem Lesen des Buches verbracht haben. Ich hoffe, dass ich Ihnen einige wertvolle Impulse für Ihre aktuelle Lebenssituation geben konnte und dass Sie Spaß daran haben, diese jetzt umzusetzen. Ich wünsche Ihnen ein erfolgreiches, glückliches, gesundes und zufriedenes Leben. Und ich freue mich, Sie einmal persönlich kennenzulernen.

Ihr Fred Küster

Was gibt es sonst noch?
Alle Angebote, zahlreiche weitere Informationen und Anregungen zum Thema finden Sie auch auf meiner Internetseite unter **www.fredkuester.de**, zum Beispiel:
- Vorträge
- Workshops
- TrauDich-Tage
- Basisseminar „TrauDich!"
- Newsletter
- TrauDich-Forum
- TrauDich-Coaching
- TrauDich-Ausbildung
- und weitere Angebote rund um die TrauDich-Strategie

Besonders ans Herz legen möchte ich Ihnen aus diesem Angebot mein Basisseminar „TrauDich!". Dabei können Sie den Prozess, der in diesem Buch beschrieben ist, mit anderen Teilnehmern zusammen erfahren, Ihre Verhaltensweisen, Werte und Glaubenssätze überprüfen und anschließend gestärkt in Ihren Alltag zurückkehren.

Impressum

Bibliografische Information der Deutschen Nationalbibliothek. Die Deutsche Nationalbibliothek verzeichnet diese Publikation in der Deutschen Nationalbibliografie; detaillierte bibliografische Daten sind im Internet über http://dnb.d-nb.de abrufbar.

Projektkoordination: Alexander Heinrich
Redaktion: Carola Pröbstle

Umschlaggestaltung und Innen-Layout:
Cyclus · Visuelle Kommunikation

Bildnachweis:
Illustrationen Seite 37-43: Daniela Sonntag
Cartoon Seite 88: Roman Lang

1. Auflage

© 2012 motinova im
HLK Kommunikation-Verlag
Taubenweg 9, 72829 Engstingen

Printed in Germany
Satz: Cyclus · Media Produktion
Druck: AZ Druck und Datentechnik GmbH
Gedruckt auf chlorfrei gebleichtem Papier

ISBN 978-3-00-037935-2